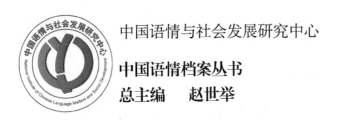

中国语情与社会发展研究中心

中国语情档案丛书
总主编　赵世举

中国语情年报

ZHONGGUO YUQING NIANBAO

（2019）

赫　琳　主编

马仕瑛　甘　禹　梁　燕　刘雨薇　孟杨阳　参编

科学出版社

北　京

内 容 简 介

为客观、真实地记录中国 2019 年的语情状况，本书精选当年与国家、社会和民生息息相关的重要语情信息，以新闻概要的方式，全方位、多角度地呈现中国语言生活状况和社会万象，以留下珍贵的历史资料，为相关学术研究和国家有关政策的制定提供参考。

本书适合从事语言学、社会学、文化学、政治学、管理学、新闻传播学、民族学等领域的学者和大学生、研究生阅读参考。

图书在版编目（CIP）数据

中国语情年报.2019/赫琳主编. —北京：科学出版社，2021.6

（中国语情档案丛书/赵世举总主编）

ISBN 978-7-03-068928-3

Ⅰ.①中… Ⅱ.①赫… Ⅲ.①汉语–语言学–2019–年报 Ⅳ.①H1-54

中国版本图书馆 CIP 数据核字（2021）第 100019 号

责任编辑：冯丽萍 / 责任校对：贾伟娟
责任印制：李 彤 / 封面设计：蓝正设计

科 学 出 版 社 出版

北京东黄城根北街 16 号
邮政编码：100717
http://www.sciencep.com

北京建宏印刷有限公司 印刷
科学出版社发行 各地新华书店经销

＊

2021 年 6 月第 一 版 开本：720×1000 1/16
2021 年 6 月第一次印刷 印张：15 1/4
字数：307 000

定价：98.00 元
（如有印装质量问题，我社负责调换）

由于本中心的前身"武汉大学中国语情监测与研究中心"成立于 2009 年，《中国语情》和《中国语情特稿》也于同年创刊，因此本丛书搜罗的信息便从 2009 年开始。丛书编撰工作启动于 2016 年，采取了回溯方式，首辑汇集 2009～2015 年的语情信息，唯因《中国语情月报》创刊于 2015 年，所以《中国语情年报》的内容便始自 2015 年。后续《中国语情年报》每年一辑，《中国语情研究档案》和《汉语新词语档案》每 2～3 年一辑。

本丛书集众人之功。感谢所有的原作者、编者和集成修订者！感谢有关媒体和刊物！感谢长期以来指导和支持中国语情与社会发展研究中心语情监测研究工作的教育部语信司历任领导和相关人士！感谢科学出版社的鼎力支持！

2017 年 10 月于武汉大学珞珈山

序

语言是人类最重要的交际工具和思维工具，然而，随着全球化和信息化进程的不断加快以及语言交流平台的日新月异，语言自身及其功能正呈现出前所未有的新情况、新特点。

语言是一种重要的战略资源已经逐渐成为共识。国家政治、经济、文化及社会生活的各个方面都离不开语言资源的支撑和服务。关注语言生活，了解语情状况，有针对性地发展语言文字事业，是国家的现实战略需求。

新的时代带来了交流和传播方式的变革，推动了语言使用的变化。2019年《岳麓宣言》显示"保护语言多样性"成为国际共识；5G技术为人们带来全新的数字阅读体验；传统辞书也开始走向互联网，展现了语言服务的新发展。但是，网络时代下的"语言匮乏症""提笔忘字""问题标语""语言泡沫""弹幕语言"等语言问题绝对不是"雨女无瓜"。语情折射的是社会百态，其中也饱含着家国情怀、社会追问和大众对有关问题的思考。不仅是"语情"，更是"人情"和"国情"。

为及时、全面、客观地记录我国2019年语情状况，我们特编撰本书，力图全方位、多角度地反映2019年中国语言生活，特别是与国家、社会和民生息息相关的语言状况、热点问题以及突发事件。希望以此保存重要语情，为相关学术研究提供档案资料，也为国家制定相关的语言政策及规划提供参考。

赫 琳

2019 年 10 月于武昌珞珈山

目　录

语言使用动态

语言资源保护和文化传承

语言文字信息化建设和语言服务

语 言 教 育

语言规划及辞典编纂

汉语国际教育与中国语言文化传播

语言学术活动

语言使用动态

引　言

2019 年，我国语言生活丰富多彩，出现了许多值得关注的现象。

年度汉字、热词、流行语再次引起人们的关注和热议，不少机构和组织纷纷评选出最具代表性的字和词语。如 2019 年十大流行语、十大网络用语、十大新词语、十大科技热词、年度代表字和代表词、十大语文差错等。这些热词和流行语反映了人们日常生活的方方面面，也折射出人们的心理状态。2019 年，网络词语层出不穷，具有鲜明的网络文化色彩。然而，不少人士担心它们导致语言贫乏，提出语言文字运用需加强规范。

汉字的使用和传播有声有色。汉字展览、汉字创意大赛等活动的举办，从不同方面推动汉字的传播、传承和汉语言文化事业的发展。生僻字随着歌曲《生僻字》走红，甲骨文 120 周年纪念活动开展，汉字繁简之争仍继续存在。

在语言的使用和规范方面，中文域名平地而起，宝马、华为等企业注册中文域名保护中文网络品牌标识，优化搜索引擎，实现更高效的品牌推广与市场营销。中共中央网络安全和信息化委员会办公室会同有关部门，针对网络音频乱象启动专项整治行动，对音频行业进行全面集中整治。政府有关部门、学校频频出现"问题标语"，亟须加强语言文字规范意识，传递社会正能量。调查发现，网络时代的年轻人多数患有"语言贫乏症"，受访者建议营造多元化平台、增强其独立思考能力，发掘语言之美。"阳光跟帖"行动在北京再次起航，呼吁网民"阳光、理性、平和、友善"发表言论。

方言和民族语言使用活跃。例如：湖南首推十余种方言版急救科普"民歌"；香港话剧团粤方言剧作彰显粤方言魅力；新昌方言版廉政宣传刷屏朋友圈；安徽五大方言调查项目通过验收；杭州水上公交方言报站方式萌化乘客；为适应社会需要，西藏新增 1500多条藏文新词术语。

为响应民政部要求，各地稳妥推进清理整治不规范地名工作，山东、广东、杭州、厦门多地清理整治"大、洋、怪、重"等不规范地名，这有利于进一步加强和规范地名管理，适应经济社会发展、人民生活和国际交往的需要。

一、年度汉字、热词和流行语

流行语背后的文化心态

（摘自：光明日报，1月2日，作者：刘洋）

流行语的语言情态和使用场景各不相同，涵盖了祝福、赞赏、戏谑、反讽等口吻，有些是被社会事件引发，有些是被明星的言行带红，有些则是以出其不意的方式，描述常见的交际行为和心态。网络流行语轻松活泼，甚至不乏戏谑搞笑。然而，语言是心灵的映照和思维方式的投射，网络流行语也不妨视作大众文化心态的一种缩影，既折射出人们在生活中所面对的共同境遇，也蕴含着在当今社会具有高度认同感的情感态度。网络流行语是语言系统对现实社会迅速、直接的反映，是反映社会文化的符号，不仅代表着当下人们的生活状态与精神面貌，而且一定程度上反映着社会文化环境的变化。

"盘他"走红：假如生活欺骗了你　一定要"盘"回去

（摘自：中国青年报，1月24日，作者：安纳）

"盘他"，成了 2019 年的第一个网络流行热词。在广大网友脑洞漫天游走的"再创造"中，"盘"被延伸了极其丰富的定义和内涵——"万物皆可盘"。盘，可以表示对人、事、物的喜爱，"盘"你最喜爱的偶像，"盘"自家的萌宠。盘，也表示为决定去直面和搞定一桩在当前生活看起来特别棘手的难题。许多90后网友感慨，步入社会，在职场里打怪升级，自己一点点被残酷的现实磨去了棱角，简而言之就是——被生活"盘"了。

全家"福安"、一生"长乐"！习近平给外籍教授回信金句成拜年流行语

（摘自：人民网，2月3日）

2018 年底，潘维廉教授出版新书《我不见外——老潘的中国来信》（中、英文版）。首发式后，潘维廉教授给习近平总书记写了一封信，随信寄送了这本书。2月1日，习近平总书记给潘维廉教授回信，祝贺他的新书出版，感谢他把人生30年的宝贵时光献给了中国的教育事业，并祝他全家"福安"、一生"长乐"。

收到来信后，潘维廉教授与亲朋好友分享了总书记的新春祝福。全家"福安"、一生"长乐"，迅速成为福建当地的网络流行语，成为大家互致祝福的高频词。网民认为该祝福语取自福建的两个地名，既接地气又充满情谊，"祝你全家'福安'、一生'长乐'，真是最具乡土气息的祝福！""家乡名出现在总书记的回信中，开心！祝你全家'福安'、一生'长乐'！"

如何对待新兴缩略词

（摘自：光明日报，2 月 16 日，作者：吴长安、吴娜）

近年来，随着互联网和移动终端的发展，网络语言逐渐迎来了发展的高潮，出现了众多新兴缩略词，如"土肥圆、高富帅、傻白甜、不明觉厉、喜大普奔"等。随着新兴缩略词的大量使用，其负面效果也显现出来：第一造成了使用者的记忆负担，第二造成了交际障碍，第三是模糊了规范语言的学习。因此，我们应对新兴缩略语进行规范，一方面严格要求官方文件、出版物、学校教学不应使用或出现新兴缩略词；另一方面也应适当宽容。因为新兴缩略词无论怎么新奇，毕竟是以交际为目的，这一因素决定了它不可能太离谱，有一些有特色的新兴缩略词也会沉淀下来，进入规范词语之中。

如何看待新兴谐音词

（摘自：光明日报，2 月 16 日，作者：张蕾）

"谐音"是新词产生的重要手段之一，是指"字词的声韵相同或相近"，也有人认为谐音"是利用词语的同音或近音关系引发人们联想的一种修辞方式"。如"笔芯（比心）、酱紫（这样子）、粉丝（fans）、520（我爱你）"等都可称为谐音词。

从已有的谐音成词效果来看，在语言表达上刻意"求新求异"的做法打破了语言符号系统中"能指"与"所指"之间"约定俗成"的对应关系，并借由文字载体，模糊了语言符号"形式"和"意义"间的对应，造成了语言使用的混乱现象。因此，语言工作者要发挥作用，应根据语言发展的内部规律来权衡取舍，不能一味崇尚传统，也不能无选择地欢迎一切新词语。

如何引导新兴字母词

（摘自：光明日报，2 月 16 日，作者：杨茜）

对于字母词的发展，我们既不能"堵"，也不能"放"，必须综合考虑民众的使用情况和文字的规范要求，加以引导。第一，对早已约定俗成进入汉语词汇系统的字母词适度包容，如：GDP（国内生产总值）。第二，对尚未稳定或尚未进入汉语词汇系统，民众使用频率较高的字母词谨慎处理，如：App（应用软件）。第三，对本来有地道的中文表达的字母词或外文原型字词，应当在媒体及出版物中加以严格规范，摒弃或拒绝使用，如：BGM（背景音乐）。第四，用于规范字母词的法规条款必须是动态的，必须符合当代语言生活的实际情况。定期的字母词使用调查必不可少。

如何看待混合词

（摘自：光明日报，2月16日，作者：吴菡）

近年来，随着国人外语水平的提高及使用陌生文化词语的新奇感，混杂多种语言的"混合词"越来越多，而且形式多样、变化无穷。例如：以单词形式混用的"打 call（对人、事、物的支持和肯定）、立 flag（立下目标）"；汉字与字母缩写形式混用的"T 台（模特穿时装走的舞台）、P 图（修图）"；以词缀形式混用的"恋爱 ing（恋爱中）"等。

虽然绝大多数的"混合词"并不能为正式场合书面语所接受，但实际像"A 股、T 恤"等混合词早已融入日常生活。混合词能否接受时间的考验，有赖于语言生活的实际变化及混合词在变化中能否符合语用原则和语用策略，满足使用者的交际需求。像混合词这种现象可能会一直存在，所以对混合词的用法也要客观分析和看待。

九成受访者会使用网络流行语

（摘自：中国青年报，3月21日，作者：王品芝、李丹妮）

网络流行语已经成了年轻人表达情感的主要语言方式之一。有人认为这样的表达更直接、更准确，也有人觉得网络词汇让语言变得简单粗暴。近日，中国青年报社社会调查中心联合问卷网，对 2002 名受访者进行的一项调查显示，93.4%的受访者平时会使用网络流行语，34.3%的受访者经常使用网络流行语，59.1%的受访者偶尔使用；67.4%的受访者认为过多使用网络流行语会使代际沟通更加困难，66.5%的受访者觉得会遗忘原有的表达方式和文化内涵。

网络流行语成文化符号

（摘自：人民日报海外版，4月8日，作者：何欣禹）

锦鲤、佛系、官宣、土味情话、确认过眼神……日前，国家语言资源监测与研究中心发布了"2018 年度十大网络用语"，这些平日里在网络中高频出现的流行语言纷纷入围。层出不穷的网络流行语不断拓展着汉语的可能性，也因此成为反映社会文化的标识符号。如今，随着网络流行语被频繁使用，汉语的范围也在不断拓展。第六版《现代汉语词典》就收录了"给力""雷人"等网络用语，还为"晒"字加入了"晒工资""晒照片"这样的注解。语言的创新发展适应了社会生活的需要，在某种程度上也反映了文化的活力。随着网络流行语渐成社会文化符号，定会引起更多关注和研究。

"00后"聊天流行语你懂吗

（摘自：解放日报，4月15日，作者：张熠）

有网友给大家出了份考卷，卷面是几位"00后"的QQ对话：dbq、xswl、nss、nbcs、zqsg、走花路、扩列、养火……这些在"00后"中流行的网络社交用语，你能看懂多少？随着"00后""05后"在社交媒体上崭露头角，这些让人摸不着头脑的缩写、略写、新造词成为一时热议的话题。有人认为这些流行语"罕见得像生僻字"，某些字词根本无缩写必要；也有观点认为，这些俏皮话很有意思，就像当年的非主流、火星文，代表了年轻一代的创造力。但无论如何，想了解"00后"，或许就要从认识他们的社交流行语开始。

"雨女无瓜"成网络流行语　童年老剧靠"梗"翻红

（摘自：中国青年报，6月18日，作者：蒋肖斌、陆宇婷）

"雨女无瓜"（与你无关）的走红，起源于微博上一个转载视频"《巴啦啦小魔仙》全员口胡（口音）系列之游乐"，这是一部首播于2008年的真人儿童奇幻剧，以夸张特效和"杀马特"风格造型著称。

中国人民大学新闻学院讲师董晨宇分析，互联网文化非常重要的一个特点，是希望把严肃的事情用轻松的方式说出来，最好有一种卖萌的感觉。这种突然病毒式红起来的词汇又称"米姆"，其特点之一是来得快去得也快，不会长时间存在，一定是不断变化更新的，比如，"蓝瘦香菇"（难受想哭）就已经逐渐被淘汰。"米姆"的走红存在很大随机性，至于为什么，现有研究还没能得出共识。只能说，因为怀旧一定会有一些梗成为"米姆"，但究竟是哪些梗，随缘。

是什么让"令人喷饭"成为刷屏热词？

（摘自：央视新闻，7月26日，作者：任杰）

7月25日的《新闻联播》再次"引爆"舆论场。起因是"国嘴"康辉掷地有声地播报了一篇名为《究竟谁在全球到处欺侮恫吓他人？》的国际锐评。文中提到，美国无理指责中国破坏世界和平的观点"荒唐得令人喷饭"。此言一出，随即引发轰动效应。"令人喷饭"迅速刷屏，很快跻身微博十大"热搜榜单"。网上评论妙语连珠：有人说，"看新闻联播'长知识'，晚饭时学了新成语"；有人夸赞，这样的表达"霸气十足""彰显国威"。大时代呼唤有立场、有棱角、有锐度的文字。作为外界观察中国的重要舆情风向标，《新闻联播》以硬气的文风顺应了这样的需求，捍卫了国家尊严。此外，"令人喷饭"的走红还表明，接地气的语言表达能起到意想不到的传播效果。

听不懂 00 后语言？别忘了曾经流行的"火星文"

（摘自：东方网，10 月 9 日，作者：江德斌）

看似"天书"的 00 后社交"黑话"，其实都是 00 后的自造词，其造词方式包括汉字缩写、拼音缩写、粤语、英语、日语缩写，高难度的拼音和英文字母混搭缩写等。显然区别于正常的造词方式，混搭在一起的结果，构建起似是而非的 00 后社交"黑话"。00 后社交"黑话"与此前流行的 85 后、90 后"火星文"，有着异曲同工之妙，都是青少年群体为了彰显个性，聚集同类，区隔其他群体，而形成的独特网络流行文化。随着85 后、90 后的成长、融入社会主流，"火星文"也逐渐突破"圈层"，成为一种网络流行语言，不仅出现了专用的"火星文"输入法、翻译器，还有部分"火星文"顺利转化成大众语言，被社会广泛使用，00 后社交"黑话"也会出现这个趋势。

"我太难了""996"等词入选 2019 年十大流行语

（摘自：人民日报客户端，12 月 2 日）

据人民日报客户端消息，《咬文嚼字》编辑部发布 2019 年十大流行语。（1）文明互鉴，2019 年 5 月 15 日，习主席在亚洲文明对话大会开幕式上再次强调，"文明因多样而交流，因交流而互鉴，因互鉴而发展"，引起全球共鸣。（2）区块链，一个信息技术领域的术语。区块链技术奠定了坚实的"信任"基础，创造了可靠的"合作"机制，具有广阔的运用前景。（3）硬核，人们常用"硬核"形容"很厉害""很彪悍""很刚硬"。（4）融梗，即把别人精彩的创意融合进自己的作品中。（5）××千万条，××第一条，2019 年春节上映的科幻电影《流浪地球》，受到普遍好评。在影片中反复出现的行车安全提示语"道路千万条，安全第一条。行车不规范，亲人两行泪"，一下流传开来。随后，使用范围扩大，衍生出了新的造句格式。（6）柠檬精，表达对他人或外貌，或才华，或物质条件，或情感生活等各方面的羡慕。（7）996，指一种工作制度：早上9 点上班，晚上 9 点下班，每周工作 6 天。（8）我太难/南了，"我太难/南了"的流行，是普通网民希望释放生活压力的心理表现。（9）我不要你觉得，我要我觉得，出自 2019

年暑期热播的综艺节目《中餐厅》第三季的嘉宾黄晓明之口。（10）霸凌主义，指用"霸凌"的方式处理国与国之间的矛盾。

"汉语盘点 2019"十大网络用语发布

（摘自：人民网，12 月 2 日）

2019 年 12 月 2 日，国家语言资源监测与研究中心发布了"2019 年度十大网络用语"。本次发布的十个网络用语依次为：不忘初心；道路千万条，安全第一条；柠檬精；好嗨哟；是个狼人；雨女无瓜；硬核；996；14 亿护旗手；断舍离。网络用语的来源及成因多种多样，但这些词语都具有感染力强、易于传播使用的特点。透过这十个流行网络用语，一副鲜活生动的网民生活百态图跃然纸上。

"2019 年十大网络用语"是基于国家语言资源监测语料库（网络媒体部分），采用"以智能信息处理技术为主，以人工后期微调为辅"的方式提取获得的。本次发布所涉及的网络论坛部分的数据就包含了超过 40 万个帖子，5 亿多字数。

年度十大流行语标注社会脉动

（摘自：人民网，12 月 3 日，作者：斯涵涵）

《咬文嚼字》编辑部 12 月 2 日发布"2019 年十大流行语"，"文明互鉴""区块链""硬核""融梗""××千万条，××第一条""柠檬精""我太难/南""我不要你觉得，我要我觉得""霸凌主义"等流行语入选。

"一个词，记录一个年度"，2019 年已经走进最后一个月份，2020 年新年正悄悄临近。"2019 年十大流行语"适时发布，通过对这些热词的关注与解读，我们感受到真实的社会脉动。

榜首的"文明互鉴"出自习近平主席的"文明因交流而多彩，文明因互鉴而丰富"。"文明交流互鉴"主张的内涵不断丰富，影响不断扩大，引起全球共鸣，彰显了新中国的巨大影响力。中央确定"把区块链作为核心技术自主创新的重要突破口"，不仅让"区块链"成为信息技术领域的热词，也走进大众视野；"硬核"的彪悍、"融梗"的边界和"霸凌主义"的思维和行径，都令人沉吟再三。

年度流行语藏着"民生密码"

（摘自：南方日报，12 月 4 日，作者：戴先任）

《咬文嚼字》编辑部日前发布了本年度的"十大流行语"。其中，有走入大众视野的专业术语"区块链"，有宏大叙事的"文明互鉴"，体现出越来越多的人不再只是关注自己的生活，更关心国家大事，视野变得更广阔了。不管是"996"，还是"我太难/南了"，这些词语的流行，都让人读出生活的不易。年度流行语藏着"民生密码"，对于政府相关部门来说，要从年度流行语中读懂民生诉求，破解"民生密码"。比如要保障劳动者合法权益，不能让用人单位强制员工"996"。2019 年即将过去，盘点年度流行语，是要与过去说再见，也是为了总结经验教训、弥补不足。

流行语有千万条，相互倾听是第一条

（摘自：人民网，12 月 4 日，作者：李泓冰）

由《咬文嚼字》杂志引发的流行语互动已经有几年了，不但是语言学，更堪为历史学、文化学、社会学乃至观察百姓心态变化的一扇窗口，积累起来，也是一部趣味横生的民间口述实录，可以为正史补白。《咬文嚼字》编辑部发布的"2013 年十大流行语"是：中国梦、光盘、倒逼、逆袭、土豪、女汉子、点赞、奇葩……当年这些中选词语，而今仍在"流行"，然而却有双向流动的倾向，有的从"庙堂"向"江湖"流动，有的从年轻人向中老年人流动，从民间语汇向官方语汇靠拢。

流行语反映的往往是年轻人的社会心态。流行语的被关注，是一种良性的代际沟通渠道，甚至可以看作成年人向小孩子的俯首倾听。相隔五六年，入选的流行语越来越"草根"，越来越让中老年人"听不懂"，也折射出主流话语的宽容与谦和。官民语系的良性互动，有利于倾听民瘼，凝聚共识，实现最大公约数，激发改革动能，值得"点赞"。

百度发布 2019 年度十大科技热词：AI、5G、区块链位居前三

（摘自：中国新闻网，12 月 9 日）

今日，百度沸点 2019 年度榜单启动发布，今天率先发布的是"百度沸点 2019 年度科技热词"：AI、5G、区块链、机器人、VR、AI 寻人、智能家居、物联网、刷脸支付、AR 十个关键词成为 2019 年最受中国网民关注的科技领域热词。接下来，百度还将陆续发布年度流行语、年度沸点人物、年度电视剧等榜单，全面盘点 2019 年网民最关注的各类热点。

流行语中的时代活力

（摘自：人民日报，12 月 11 日，作者：石羚）

近日，经过公开征集、专家评选、媒体投票等环节，《咬文嚼字》编辑部公布了"2019

年十大流行语"。流行语是一个语言现象，更是一个社会现象，其中既有个人表达，也有宏大叙事。从更大层面看，正如"区块链"成为技术创新的重要突破口，"文明互鉴"向世界宣示交流对话的中国主张，流行语的变化与国家发展、社会进步的步伐相伴随。新与旧，小与大，变与不变，道出了流行语背后的辩证法。临近年末，很多机构相继发布了不同版本的年度热词，其选择各有不同。但无论如何，流行语只能投射社会生活的某些侧面，并不能代表时代的全部。流行语选择越多样、变化越快速，越说明我们这个时代充满了进步的多样性，越说明中国具有发展的无限可能。

海峡两岸选出年度汉字"困"期待新一年突破困局

（摘自：新华网，12 月 13 日，作者：傅双琪、查文晔）

由台湾《旺报》和厦门《海西晨报》、新浪网等机构共同主办的 2019 海峡两岸年度汉字评选 13 日在台北揭晓，1206 万网友投票中"困"字以 103 万最高得票当选。

台湾《中国时报》和《旺报》社长兼总编辑王绰中在揭晓仪式上表示，选出"困"字代表着两岸人民对当前两岸关系存在的诸多困难有清醒切实的认知，希望新的一年两岸关系能走出困局，有一个柳暗花明的新开始。厦门《海西晨报》社长兼总编辑黄毓斌在视频致辞中点评，当选的"困"字反映台湾岛内困局，警告"台独"死局，孕育通达变局。

"颜值"何以在年轻人中流行

（摘自：中国青年报，12 月 13 日，作者：胡波）

大概在 2015 年，"颜值"一词开始在偶像团体传播，而后在国内综艺节目中使用，再经网络的力量广泛流行起来。追根溯源，"颜值"的本质体现了人们对于美的追求。网络化时代，"颜值"之所以能够快速流行，更是因为在新的语境中，它被赋予了新的内涵和特性。首先，"颜值"体现了网络流行语的经济价值。网络流行语兼具多重意义且交际效果显著，吻合"人们将复杂的形式简单化"的经济需求。其次，社交媒体时代，颜值还被赋予了"溢价效应"。易言之，长得好看更容易获得经济利益。最后，"颜值"之所以更容易成为年轻人津津乐道的话题，还与年轻人追求自我，强调主体意识密不可分。

2019 年中国媒体十大新词语发布

（摘自：教育部，12 月 16 日）

作为"汉语盘点 2019"活动的重要组成部分，12 月 16 日，国家语言资源监测与研究中心发布了"2019 年度中国媒体十大新词语"。本次发布的十大新词语依次是：夜经济、5G 元年、极限施压、止暴制乱、接诉即办、夸夸群、基层减负年、冰墩墩/雪容融、杀猪盘、乡字号/土字号。新词语反映了当下社会生活的新现象和新变化。十大新词语串联起了本年度经济社会发展中的一系列热点事件。"2019 年度中国媒体十大新词语"是基于国家语言资源监测语料库，利用语言信息处理技术，结合后期人工确认获得。语料来源包括 9 份主流报纸、20 家电台、电视台的节目转写文本，以及 4 个门户网站网络新闻 2019 年 1 月 1 日至 11 月底的全部文本，语料规模近 10 亿字次，代表了中国主流媒体的关注点和语言特点。

"接诉即办"入选年度新词　社会治理展现新气象

（摘自：北京青年报，12 月 18 日，作者：威利）

12 月 16 日，国家语言资源监测与研究中心发布了"2019 年度中国媒体十大新词语"。"接诉接办"入选年度新词，映射的是 2019 年党的政策的着力点所在，凝聚了民众共同的关切，既有意思，更有意义。"接诉即办"贵在树立民本导向，雷厉风行解民忧；贵在树立效果导向，求真务实抓落实；贵在树立问题导向，未雨绸缪掌先机。年度新词呈现丰富多彩的时代表情，诉说着改革创新带来的变化。"接诉即办"对应着鲜活生动的为民服务实践。这种鲜活，既体现在政府对每一个普通个体诉求的尊重和回应，也反映在民众获得感、幸福感、安全感不断增强的真切体验。

"稳"当选 2019 年度国内字——稳中求进看中国

（摘自：新华社客户端，12 月 20 日）

12 月 20 日，由国家语言资源监测与研究中心、商务印书馆、人民网等主办的"汉语盘点 2019"年度字词揭晓，"稳"当选年度国内字。

关于"稳"字，主办方是这样说的：2019 世界多变，波澜起伏，旋涡中的中国从容应对，稳就业、稳金融、稳外贸、稳外资、稳投资、稳预期，任尔东西南北风，我自岿然不动。处变不惊、稳中求进才能更好地应对挑战。

万仞高山，始足于稳。稳，是过去与未来的定盘星，回顾过去，不骄不躁、处变不惊、遇事不乱，展望未来，脚踏实地、稳扎稳打、循序渐进，这便是稳中求进的要义。

"汉语盘点 2019"年度字词出炉

（摘自：教育部，12 月 21 日）

12 月 20 日，国家语言资源监测与研究中心、商务印书馆、人民网、腾讯公司联合主办的"汉语盘点 2019"揭晓仪式在北京举行。本次活动自开启后，陆续发布了 2019 年度十大网络用语、十大流行语、十大新词语。活动期间，共收到网友推荐字词数千条，总关注量超过 3.5 亿。最终，"稳""我和我的祖国""难""贸易摩擦"分别当选年度国内字、国内词、国际字、国际词。"汉语盘点"活动至今已举办十四年，旨在"用一个字、一个词描述当年的中国与世界"，鼓励全民用语言记录生活，描述中国视野下的社会变迁和世界万象。

汉语盘点"2019"年度字词揭晓

（摘自：光明日报客户端，12 月 21 日，作者：谭华）

12 月 20 日，国家语言资源监测与研究中心、商务印书馆、人民网、腾讯公司联合主办的"汉语盘点 2019"揭晓仪式在北京举行。

据介绍，今年的"汉语盘点"在活动阶段进行了"三大发布"——12 月 2 日发布年度十大网络用语，12 月 6 日发布年度十大流行语，12 月 16 日发布年度十大新词语。活动自开启后，共收到网友推荐字词数千条，总关注量超过 3.5 亿。在今天的揭晓仪式上，最终，"稳""我和我的祖国""难""贸易摩擦"分别当选年度国内字、国内词、国际字、国际词。

2019 年度十大新词语、十大流行语、十大网络用语是国家语言资源监测与研究中心基于大数据语料库，利用语言信息处理技术筛取、评选而来的。这些热词新语记录了社会焦点的变迁，呈现出文化生态的脉络。

2019 年度十大新词语：夜经济、5G 元年、极限施压、止暴制乱、接诉即办、夸夸群、基层减负年、冰墩墩/雪容融、杀猪盘、乡字号/土字号。

2019 年度十大流行语：我和我的祖国、金色十年、学习强国、中美经贸磋商、最美奋斗者、硬核、垃圾分类、先行示范区、基层减负年、我太南了。

2019 年度十大网络用语：不忘初心；道路千万条，安全第一条；柠檬精；好嗨哟；是个狼人；雨女无瓜；硬核；996；14 亿护旗手；断舍离。

网络语言中的"××份"

（摘自：光明日报，12 月 21 日，作者：宋晖、蔡晓睿）

网络语言日新月异，新词新语层出不穷。"今日份开心"之类网络新词语，在各大网络平台"炙手可热"。然而，这里的"份"早已背离了传统用法。这种用法的来源，有人说是借自日语"今日の分"，但在日语里"の分"后接名词，表示某单位时间或人数的所有物，如二人份午餐。经过日语语料库查询，并未出现后面加抽象名词或谓词的情况。所以，如果借，也只是借形而已。笔者认为，网络语言中的"份"并不表词汇意义，只是起到提示作用和句法标记的作用。

"我和我的祖国"成流行语彰显大国自信

（摘自：湖南日报，12月23日，作者：李红军）

12月20日，"汉语盘点2019"结果正式揭晓："我和我的祖国"当选年度国内词。"我和我的祖国"成为今年流行语，彰显着浓浓的家国情怀，也彰显了大国自信。今年的国庆庆祝活动，全面展示了新中国成立以来所取得的辉煌成就，大阅兵中受检阅的陆、海、空三军方队，飒爽英姿，威武雄壮，大国重器纷纷登台亮相，令国人为之振奋，由群众组成的"美好生活"等方阵，更是让世界看到了中国人的蓬勃朝气。这一年，我们国家的外交工作卓有成效，面对美国一手挑起的贸易战，中国政府所表现出来的反制能力，令世界刮目相看。

年度十大语文差错

（摘自：上观新闻，12月25日，作者：张熠）

有"语林啄木鸟"之称的《咬文嚼字》编辑部发布2019年度"十大语文差错"，以"差强人意"表示让人不满意，把"人非圣贤孰能无过"当成孔子的话，"己亥"误为"已亥"，"挖墙脚"误为"挖墙角"，"主旋律"误为"主弦律"，"鲇鱼"误为"鲶鱼"，"不以为意"误为"不以为然"，"禁渔"误为"禁鱼"，"令人不齿"误为"令人不耻"等入选，来源于年度各大热点事件、重大新闻报道，以及名人偶像所犯的差错。

2019年度汉字评选结果出炉："华"字当选

（摘自：人民日报官方微博，12月30日）

经投票，"华"当选2019年度汉字。2019，我们一起见证新中国七十华诞；2019，中国女排11连胜，山东舰交付海军……一个个"华丽"成绩的背后，是无数人的奋斗；2019，国潮兴起，国家和青年人越来越尊崇自己的文化。

"华"是一个时间，天安门广场，56门礼炮70响轰鸣，在新中国成立70周年这个节点，女排们真真切切感受到国家的强大；"华"是一个形容，中国女排11连胜，山东舰交付海军……一个个"华丽"成绩的背后，是无数人的奋斗。"华"还是一种文化，这一年，李子柒火了，中国李宁在巴黎时装周上大放异彩，汉服亮相悉尼街头。2019，春华秋实。2020，风华正茂。

"治"登榜首！"字述湖湘 祝福祖国"2019湖南年度榜首字揭晓

（摘自：掌上长沙，12月30日，作者：周辉霞、匡春林）

"2019年湖南年度榜首字是：治！"今天，"字述湖湘 祝福祖国"2019湖南年度字、公益新闻事件发布活动在长沙火宫殿举行。经过全省近百万名读者票选，结合专家评审意见，活动现场宣布"治"字当选2019湖南年度榜首字，"年、初、质、链、减、稳、融、网、荣"等9个字，入选2019湖南年度字榜单前十。

二、汉字的使用与传播

读懂汉字前世今生"汉字全息资源应用系统"正式上线！

（摘自：北京师范大学微信公众号，1月11日）

开展通用汉字全息数据库建设是贯彻落实《国家语言文字事业"十三五"发展规划》，推进语言文字信息化建设的重要举措，体现了语言文字工作服务国家发展需求的核心要义。项目由北京师范大学中国文字整理与规范研究中心、汉字研究与现代应用实验室负责实施。一是服务文化强国建设，传播中华文化，更好地展示汉字的发展及其文化内涵，促进汉字文化发扬光大。二是服务教育现代化。以全国教育大会精神为指引，提供满足学校师生多元需求的汉字资源平台，提高汉字教育质量，促进民族地区国家通用语言文字教育。三是服务语言文字事业发展，促进语言文字的规范化、标准化和信息化，助力国家通用语言文字普及攻坚等重点工程实施。项目的标志性成果"汉字全息资源应用系统"上线，供社会使用，是书写教育部"奋进之笔"，回应人民关切的重要实践，使语言文字发展的最新成果惠及更多领域和更广大的人民群众。

中医药版神曲《生僻字》走红网络

（摘自：新华网，1月8日，作者：王皓）

"莨菪茛苊，菝葜葶苈。萝芀芜菁，茳芏茯苓……"近日，一首中医药版歌曲《生僻字》在网络走红。网友直呼"中医文化博大精深，深到让我怀疑人生！"这首歌曲由山西省中医院创作，改编自网络歌曲《生僻字》，因其高难度生僻字组成的歌词和朗朗上口的曲调，瞬间成为走红网络的"神曲"。歌词主创、山西省中医院宣传部部长赵惠峰告诉记者："之前有朋友来医院看病，路过一个中药斗柜，指着'没药'那个药斗子说'你们真逗，没药就没药，还告诉别人。'其实那是一味中药，叫没（mò）药，不是没有药。鉴于中医药文化在世界的影响力日渐增强，但是中医学中有很多生僻字或者多音字，因此想通过歌曲的形式来传播中医药文化。"

成都公安改编《生僻字》获网友欢迎

（摘自：海外网，1 月 15 日）

"偷鸡摸狗，作奸犯科，鸡鸣狗盗，横行霸道，惹是生非，坑蒙拐骗……都是违法。"最近，成都公安在其官方抖音上发布的一则"普法版"《生僻字》流行了起来。视频中，一位警官用四川普通话演唱了改编版的《生僻字》。歌词中不仅写到了偷鸡摸狗、坑蒙拐骗这类大众熟知的违法犯罪行为，还结合去年的热门时事，说明了高铁霸座、冒充警察、抢方向盘也都要遭到处罚。视频在抖音获得了大量网友的欢迎，收获了 75.4 万个赞和 3.5 万条评论。网友们认为警察叔叔改编的普法版《生僻字》，跟为传播汉字文化而创作的原版《生僻字》一样，都有着正能量的积极意义，用有趣的方式让大家获得了更多知识。

济南一语文教师整理出《生僻字》歌词释义 还做了"深加工"

（摘自：济南时报，1 月 7 日，作者：曹茉）

"魃魈魁鬾魑魅魍魉（bá xiāo kuí jì chī mèi wǎng liǎng），又双叒叕（ruò zhuó），火炎焱燚（yàn yì）……"最近一首名为《生僻字》的歌曲走红网络，不少中小学生都会唱了，但它们的含义和典故很多人却不知道。山东大学附属中学的语文老师邹子韬将歌词里的知识点整理出来，发在了自己的微信公众号上，还在课堂上穿插讲解，给这种大众化娱乐形式赋予了更深的文化价值。除了广泛查阅现有字典、中国知网等，他还"求助"了甲骨文等词义来源。在解释蹀（dié）躞（xiè）时，他则联系了济南方言。"这个词本意是小步行走或小步疾走的样子。"济南方言说的"蹀躞"大体是很失败或形容一个人的脸色很难看的意思。邹子韬说，这样的解释能增加一些趣味性。他的这套《生僻字》知识点"完整版"共总结了 38 个知识点。

台"行政院长"苏贞昌发文错字多 洪孟楷:想当网红先救"菜中文"

（摘自：海外网，1 月 25 日，作者：朱惠悦）

台当局"农委会"成立的非洲猪瘟"中央灾害应变中心"1 月 24 日宣布，25 日凌晨起，违规携带疫区肉品赴台的非台湾居民，未当场缴清罚款就会被拒入境，"阁揆"苏贞昌还为此拍了"不缴清、拒入境"的影片宣传，但字幕"不准入境"却写成"不準入境"。国民党发言人洪孟楷还发现，原来该则发文中特别标注的"西历 2019"，原本也误植为"西暦 2019"，故揶揄苏贞昌要当网红救"蔡英文"之前应先救"菜中文"。据了解，"准"字在现代汉语中为"準"的简体字，而在古代两者是两个独立的汉字，在未简化前，意义并不完全相等。"凖"字中的"冫"与"隼"联合起来表示"猎隼锁定目标"，而"准"则有准许、标准、依据等意义，因此宣传影片中的"不准入境"写为"不凖入境"为错误用法。另外，"曆"和"歷"虽然都为"历"的繁体字，但"曆"用在"日曆"一词，而"歷"源于"历史"一词，所以"西曆2019"才为标准用法。

谈谈春晚相声中的"旺"字

（摘自："今日语言学"微信公众号，2月7日，作者：杜翔）

2月4日除夕，央视春晚相声节目《妙言趣语》中的"旺"字引起了众多媒体和网友的关注。"旺"字采用了"合文"的造字形式，即把两个或两个以上的汉字浓缩成一个汉字书写单位（一个方块字字符）的文字形式，而读音则仍保留原本的多音节读法不变，打破了汉字一字一音的惯例。跟合文现象相对应的是"合音"，即双音词或词组中前一字的声母跟后一字的韵母相拼凝合而成单音节字。例如北京话"不用"为"甭"（béng），吴语"不要"为"覅"（fiào）、网络语言"这样（子）"为"酱（紫）"。

"旺"这样合文但没有合音的字不符合一字一音的原则，因此人们更多的是把这些字视为视觉上的符号，而不是作为一个语言单位来使用。

甲骨文表情包让传统文化"活"起来

（摘自：人民日报海外版，2月25日，作者：董晓波、胡波）

甲骨文手机表情包现在已经成为聊天斗图的"新宠"。意蕴深远的传统文化符号竟与"神马、有木有"等网络流行词产生了一系列"化学反应"。"甲骨文表情包"的走红说明，要让优秀的传统文化深入普通大众，重新焕发活力，需要借助新的传播方式。语言是一种资源，借由先进的网络技术手段，古老的语言文字可以被重新开发和利用，进而转化为一种沟通和交流的网络资源。不仅"甲骨文表情包"，还有文化综艺节目《国家宝藏》等，都体现出传统文化与年轻人的接受方式实现"嫁接"，原本高冷的"小众文化"真正走进了大众的生活和视野。但是传统文化的创新发展并非易事，既需要建立在对传统文化扎实的研究基础之上，也需要对大众文化的传播规律等有深入了解。

韩方明委员：呼吁在全国中小学进行繁体字识读教育

（摘自：国际在线，3月4日，作者：黎萌）

"建议有关语言文字部门充分调查、深入研究，适时恢复使用繁体字并保留简化字书写简便的成果，至少做到'识繁写简'和'用简识繁'，以消除诸多弊端。"全国政协委员韩方明 4 日下午向记者介绍了他今年提交给大会的新提案。韩方明的具体建议是，首先成立由行政领导和语言文字学界的专家组成的繁体字实施领导机构，重新实事求是地审核梳理并确立新的繁体字规范系统。其次，适时逐步在中小学语文教学中实施繁体字识读教育，在中小学加开繁体字古文经典阅读课程，在学校书法教学中使用繁体字。

马萧林委员：推动甲骨文走向大众，不再"高冷"

（摘自：光明网，3 月 11 日，作者：李政葳）

对于目前甲骨文宣传推广中存在的问题，全国政协委员、河南博物院院长马萧林表示，教育部门没有形成甲骨文宣传推广机制。虽然义务教育语文、历史教材中增加了部分甲骨文等古文字知识的内容，甚至有地方教育机构还提出了甲骨文进校园、进课堂、进教材的主张，但仍未形成富有成效的甲骨文等古文字宣传推广机制，没有收到应有的效果。另外，马萧林还提到，缺乏通俗易懂且严谨科学的普及教材。据统计，从甲骨文发现至今，甲骨文普及读物已有数百种之多，但这些普及类读物难以兼顾通俗易懂与严谨科学，并且针对性不强。为此，马萧林建议，加快编辑出版甲骨文普及读物，教育部协调高等院校和研究机构的专家学者，组织编写既通俗易懂又科学严谨的甲骨文教材和普及读物；加快建立宣传推广甲骨文的教学机制，建议在小学和中学阶段适当安排甲骨文普及课程，在高等院校开设甲骨文或与甲骨文相关的选修课程。

北京中学生开展汉字书写调查

（摘自：北京日报，4 月 4 日，作者：路艳霞）

第六届北京中学生社会实践挑战赛优秀项目展示暨第七届启动活动近日在北京师范大学附属实验中学举行。顺义牛栏山一中高三学生张宇轩的《高中生汉字书写能力调查研究》颇受关注。为了开展研究，张宇轩设计了一份问卷，调查对象为他所在学校的 208 名高中学生。张宇轩发现，高中生对汉字书写的兴趣逐渐减少，直接影响了汉字书写能力的提升；此外，汉字本身存在形似、义近、读音相近等特点，这些都造成学生在日常学习中出现错别字，提笔忘字；大多数老师课堂教学采用 PPT 演示方式，而不采用板书教学，多媒体教学使教师的板书能力进一步退化，学生也受到潜移默化的影响。

提笔忘字，忘掉的不仅仅是"字"

（摘自：光明日报，4月9日）

光明智库：很多网友反映，对着一张白纸，脑子里想的字呼之欲出，却怎么也写不出来。曾有机构调查发现，94.1%的人都曾遇到过提笔忘字的情况，其中26.8%的人经常会提笔忘字，尤其在年轻人中更加明显。怎么看待今天提笔忘字加剧的现象？造成这种现象的原因有哪些？

赵世举（武汉大学中国语情与社会发展研究中心主任）：提笔忘字现象跟近来备受关注的"语言表达日益贫乏"现象一样，是个综合征，不能简单视之。除了使用电脑，以下因素也不无影响：其一，在快餐文化的影响下，人们常常满足于简单的信息交流或猎奇"八卦"，而不再关注文字的形体美和丰富的内涵，甚至也不在意它的点横撇捺了，于是汉字的轮廓在人们的记忆里渐趋模糊。其二，生活节奏的加快和生活压力的增大，助长了社会的浮躁，致使为人做事不求严谨，语言文字的使用亦然。即使在键盘上敲错了字，也将错就错，不予纠正，对语言文字的敬畏之心有所消减。这也是"网络语言"语病盛行的原因之一。其三，公共空间不良表达的干扰。如网络空间尤其是自媒体表达中错别字泛滥，广告、牌匾等乱改滥仿成语等现象，都直接干扰了人们对正确汉字的识记，尤其会误导青少年。

"汉字记忆空间"落户北京天桥演艺区

（摘自：大众日报，5月19日）

如今，北京天桥演艺区增添了一家山东文化IP（知识产权）——"汉字记忆空间"。打造"汉字记忆空间"的济南石敢当摩崖艺术博物馆馆长王宝磊介绍，"汉字记忆空间"里有汉字文物展示，观众可以动手实操，体验雕版印刷和六艺传拓，亲近汉字，感知汉字之美。创意空间内还有汉字创意产品和相关衍生品，参观者可以选购喜欢的产品，带走自己的汉字记忆。"汉字记忆空间"采取"一城一人"的城市合伙人计划，深圳文博会上，王宝磊还与辽宁、青岛、广州等地的合作伙伴达成协议，未来将共同开启"汉字记忆空间"，打造汉字文化IP。

汉字书法教学获"点赞"

（摘自：济南日报，5月30日，作者：武文佳）

近日，长清区石麟小学被中国关心下一代委员会健体中心评为"全国中小学生规范汉字书写教学示范校"。学校一直以来把规范汉字书写和书法教育作为学校课程体系建设中的重要组成部分，并开设书法班社团活动，每学期对每年级进行硬笔书法考核，为学生配备书写专属空间。此外，学校要求教师每天打卡写一页钢笔字，定时、定点对教师进行培训，并且为师生配备"互联网+中小学汉字规范书写"教学系统，使用线上、线下共同评价等多空间书法教育模式，研究探索书法教学翻转课堂、微课堂等新模式，从而让老师轻松教，学生轻松学，获得了全校师生乃至其他学校的"点赞"。

甘肃省首届汉字书写大赛在兰州市举行

（摘自：中国语言文字网，6月18日，作者：钟语艳）

近日，甘肃省首届中小学生汉字书写大赛在兰州市举行现场复赛与决赛。此次赛事以弘扬中华传统文化、普及规范汉字为宗旨，从4月10日开始征稿，共收到55所中小学校的2000余幅书法作品。比赛分初级小学组、高级小学组和中学组三个组别，采取现场书写的形式，要求参赛选手在规定时间完成指定的书写内容。选手们神情专注，一笔一画，汉语的魅力在选手的笔下得到充分展示。大赛营造了良好的书写氛围，不仅带动了广大中小学生的汉字书写热情，也锻炼了孩子们的毅力。

校园用字亟须规范

（摘自：中国教育报，7月23日，作者：胡乐彪）

很多学校的墙壁文化、走廊文化，各种展板、宣传栏的文字内容中，不乏错别字、错用标点符号或拆分汉字的现象。如班集体的"集"被写成"级"，求真务实的"真"被写成"臻"，战士的"战"被拆分成"占"和"戈"……究其原因，一是有的学校在最终定稿时校对、审核不认真；二是个别学校为图省事，在制作文化展板时当起了"甩手掌柜"，全权委托打印社设计、制作，未进行严格把关。作为教书育人的地方，学校更应该以强烈的责任心，加强组织管理，高度重视文字工作，坚持把文字工作列入学校议事日程，规定凡是对外展示的东西，都要做到有具体领导分管。同时，要不断健全制度，认真检查落实，做到层层把关审核，及时修改错误，确保标志牌、板报、展板、宣传栏、墙壁文化等使用规范字。

《宋旦汉字艺术展》系列活动在俄罗斯受欢迎

（摘自：商报消息，8月15日，作者：王益群）

8月13日上午，以"庆祝新中国成立70周年暨中俄建交70周年"为主题的宋旦汉字艺术俄罗斯展系列活动开幕式在俄罗斯伊尔库茨克市美术馆隆重举行。

中国驻俄罗斯伊尔库茨克总领馆领事张晓东在致辞中说："今天是俄罗斯展首展，中国汉字有三千多年的历史，宋旦先生把汉字艺术带到了俄罗斯，这是文化交流，交流互鉴的重大行动，希望接下来走进俄罗斯更多的城市，通过汉字艺术展，让俄罗斯人民了解中国，了解中国人民，了解中国文化，让中国文化走进俄罗斯人民的心里，让俄罗斯人民体会中华文化的博大精深，从中体验到汉字艺术带给大家的享受，最后祝此次活动圆满成功。"

"字在其中"汉字国潮艺术展长沙开展

（摘自：湖南频道，8月24日，作者：石凌炜）

长沙又添一潮酷游玩打卡地。8月24日起，"字在其中"汉字国潮艺术展在长沙谢子龙影像艺术馆正式向公众开放。本次汉字国潮艺术展，是一个集传统、潮流、时尚、艺术、互动于一体的丰富性展览活动，打造了"提笔挥墨""放肆字躁""字里行间""灯虹九滤""生僻字墙"等十大不同个性化潮酷打卡区。让作为中华五千年悠久文化的符号代表——汉字，以一种新奇有趣的形式去唤起人们对汉字的记忆，散发汉字的独特魅力。"我们在键盘上敲字如飞的时候，却也开始面临'提笔忘字'这个窘境"，谈起办展初衷，活动策展人、鹿禾文创创始人陈立表示，"我们依旧不能忘记汉字中蕴藏的丰富文化性与艺术性"。

"中国文字丝路行——《汉字》国际巡展"走进匈牙利

（摘自：新华网，9月2日，作者：袁亮）

旨在以汉字为桥、促进民心相通的"中国文字丝路行——《汉字》国际巡展"1日在匈牙利首都布达佩斯开幕。此次展览以汉字发展、演变历程为主线，选取部分古汉字构形作例证，直观、生动、有趣地展示了汉字的起源、发展、演变过程，揭示汉字背后的文化精髓，为国际友人了解中国文化提供一个独特视角。

此次为期两天的展览包括《汉字展》《结晶——中国当代书画名家精品展》《再造甲骨——甲骨文创意设计展》三个部分，由中国侨联主办，河南省新闻办公室、安阳市人民政府、中国文字博物馆、经济日报社旗下《艺术与设计》杂志社等承办。

2019 巴黎汉字节拉开大幕

（摘自："向东向西"微信公众号，9月11日，作者：马行健）

2019巴黎汉字节由巴黎十三区政府、法国汉字节协会共同主办，9月10日至14日在巴黎举行。本次汉字节旨在通过展览、讲座等多种方式向法国民众展示中国文字的独特魅力。相比巴黎 13 区政府内偏向传统风格的展览，巴黎日本文化中心内的展览更倾向传统中国文字与现代设计的交融，会馆内展示了大量由中央美院中国文字艺术研究中心副主任刘钊等人，以及热爱汉字文化的日本学者打造的书画及艺术作品，表现了中国传统文字与现代设计碰撞后迸发的文化火花。

除展览外，汉字节创始人、汉字协会会长、法国著名汉学家白乐桑等人将在巴黎中国文化中心举行以"从古老汉字到现代艺术设计"为主题的研讨会，巴黎 13 区政府内还将举行包括汉字起名、汉字纹身等一系列中华文化体验活动。

"魅力汉字"展览在法掀起汉语热潮

（摘自：中国经济网，9 月 22 日，作者：佘颖、李鸿涛）

为庆祝中华人民共和国成立 70 周年、中法建交 55 周年，纪念留法勤工俭学运动 100 周年、甲骨文发现 120 周年，由经济日报社、中华人民共和国驻里昂总领事馆主办，中国文字博物馆、艺术与设计杂志社等单位联袂举办的"魅力汉字"展览于当地时间 9 月 20 日在法国里昂举办。展览介绍了汉字从甲骨文开始的演变，其中汉字发展史展板 50 面，汉字书法作品展板 20 面。展览现场，除了亲手印制的 T 恤，还有根据汉字设计的服装、珠宝等。

法国欧坦市政府国际关系部部长卡特琳娜·吉拉德表示，"中国文字是生动且不断演变的，是中国文化的重要承载，需要向全世界推广。目前，我们正在积极对接中法两国的文化与学院交流，期待通过密切的文化项目交流，进一步增进彼此了解与融合"。

两岸汉字文化创意大赛进入终评 千件作品让汉字"活"起来

（摘自：台海网，9 月 29 日）

昨日，2019 海峡两岸汉字节配套竞赛活动"乐活汉字·魅力文化"2019 汉字文化创意大赛经作品征集、初选后，进入了最后一轮的评审阶段。据悉，两岸汉字文化创意竞赛结果将于 10 月 19 日揭晓，获奖的优秀作品还将亮相两岸汉字创意展览。

汉字一直是中华传统文化传承的重要载体，不单单只是简单的字符，很多参赛作品都把汉字设计"活"了，通过作品能让大家看到设计者的生活状态以及对未来的展望。进行汉字创意设计不仅要对传统文化进行了解，也要与现代社会结合。很多设计作品，从功能性、文化内涵等角度去挖掘，整体设计十分全面。通过举办汉字文化创意大赛，能进一步传播汉字传统文化，展现生活美学。

海峡两岸（昆山）汉字文化艺术节在昆山开幕

（摘自：昆山市委宣传部，10月9日，作者：张欢）

10月6日上午，以"源有汉字"为主题的海峡两岸（昆山）汉字文化艺术节开幕式在昆山城市生态森林公园拉开帷幕。江苏省台办交流处处长许宁，昆山市委常委、统战部部长金健宏出席开幕式。据了解，本次汉字文化艺术节由省台办、省语言文字工作委员会指导，昆山市台办、昆山阳澄湖文商旅集团主办，持续至10月8日。艺术节展出内容非常丰富，以"源有汉字"为主题，从时尚有趣的角度诠释了汉字的发展史和繁简汉字之间的关系，适合不同年龄阶段的游客前去观展游玩。

我国将举行甲骨文发现 120 周年系列纪念活动

（摘自：人民网——教育频道，10月16日，作者：孙竞）

据悉，纪念甲骨文发现 120 周年系列纪念活动将在本月陆续举办。这是甲骨文发现以来首次在国家层面举办的系列纪念活动。教育部语言文字信息管理司司长田立新表示，活动旨在总结甲骨文发现 120 年来的研究保护成果，阐释甲骨文的思想文化精髓及其在中华文明和世界文明史上的重要地位，展示以甲骨文为代表的中华优秀传统文化的当代价值和世界意义，弘扬时代精神，坚定文化自信。据介绍，系列活动包括即将在河南安阳拉开帷幕的纪念甲骨文发现 120 周年国际学术研讨会、将在国家博物馆举办的"证古泽今"甲骨文文化展，以及将在北京举行的纪念甲骨文发现 120 周年座谈会。

庆中罗建交 70 周年 "汉字之美"交流展罗马尼亚举办

（摘自：中国侨网，10月22日，作者：杨嘉成、陈亮、周修怡）

19 日，为庆祝中国同罗马尼亚建交 70 周年，2019"汉字之美"汉字创意设计交流展罗马尼亚站开幕式在布加勒斯特议会宫成功举办。"汉字之美"汉字创意设计"一带一路"交流展罗马尼亚站活动由北京师范大学主办，北京师范大学文化创新与文化传播研究院和布加勒斯特大学孔子学院等机构承办。汉字是中华文化的重要组成元素，是中华民族精神的载体，这次活动让大家有机会感受中华文化的独特魅力。随后，于丹教授回顾了"汉字之美"全球青年设计大赛发起的初衷及全球巡展所取得的成果，指出这项全球性的文化项目为中国文化的推广和国际交流提供了有效途径。

汉字为媒 书写中国故事

（摘自：人民日报海外版，10月25日，作者：赵晓霞）

从2014年动议办"巴黎汉字节"到2017年2月巴黎华人春节大游行时亮出"汉字节"旗帜，再到今年9月"巴黎汉字节"再度举办，白乐桑和常耀华牵头的"巴黎汉字节"的举办，可谓汉字在海外传播的一个成功案例。"汉字是中国传统文化的根，中华文明在此基础上开花结果，枝繁叶茂，屹立于世界文明之林。随着'一带一路'建设的推进，汉字更是成为人文交流的钥匙，开启外国友人认识、了解中国的大门。"中国人民对外友好协会副会长户思社说。本届河南安阳举办的2019中国（安阳）国际汉字大会的主题是"汉字与世界"。中外上百位汉学家、汉字学者齐聚安阳，围绕该主题进行交流探讨，以助力汉字国际影响力的提升。

提取汉字中的文化基因

（摘自：人民日报海外版，10月29日，作者：邹雅婷）

10月22日，"证古泽今——甲骨文文化展"在中国国家博物馆开幕。此次国博举办的甲骨文文化展，通过展出近190件甲骨、青铜、玉石、书籍实物等，重温甲骨文背后的商周文明。展览分为"契文重光""契文释史""契于甲骨"三个单元。"契文重光"单元简要叙述了甲骨文的发现、甲骨文的文例、字形特点及甲骨文的分组等。"契文释史"单元展示了甲骨文及其反映的商代社会生活。"契于甲骨"介绍了120年来重要的甲骨学者及研究成果。

作为"纪念甲骨文发现120周年"系列活动之一，此次展览是国家博物馆馆藏甲骨文的第一次大规模展示，为了让观众更好地理解甲骨文及其背后的历史文化，展览中配以青铜器、陶器、玉器、书籍等辅助展品，并加入了丰富的多媒体展示手段。"甲骨文宇宙"全息投影、制作甲骨文吉祥话、扫码获取甲骨文表情包等备受观众欢迎。

习近平致信祝贺甲骨文发现和研究120周年

（摘自：新华网，11月2日）

中共中央总书记、国家主席、中央军委主席习近平近日致信祝贺甲骨文发现和研究120周年，向长期致力于传承弘扬甲骨文等优秀传统文化的专家学者们表示热烈的祝贺，并致以诚挚的问候。

习近平在贺信中指出，殷墟甲骨文的重大发现在中华文明乃至人类文明发展史上具有划时代的意义。甲骨文是迄今为止中国发现的年代最早的成熟文字系统，是汉字的源头和中华优秀传统文化的根脉，值得倍加珍视、更好传承发展。

习近平强调，新中国成立 70 年来，党和国家高度重视以甲骨文为代表的中华优秀传统文化的传承和发展，多部门多学科协同开展甲骨文研究和应用，培养了一批跨学科人才，经过几代人辛勤努力，甲骨文研究取得了显著成就。新形势下，要确保甲骨文等古文字研究有人做、有传承。希望广大研究人员坚定文化自信，发扬老一辈学人的家国情怀和优良学风，深入研究甲骨文的历史思想和文化价值，促进文明交流互鉴，为推动中华文明的发展和人类社会进步做出新的、更大的贡献。

为甲骨文字创造新活法

（摘自：光明日报，11 月 11 日，作者：王胜昔、郝永飞）

建立中国文字博物馆。中国文字博物馆是国内唯一一个以文字为主题的甲骨文保护、展示、传播平台，刚承办过甲骨文发现 120 周年国际文化论坛和世界汉字大会等重大活动。

公开"殷契文渊——甲骨文大数据平台"。这是汇聚甲骨文研究成果的专业互联网搜索平台，面对公众免费开放，是目前最权威的甲骨文数据平台。甲骨文知识图谱、检测与识别等技术的使用，标志着甲骨学研究进入智能化时代。

建立甲骨字库。清华大学美术学院教授陈楠建立了甲骨字库，设计出甲骨文十二生肖等表情包，把甲骨文创造性地运用到各类展览创新设计中，取得了令人振奋的传播效果。

开发主要面对青少年学生的汉字文化体验园。体验园非常受孩子们的欢迎，在开发的"汉字大富翁""汉字与货币"等文字体验游戏中，"甲骨挑战"最受青睐。

汉字棋亮相全国智力运动博览会

（摘自：宁波晚报，11 月 13 日，作者：戴斌）

汉字棋既是棋类，又是一项智力游戏。2014 年，发明人任志甫以人教版小学语文教材中的汉字为字源，成功研发了首套中国汉字棋。

汉字棋将汉字连缀成词的学理与智力运动的弈理融为一体，分国内与国外两个版本，国内版汉字棋一套 6 副，含 2880 个汉字，字源选自《现代汉语常用字表》；国外版汉字棋一套 3 副，含 1440 个汉字，字源选自 HSK 汉语通用版本。汉字棋由理棋、布棋、行棋、组词、打吃、清盘 6 个规则组成。两人对弈汉字棋，以棋盘上组成词的活棋多少决定胜负。

这次汉字棋研发的初衷是提高少儿组词的能力，因为少儿重字轻词现象较突出。据了解，汉字棋自面世以来，从宁波走向国内外，已传播影响到北京、贵州等国内二十余个省市，以及美国、马来西亚等国家和地区。

中国文字博物馆开馆十周年

（摘自：光明日报，11 月 15 日）

2001 年，借着殷墟申报世界文化遗产的东风，河南省安阳市筹划建设一座以文字为主题的博物馆；2007 年，正式定名为"中国文字博物馆"。中国文字博物馆目前建成开放的有主体馆、甲骨碑林主题广场、字坊等。

中国文字博物馆经过 10 年的发展，目前馆藏文物及藏品涉及世界文字、甲骨文、少数民族文字等多个方面。精心打造的大型文化展览——《汉字》巡展，展示了汉字的起源、发展、演变及应用，再现汉字的书写艺术。建成全国爱国主义教育示范基地、国家语委语言文字应用培训基地、第一批全国中小学生研学实践教育基地等，从而向更广泛的社会公众展示文字的魅力。开馆至今，中国文字博物馆共接待国内外参观者 1200 万人次，已经成为安阳的一张文化名片，一个世界文化交流的平台。

彰显汉字魅力 汉字文化体验园成果展示会在京召开

（摘自：人民网，12 月 2 日，作者：赵瞳）

12 月 1 日，中华汉字文化体验园 2019 年成果展示会在北京国际汉语研修学院召开。会后，所有与会嘉宾参观了体验园。嘉宾们通过体验活字印刷、拓印，观看动画，参与汉字大富翁游戏等方式，对汉字文化进行更加深入的体验。项目负责人表示，这种寓教于乐的方式，不仅可以激发学生们探索汉字奥秘的兴致，也将提升其创新意识和自主发展能力。北京国际汉语研修学院院长杨威表示，中华汉字文化体验园将不断以她独特的风格和文化魅力吸引越来越多的中小学生和汉语学习者前来学习体验，以不断创新的精神，为深入了解汉字背后的故事和传播中华文化做出贡献。

中华汉字文化体验园将迎跨界合作

（摘自：人民日报海外版，12 月 6 日，作者：赵晓霞）

"2019 年到中华汉字文化体验园体验的人数为 5626 人，其中外国友人占 25%。"中华汉字文化体验园项目负责人桂帆在日前于京举行的中华汉字文化体验园 2019 年成果展示会上介绍道，"此前，中华汉字文化体验园推出的'挑战甲骨文'系列体验活动，在希腊举办的'设计中国·魅力汉字'展览上亮相，受到当地民众的欢迎。"

据介绍，中华汉字文化体验园项目的核心目标是建成一个以推广中国文化为核心的，以汉字汉语教育为基础的，以创新汉字汉语学习模式为特色的寓教于乐的综合性体验式学习平台。"2020 年我们将进行更多的跨界合作，运用新科技、新媒体的手段，用更年轻、更时尚、更国际化的呈现方式来传播中国古老的汉字文化。走近她、激活她、传承她是我们的责任，讲好中国汉字文化故事是我们的使命。"桂帆说。

识繁用简，不必弃简从繁

（摘自：北京晚报，12月9日，作者：殷呈悦）

12月6日，针对《关于在全国中小学进行繁体字识读教育的提案》，教育部在官网做了公开答复。不可否认，在中国文字发展过程中，繁体字占据了相当长的时间。由于汉字具有象形和会意的特点，繁体字的字形无疑更丰富；同时，古人留下经典无数，普通读者如果像专业学者一样认识繁体字，阅读范围也会大为扩展。但识读繁体字，不代表要将繁体字重新融入课堂教学。无论是从遵循历来汉字的发展规律看，还是从当今简化汉字的应用程度看，都无须在中小学开展繁体字识读教育。在国学等文化领域，繁简可以共存；了解历史，阅读古籍，让孩子们认识一些繁体字，未尝不可。但无论是中小学教学，还是实际运用，都大可不必弃简从繁。

保护繁体字应有开放心态

（摘自：北京青年报，12月10日，作者：韩望）

今年全国政协会议上，有全国政协委员提交《关于在全国中小学进行繁体字识读教育的提案》，日前教育部在官网就此提案公开答复。尽管在人们日常交流中出现的频率较少，但繁体字仍然具有一定的识读必要性。繁体字因其字形复杂，可以显示更多信息。人们在阅读古籍、书法写作或与港台地区进行交流时，识读繁体字也会带来诸多便利。而从汉字发展规律和教育体系两方面而言，如果将识读繁体字纳入中小学教育范畴，未必是一种好的保护繁体字的方法。首先，汉字有其自身发展规律，传承和保护繁体字的前提就是要尊重这些规律。其次，现行的中小学教育以通识教育为主，繁体字并不适合纳入这一范畴中来。在尊重汉字发展规律的前提下，保护繁体字有多种方式和开放心态，不必执着于一定要将其纳入中小学教育体系。

三、社会用语及规范

台词语病百出，也是一种"语言腐败"

（摘自：南方都市报，1月12日，作者：韩浩月）

最近的热播剧《知否知否，应是绿肥红瘦》，其台词被网友挑出诸多语病。就被议论最多的几个语病来看，"款待不周"是自谦词用错，"手上的掌上明珠"是语义重复，"云英未嫁"属用典不当，"继承大统"是逻辑混乱，"满城文武"是自造生词……感觉语文老师教过的各种语法错误，在这部电视剧里都能找到例子。这部电视剧的语病引发讨论，首先是因为剧作影响大。出品方应该反思，这些看上去明显属于低级失误的语病台词不应存在。电视剧里的语病，只不过是其他平台语病泛滥的一种，如此种种语病汇聚，形成了另外一种形式的"语言腐败"。不能把发生在电视剧里的语病当成一件小事，更不能将之当成娱乐津津乐道。影视剧从业者要重视对台词的锤炼，起码别让各种语病台词霸屏。

"平语近人"：政治语言也可以有"画面感"

（摘自：红网，1月12日，作者：欧亚戈）

近日，常有人归纳总结说，习总书记的语言"有灵魂、有气势、有感情、有趣味、有典故"。俗语、典故、精彩故事，他信手拈来，驾轻就熟。其实，习总书记的语言还有一个鲜明的特点，就是生动形象，极具画面感。且看总书记这些表述：历史只会眷顾坚定者、奋进者、搏击者，而不会等待犹豫者、懈怠者、畏难者。共产主义绝不是"土豆烧牛肉"那么简单。正如"一张好的图片胜过千言万语"，抽象的政治语言不容易让人理解，而具有画面感的语言则能给人以直观感受，容易产生联想，便于理解记忆。当然，语言仅有"画面感"是远远不够的。正如习总书记所说："语言的背后是感情、是思想、是知识、是素质。"简简单单一句"你比我大，我叫你大姐"，体现着总书记对普通老百姓的深厚感情，映照着中华民族传承千年爱幼尊长的优良传统，温暖了无数人。

注册中文域名成时尚

（摘自：中国产经新闻，1月16日，作者：小象）

几乎每一个企业都拥有不止一个域名，但英文域名与线下名称、品牌无法实现一一对应。为解决这个问题，中文域名开始平地而起，宝马、华为等不同行业的领军者均在第一时间注册，保护中文网络品牌标识。企业通过使用与企业品牌、商标等标识相匹配的中文域名，有助于全方位战略布局，能够实现更高效、更具成本效益的品牌推广与市场营销，有效保护品牌资产，并达到搜索引擎优化。去年底，".网址"宣传片登陆央视，在中央电视台第三套等频道播出。据了解，网址注册局此次以".网址——记得住的品牌"为主题，向全国亿万观众展示了".网址"域名的品牌形象，对中文域名的未来发展应用具有重要的意义。

河北农大反作弊标语走红

（摘自：中国青年报，1月16日，作者：朱洪园）

"考试不是谈恋爱，请不要眉目传情""考试作弊，处分决定全国包邮，比你回家还快"。近日，河北农业大学进入期末考试周，这样一组让人忍俊不禁的反作弊标语走红网络。学生纷纷在微信朋友圈、微博转发评论，为学校疯狂"打 call"。河北农业大学学生处学生管理科科长左永强说，用年轻人的语言来反作弊，学生们更容易接受，传播效果也出人意料；现在的学生都是 95 后或 00 后，他们比较有逆反心理。话说得越生硬，他们越不容易接受，用他们自己的语言，一下就拉近了学生和老师的距离。有了这次成功的尝试，他表示，以后在其他学生工作中也会多借鉴这种工作方式。

第六批、第七批推荐使用外语词中文译名发布

（摘自：教育部，2月4日）

近日，外语中文译写规范部际联席会议专家委员会审议通过了第六批、第七批向社会推荐使用的外语词中文译名。推荐译名共 32 组，以社会应用领域出现的外语词为主，除一些使用较稳定的译名外，也关注新出现的译名，特别是具有社会应用潜力的词条，如人工智能（AI）、电动汽车（EV）、商务智能（BI）等。

译名在研制过程中，主要参考部分主用辞书中收录的外语词缩略词词条，运用多类型语料库查询、频次统计等方法，比照了科技名词审定委员会等机构发布的译名信息，并就部分译名征询了相关领域专家、从业者的意见。

外语中文译写规范部际联席会议专家委员会推荐在社会生活各个领域使用规范的外语词中文译名。

"饭圈缩写"到底是不是在祸害汉语？

（摘自："字媒体"微信公众号，2 月 12 日，作者：鱼饼、曹元苑）

"饭圈"是粉丝圈子的简称，指粉丝群体。如今，"饭圈文化"对现代汉语的影响越来越大，甚至形成了一套非圈内人难理解的话语体系。"饭圈"里的词汇有以下几个特点：第一，词性发生根本变化。比如，"宝藏"在"宝藏男孩"中，就从名词变成了形容词。第二，词义与原义大不相同。比如，"蒸煮"（正主，即自己最喜欢的偶像）。第三，字母缩写。比如，明星名字缩写（fbb、lyf、wyf）。第四，创新词汇出现。比如，谐音表达创新式：爱豆（idol 谐音，即偶像）；复合创新式：控评（控制评论，反驳恶评或澄清事实）；派生词创新式：团 X——团宠、团魂等。第五，造词逻辑难懂。比如，"271"等同于"爱奇艺"，"rs"代表"人身攻击"等。

广告文案别把低俗当有趣

（摘自：法制日报，2 月 14 日，作者：凌锋）

椰树椰汁更换 2019 年新包装，文案将产品定性为"丰胸神器"，被质疑虚假宣传。我国民事法律规范强调诚实信用原则，《中华人民共和国广告法》规定禁止发布"淫秽、色情"等禁止情形广告。结合椰树椰汁的广告来看，不论是对"丰胸"效果的强调，还是"每天一杯椰树牌椰汁，曲线动人，白嫩丰满"的创意，从普通受众的角度来看，确实存在误导。

任何语言都具有构建社会身份的作用，广告话语是以某一特定群体为目标，通过刺激、引导来达到销售商品、服务的一种信息载体，在这个过程中，宣传什么理念、认同什么价值的作用已超出了具体企业的范围，特别是在新媒体、全媒体时代，产品宣传甚至产品包装本身也可以说是另一种"媒介"。因此，在广告领域，不是花了钱就可以为所欲为，文案创作更不能把低俗当有趣，把法律法规视为无物。

政府部门标语要多用心！没歧义是底线！

（摘自：大连日报，2 月 11 日，作者：许明）

标语是用简短文字写出的有宣传鼓动作用的口号。但是，政府部门运用标语如果不严谨，产生了歧义，不仅达不到目的，还会让群众一头雾水。

例如，前些年，在绵阳市盐亭县有一块"风格迥异"的路牌："你开得好快哦，就像盐亭的跨越发展速度一样，祝你一路平安"。这是让超速还是减速？深圳观澜的路边有一个扫黑标语："有黑除黑，无黑除恶，无恶治乱"。标语里的"无"字把扫黑除恶的调子避重就轻了。广西北海"指望传销致富，生活没有出路"的反传销标语，由于竖排，从左往右读的话是"生活没有出路，指望传销致富"，和标语本意正好相反。

对政府部门的标语"吹毛求疵"并不是"胡搅蛮缠"，一旦标语有了歧义，会有损公信力，也难以让群众欣然接受。

古风言情书名折射出版市场的浮躁心态

（摘自：南京日报，2月16日，作者：许民彤）

近日，图书出版界有的书商，为了迎合阅读潮流和人们的阅读心理，把严肃的作家大师的书名，包装成古风、言情和鸡汤。例如：在一套由北京理工大学出版社出版的"民国大师经典书系"中，鲁迅的作品叫《风弹琵琶，凋零了半城烟沙》，这样矫揉造作的书名，根本无法体现民国文学大师的文学形象、文化人格和精神风貌。而读者会误以为"风弹琵琶，凋零了半城烟沙"这样的句子，是出自鲁迅的经典语录，以致以讹传讹。

这些书名依赖所谓的流行语来吸引眼球，看似新颖，但其表达诉求技术拙劣。它们泛滥的背后，是语言和词汇的日益贫乏与苍白。书籍不能仅仅起一个"漂亮"的书名，最根本的是要考虑书籍的书名设计和作者创作的关系。

先审后播有利于规范弹幕内容

（摘自：法制日报，2月26日，作者：韩丹东、李恋洁）

人民网舆情监测室发布的《网络低俗语言调查报告》称，低俗的网络语言扰乱了交流的善意，让讨论的平台崩塌，对社会整体情绪产生负效应。对于B站（哔哩哔哩）等弹幕网站而言，其用户不乏青少年人群，而低俗的弹幕内容会对青少年的认知产生不良影响，因此规范弹幕内容具有深远意义。《网络短视频平台管理规范》规定，网络短视频平台实行节目内容先审后播制度。平台上播出的所有短视频均应经内容审核后方可播出，包括节目的标题、简介、弹幕、评论等内容。因为弹幕已经成为一些视频应用的主要社交方式，此次中国网络视听节目服务协会的两个文件将弹幕纳入先审后播的范围，将有利于弘扬主流价值观。

医院门口贴"生意兴隆"？是时候学点儿春联文化了

（摘自："语言文字报"微信公众号，2月27日，作者：张玉胜）

春节贴春联，是中华民族的传统文化习俗，也是国人借以抒发辞旧迎新等美好愿望的一种方式。虽是民间习俗，但也讲究方位顺序、寓意深刻，更需契合行业特点。以救死扶伤为己任的医疗机构，在春节期间贴对联无可厚非，但贴"生意兴隆"这样的对联显然不妥，倘若换成"妙手回春医百病，悬壶济世乐千家"等，就不会惹出是非了。可能正是因为相关人员对贴对联相关要求与禁忌的一无所知，才导致他们对"生意兴隆"与医疗机构的不适宜浑然不觉。这折射出公众文化素养的缺失，更体现出传统文化教育的重要性。此次医疗机构贴春联的"闹剧"，可以看作一次警示：多学点儿春联文化，有助于规避此类"门前尴尬"。

短视频：创新的社交语言

（摘自：人民日报海外版，3月1日，作者：何欣禹）

快手、抖音、秒拍、梨视频……这些耳熟能详的短视频应用在近期迎来爆发式增长。日前发布的《短视频用户价值研究报告 2018-2019》指出，短视频已成为当下最大众化的视频应用，是网民日常跨屏应用的核心组成。以短小精悍为特点的短视频，正在不知不觉中重塑媒体格局和舆论生态，创造新一代社交语言。专家指出，在深耕内容领域、强化用户研究、探索商业模式、建立平台生态的多种实践中，短视频行业发展将拥有更多可能。随着监管机制趋严、娱乐内容同质化凸显，发力优质、原创内容，拓展中长尾垂直内容，将是提升短视频的内容价值和差异化竞争的着力点。

不妨把"夸夸群"视作年轻人享受过程的一种方式

（摘自：光明网，3月15日，作者：李勤余）

所谓"夸夸群"，顾名思义，不干别的，就是夸，狠命地夸，不夸到你心跳加速、面红耳赤决不罢休。我们应该清醒地认识到，"夸夸群"不过是信息时代消费主义的象征。消费主义，就是把个人的自我满足和快乐放到第一位。在这一文化环境中，消费已不再被看作一种手段，而是成为目的本身。为消费而消费，就成了消费主义者所要追求的目标。所谓年轻人缺少激励以致求夸，或者缺少动力以致颓废，很多时候不过是外界的想象。他们所需要的，只是享受过程，仅此而已。对于"夸夸群"既不必批评，也不必推崇，不妨冷静旁观，抑或尽情参与。

波音"737-8"怎么读："减8"还是"杠8"？

（摘自：北京青年报，3月18日，作者：蔺丽爽）

3月17日，中国民航局航空安全办公室副巡视员周红在接受央视采访时说："其中包括 737-700 系列、737-800 系列，以及 737-7、737-8"等内容时，将"737-8"读为"737减 8"，引发网友热议。有评论说，"肯定读错了，这里不是用作'减号'的""'-'不念'杠'吗""难道是通假字"，还有质疑"高级公务员就这水平"。随后，记者向多位航空业内人士求证，大家一致的说法是："737-8"应读作"737 减 8"，民航局巡视员的念法没错。每个行业都可能有些外人不了解的独特"行规"，当行业用语用于公共场合，容易被大众误解时，该怎么规范值得思考。

遇到好笑的事儿，我却只会说"哈哈哈"

（摘自：中国青年报，3 月 21 日，作者：王品芝、李丹妮）

网络环境下，年轻人越来越倾向于使用网络用语表达思想情感。网络用语虽然有时幽默活泼，但也存在缺乏文化内涵的问题。很多习惯于使用网络用语的年轻人，语言越来越贫乏，偶尔说句成语都觉得不习惯。近日，中国青年报社社会调查中心联合问卷网对 2002 名受访者进行的一项调查显示，76.5%的受访者感觉自己的语言越来越贫乏了。受访者认为年轻人语言贫乏的表现是基本不会说诗句（61.9%）和不会用复杂的修辞手法（57.6%）。对于年轻人出现语言贫乏的问题，70.9%的受访者认为是由于互联网时代要求更加直接和简洁的表达，65.4%的受访者归因于同质化表达、全民复制的网络氛围。对于改善年轻人语言贫乏的问题，75.2%的受访者建议年轻人独立思考，训练自己的语言逻辑，59.7%的受访者建议创造鼓励多元化表达的平台和氛围，57.1%的受访者建议多读经典，提高个人的文化水平。

网络时代别患上"语言贫乏症"

（摘自：北京青年报，3 月 22 日，作者：杨玉龙）

网络环境下，年轻人越来越倾向于使用网络用语表达思想情感。很多习惯于使用网络用语的年轻人，语言越来越贫乏，偶尔说句成语都觉得不习惯。近日，中国青年报社社会调查中心联合问卷网对 2002 名受访者进行的一项调查显示，76.5%的受访者感觉自己的语言越来越贫乏了。网络时代为人们的交流提供了便利，但也应引起注意的是，网络用语虽然有时幽默活泼，但也存在缺乏文化内涵的问题。另外，75.2%的受访者建议年轻人训练自己的语言逻辑。同时，对于网络新潮用语也没有必要一味排斥，毕竟这些是最能代表时代的表达方式。而且，从另一个角度来看，要改掉整个互联网文化传播的特色和传播方式显然也是不现实的。语言作为一种文化，更为期待的是充满积极向上力量的"网络热词"不断涌现，以丰富人类的语言体系。

青年"语言表达日益匮乏"不能都让网络背锅

（摘自：光明日报，3月25日，作者：余明辉）

近日,中青报社会调查中心联合问卷网对2002名受访者进行的一项调查显示,76.5%受访者感觉自己的语言越来越贫乏。受访者认为年轻人语言贫乏的表现是基本不会说诗句和不会用复杂的修辞手法。年轻人把精力都投放在网络,由此带来的问题是,大家对网络语言可谓是张口就来,却很少倾听别人的说话技巧。网络语言表达虽然很多时候具有简洁明快等特点,却无意间丢掉了对传统优秀文化和现实文化的磨合,出现表达能力"断档"现象。不能否认的是,表达能力下降也与生活方式有很大关系。要清醒地认识到,我们不该把"语言表达日益匮乏"的锅全部甩给网络发展。

弹幕语言，多元也要有规范

（摘自：人民日报，4月5日，作者：徐佩玉）

近年来,各大视频网站纷纷开设弹幕功能,弹幕从此前专属于几个视频网站的特色功能变成了常规功能。随着弹幕功能的普及,弹幕数量的爆发式增长带来了内容质量参差不齐等问题。例如,广告类、剧透类、刷屏类弹幕。日前,中国网络视听节目服务协会发布《网络短视频平台管理规范》及《网络短视频内容审核标准细则》,规定网络短视频平台实行节目内容先审后播制度,即平台上播出的所有短视频内容均应经审核后方可播出,包括节目的标题、简介、弹幕、评论等内容。此次规定将弹幕列入先审后播的范畴,引发网络热议。

除了"高富帅""白富美"你怎么夸人

（摘自：光明日报，4月8日，作者：光明日报官方微信公众号·光明夜读）

在古代,语言文字的创造性使用造就了大量传世名句。"仿佛兮若轻云之蔽月,飘飘兮若流风之回雪",这是曹植笔下的洛神;"嵇叔夜之为人也,岩岩若孤松之独立;其醉也,傀俄若玉山之将崩",这是魏晋人笔下的嵇康。可现在不少人夸别人,除了"白富美""高富帅",几乎想不出别的词语了,我们的表达系统,被整齐划一的网络阅读统一了。语言的魅力很大程度上在于:说出的赞美是发自内心的,能让别人欢喜;表达的忧虑是感同身受的,能让他人感受到真诚;指出的问题是有理有据的,能让他人信服。网络语言与表情包固然方便,但却未必能支撑起我们庞大的表达系统与深厚的文化内涵。

高兴只会"哈哈哈"是得了语言贫乏症？

（摘自：中国青年报，4月8日，作者：白毅鹏）

现代人真得了语言贫乏症吗？拿热门网络语言与古典成语诗词作简单对比，得出"语言贫乏"的结论，不仅忽视了网络语言在丰富形态和互动上的长处，也不利于准确地归纳现代人的语言表达状况。语言作为社会沟通的一套符码，表征着社会的多元结构，以及个人的情绪思维特征。之所以"高富帅""白富美"以及"蓝瘦香菇"等网络热词让许多人担忧，在于网络语言在文化内涵方面的单薄。再结合如今年轻人对传统文化的陌生，比如对诗歌辞赋的关注不足，"语言贫乏"的结论虽然草率，却指出了语言发展的时代阵痛。高兴只会"哈哈哈"，其背后是容纳语言运行的社会以及语言使用者的文化贫乏。消除这种"语言贫乏"的忧虑，必须从找回语言表达的艺术之美开始。

构建清爽关系当拒绝"语言泡沫"

（摘自：人民网—中国共产党新闻网，4月15日，作者：阳明）

近日，为给基层减负，陕西省委办公厅发布十条措施。在文风会风方面，要求省内会议、活动对领导同志称呼时不加"尊敬的"、讲话不称"重要讲话"，一般工作会议发言时不鞠躬致意。（4月10日《中国纪检监察报》报道）部分党员干部由于受不良风气影响，把同事、同志间的称呼庸俗化、长官化、迎合化，"某书记""某某长""某领导"的称呼早已习以为常，许多同志在面对不当称呼时颇为享受、感觉良好、无所愧疚、欣然接受，认为这是自我政治地位、社会地位、个人成就、个人价值的必然福利。更有甚者，把"官场称呼"当成一门学问苦心钻研，产生了"尊敬的""重要讲话"等虚假客套的"语言泡沫"，抑制了平等交流、讲真话的氛围。

"越微信，越无语"

（摘自：北京日报，4月15日，作者：蒋建国）

如今，"越微信，越无语"已成为较为普遍的交往状态。尤其是许多微信群，已沦为消息发布和信息链接的工具，许多微信群甚至数个月"休眠"，无人理睬，无人发言。我们有了最便捷的社交工具，却不能利用它很好地交流，更难以与朋友进行深度沟通。这也许是微信社交面对的共同情感困境。同时，过度点赞行为，不仅没有形成共同的价值观念，而且还消解网络社群的凝聚力和文化意义。在网络社交中，点赞符号是累积得最为繁荣的景观，尤其在各种微信群中，"点赞"甚至取代了语言文字的交流，成为通识性符号。许多网友感叹："阅遍万群，尽是点赞"，"大拇指"符号随处可见，交流却愈加稀缺。

"问题标语"折射出什么问题

（摘自：新华网，4月17日，作者：辛识平）

"保护人民群众的什么财产安全""让城市更文明，让生活更没好"……一段时间以来，一些奇葩、雷人的标语很是"辣眼睛"，"问题标语"折射的工作作风问题不容忽视。标语大多字数有限，寥寥数语还错误频出，确实说不过去。标语出问题，常常因为工作中的"虚火""燥气"太盛。一些地方和单位作风漂浮，直接把标语制作任务"全权委托"给印务公司，事前不管、事后不审，当起了"甩手掌柜"。不负责、不把关的"大撒把"之下，标语的质量关很容易失守。于是乎，错字、病句、雷语堂而皇之刷上墙。标语是一面镜子，照出干部态度，也照见工作作风。制作标语要"过手"更要"走心"，让"大义"寓于生动活泼的"微言"之中，打造群众喜闻乐见的一道风景。

语言生活中的词语嬗变

（摘自：光明日报，5月4日，作者：杜永道）

社会的词语运用，发生了几项触手可及、不时遇到的新变化：集合名词的个体化集合，动宾式动词带宾语的普遍化，近义词选用的单一化，同义复沓的常态化，字眼儿选择的通俗化，词语感情色彩的演变和淡化。以上变迁，带来几点启迪：第一，怎样判定词语是否规范，须"三看"：一看国家语言文字规范及《现代汉语词典》等；二看权威网站上词语的社会主流用法；三看词语的业内使用习惯。第二，积极引导媒体规范使用词语，一般宜以《现代汉语词典》为准。第三，规范使用传统文化遗留下来的词语，出自典籍的词语如果出现新用法，勿急于收入辞书，要遵循古来敬辞的使用规约。

交通警示语如何制作值得探索

（摘自：北青网，5月13日，作者：张田勘）

日前，厦门海翔大道附近一段公路竖立的警示牌视频走红网络并引发争议。"你丑你横穿！""你横穿马路，家人医院等你！""还横穿马路，被撞就死翘翘！"……当地安监站称设牌是因常有行人横穿马路，存在安全隐患。赞成者称警示语有特色，警示作用更大；反对者称看到这些特殊的字眼觉得很晦气，影响心情。警示最重要的一点就是让人产生警惕和警觉，并马上改变行为方式，但如何制作标志相关法律并没有说明，管理方认为达到了比以前更好的效果，但有些公众表示引起了心理不适。

新词迭出，更得咬文嚼字

（摘自：人民日报，5 月 15 日，作者：许晴）

如今，网络语言成为人们，特别是年轻人的常用语。"网络语言可以说是年轻人在虚拟空间上的'现代汉语'"，复旦大学中文系教授申小龙介绍，网络语言不是几句网络流行语，而是在语音、词汇、语法上都具有特色的社会方言，有很强的口语和方言特点，善于利用汉字形音义上的各种可能性，形成有想象力的超常规词句组合。但是，每个人的文化水平、价值取向、认知水平不一样，表达出来的内容有高下之分，也有一些流行语存在生造甚至低俗等问题，需要大家提升话语修养、正确看待和使用网络语言，共同促进语言的健康发展。"只要语言发展没有偏离轨道，时不时地出现分支，其实是对道路的延伸拓展。"余桂林说。

今天如何好好"说话"

（摘自：光明日报，5 月 17 日，作者：许晴）

如何让语言使用更规范、更得体？人民教育出版社编审、浙江师范大学教授顾之川表示，倡导全民阅读、构建书香中国，对提高大众语言素养是一种非常好的导向。复旦大学中文系教授申小龙表示，语言的优美在于其独特的表达功能，在于能否满足表达需要、是否适应场合和情境。一味使用网络流行语会钝化我们的感受，滥用华丽的书面语同样会让表达苍白空洞。除了表达乏力，语言文字使用不规范的问题也广泛存在。因此，使用语言要力戒盲从，做到"修辞立其诚"，提升自己的语言表达能力，用差异化的语言表达自己的独特感受。

安徽：摸排出 8725 个需要整治的脱贫墙体标语和宣传牌

（摘自：澎湃新闻，5 月 18 日，作者：钟煜豪）

5 月 17 日傍晚，中央纪委国家监委网站刊发了《中共安徽省委关于脱贫攻坚专项巡视整改进展情况的通报》。通报称，按照中央统一部署，2018 年 10 月 18 日至 11 月 30 日，中央第十一巡视组对安徽省开展了脱贫攻坚专项巡视。2019 年 1 月 20 日，中央巡视组向安徽省委反馈了巡视意见。针对"文山会海和标语、展示牌泛滥等"问题，安徽方面一是多措并举减轻基层负担，二是强化脱贫攻坚社会宣传管理，三是树立正确的政绩观。同时，安徽方面加强脱贫攻坚社会宣传的归口管理，有效治理广告标语、宣传牌泛滥现象。全省共摸排需要整治的墙体标语和宣传牌共 8725 个，已整治 8675 个。

语用司指导北京市开展公共服务领域外语标志使用管理工作

（摘自：语用司，5 月 20 日）

5 月 17 日，北京市政府外事办公室举办北京市"国际交往中心建设素质提升"公共服务领域外语标志使用与管理工作专题研讨培训班。教育部语用司政策法规与督查处负责人为培训班学员做讲座，从外国语言文字使用管理的重要性和必要性、我国法律法规中关于外国语言文字使用管理的规定、国家关于外国语言文字学习使用和管理的政策举措、外文使用中主要存在和需要研究的问题、公共服务领域外语标志使用与管理应注意的问题等方面进行了介绍。

郑州地铁站名翻译拼音英文混搭引热议 市民喊话快修正

（摘自：东方今报，5 月 27 日，作者：米方杰）

据悉，在郑州地铁 5 号线 32 个站点中，有 22 个为"拼音式翻译"。站名翻译拼音英文混搭的现象受到了不少人的关注。网友"留海"称，站名的翻译肯定是给外国人看的，一些地名使用音译没问题，但不能全部使用音译，像广场、公园、道路这些还是应该用英文翻译，"比如航海广场，航海可以使用音译但广场应该用 Square。" 网友"路易十八"表示，"即使使用拼音直译，至少词与词之间要有个空格吧。"其实，不仅是郑州地铁站名的翻译不规范，一些道路指示牌等的翻译也存在不规范的问题，目前郑州市正在对主城区 6000 余块老旧路名牌统一换新，相比于地铁站名的翻译，新更换的道路名牌英文翻译则要更加规范一些。

商业服务"嘴"上下功夫 专门解决语言"冷硬顶"

（摘自：北方网，5 月 28 日，作者：李松达）

从天津市商务局获悉，市商务局、市文明办组织开展 2019 年提升商业服务质量工作，并在全市百货和餐饮企业开展贯穿全年的"语言美"专项行动，着力解决消费者投诉集中、反映强烈的百货、餐饮等行业服务语言"冷硬顶"突出问题，以规范行业服务用语为先导，促进天津商业服务质量的有效提升。

专项行动将克服"老国企、老商业"在长期计划经济时期形成的"官商、坐商"积习，把服务理念融入行业发展全过程；同时提高行业从业人员的业务技能，培育行业从业人员的职业认同感；将文明服务纳入行业服务标准,商业企业针对服务质量建章立制；

建立多种评价和考评体系，让消费者对商业企业的服务质量进行评价，进一步提升本市商业服务质量。

消除奇葩店名需补法规短板

（摘自：河南日报，5月30日，作者：何勇海）

"坐霸街头""天天要饭""饭醉团伙"……近日，江西一批"问题"店名、"奇葩"店名被禁止使用。这些"山寨"成语做店名，势必误导一些孩子甚至是成人误用成语。有的店名甚至使用低俗词语传播有悖于道德伦理和社会公德的信息，危害更大。《个体工商户名称登记管理办法》规定，个体工商户名称不得含有"违反社会公序良俗，不尊重民族、宗教习俗"的内容和文字。对一些有争议的店名，有必要尽快进一步完善名称登记系统的禁限用规则，增加相关禁限用词的校验，过滤违反社会公序良俗、会产生不良影响的名称用词。且因为没具体规定商家违规使用店名的相应法律责任，相关部门虽有权纠正，却无权处罚，这块法规短板需要弥补。

标语提示"向飞机投币有损福报" 三亚机场表示修改英译再投放

（摘自：澎湃新闻，6月3日，作者：钟笑玫）

为了劝阻向飞机投币祈福的旅客，三亚凤凰国际机场不惜放出"狠话"，在安检口刷屏机投放"向飞机投币祈福是破坏安全有损福报的违法行为"的提示标语，引发网民对机场管理和旅客素质的探讨。5月27日前后，该机场在16块安检口刷屏机上滚动播放该标语，经网友在微博上指出英文翻译的瑕疵后，机场6月2日撤下标语，修改英文内容后6月3日重新投放。该工作人员解释称，尽管该机场未曾有过游客向飞机投掷硬币的情况，但国内机场的类似事件提高了机场的防范意识。于是，机场借用"有损福报"的词语和理念，针对游客的"痛点"来敬告其投币祈福不可为。

阳光跟帖，每一个人的指尖都是正能量

（摘自：光明网，7月3日，作者：谢伟峰）

在香港回归22周年的网络主题之下，留有众多网友的跟帖。阳光、理性、平和、友善的跟帖内容，构建出网上网下同心圆，释放了互联网的最大正能量，让无数中国人的个体记忆与香港回归这一民族重大历史事件融为一体。情怀事大，见于细微。香港回归22周年网络主题之下的阳光跟帖，凝聚了绝大多数人对于网络空间风清气正的普遍共识，也见证了网络言论在引领价值和实践指导之下的理性表达。阳光跟帖，每一个人的

指尖都是正能量。习近平总书记指出，要建设网络良好生态，发挥网络引导舆论、反映民意的作用。积极健康的网络氛围会让每个网民都受益，向上向善的网络空间还需每个网民的努力。

武汉给街头英文标识纠错

（摘自：武汉晚报，7月11日，作者：宋磊、杨南希）

自上月，武汉市决定在全市范围内开展公共场所英文标识规范整治工作，以进一步提升武汉城市国际化水平。市外办组织全市公共场所英文标识规范整治抽查专家团队，前往武汉公共场所、城市道路设施等区域，对英文标识现场纠错。近年来，江汉大学外国语学院副教授谈政华非常关注武汉街头的英文标识，他发现，容易产生的错误类型主要有语法、用词错误、中文式英语，语意模糊、指令不清楚，死硬翻译、意图被歪曲，信息度不当、语气不和谐等。目前，武汉市外办已联合相关单位组成专业团队，分9组对全市三站一场、重要交通线路、知名景点周边等重点区域的英文标识开展实地抽查工作；同时，要求各区各部门开展自查自改工作。

表情包又上新，聊天不用说话了？

（摘自：扬子晚报，7月22日，作者：张楠）

最近，网友们庆祝"世界emoji日"。emoji就是网络聊天时常用的表情，也叫"小黄脸"。为庆祝这个日子，苹果也发布新一批表情，内容十分丰富，不再是简单的"小黄脸"，而是包罗生活中的各种细节。实际上，很多网友在聊天中根本离不开表情，是一种日常娱乐化的沟通方式。90后和00后们聊天习惯于"斗图"，只发表情图不打字，通过一来一往的表情图发送，完成基本沟通。但这也让网友担心，未来我们会只用表情，不再使用文字交流吗？中国文艺评论家协会网络文艺委员会委员、安徽大学博士吴长青表示不用担心，"社交表情不可能颠覆传统中国的叙事文本，我们习惯于通过意蕴可以深层次表达情感的需要。"

"怨妇心态，满嘴跑火车，令人喷饭…"这两天新闻联播你追了吗？

（摘自：每日经济新闻，7月27日）

"荒唐得令人喷饭""怀着怨妇心态""使出各种损招、阴招扎轮胎""堪称卑鄙勾当的样本""满嘴跑火车"……这两天央视《新闻联播》播发的国际锐评"引爆"舆论场，主持人金句频出，全网热议，这样的年度大戏你追了吗？《新闻联播》金句连续刷屏，网友纷纷表示，新闻联播成了快乐的源泉！网友：接近人民生活，像听到周围有人平常吐槽一样。语言是现实生活的镜子，也是记录时代的鲜活符号。我们应该鼓励这种有个性化、有风格的语言在主流媒体上多起来，激恶扬善，明辨是非。

"令人喷饭"是成语？想不到这些常用词也是！

（摘自：新华网，7月27日，作者：杨丹宇、赵晓含）

你知道吗？"令人喷饭"这样一个看起来很"随意"的词，居然是成语！用来形容事情或说话十分可笑。清代李汝珍的《镜花缘》第二回有提及："最令人喷饭的，那小耗子又要舞，又怕猫，躲躲藏藏，贼头贼脑，任他装出斯文样子，终失不了偷油的身分（份）。"其实，还有很多我们常用的词汇，想不到也是成语呢！如"马后炮""恶作剧""想当然""打小算盘""当耳边风""多管闲事""后台老板""加减乘除""没毛大虫""自我陶醉""爱理不理""铁板一块""爱惜羽毛"等。

茫崖（ái）还是茫崖（yá）？青海这个县级市探讨城市读音

（摘自：澎湃新闻，8月9日，作者：钟煜豪、汤乐盈）

近期，青海省海西州茫崖市政府官网域名变更：从 www.hxma.gov.cn 改成了 www.mangya.gov.cn。此次变更主要涉及对"崖"字读音的认定。文献资料显示，由于茫崖的蒙古语标准读音为"茫乃"，当地人长期读的茫崖（ái）是由蒙古语谐音变音而成的。但此次域名变更透露出了新的信息。根据茫崖市政府官网刊发的公告，此次更改是"为进一步规范政府网站名称及域名，促进政府网站健康有序发展"。8月9日，茫崖市政府办公室工作人员说，由于"崖"没有"ái"的读音，所以在电脑上无法拼写出"崖"字，这会导致市民搜索不到茫崖市政府网站。经政府长时间的讨论，最终决定将网站域名更改。同日，当地民政部门的工作人员向澎湃新闻介绍，外地人对茫崖的误读也是导致读音改变的原因之一。目前，他们正准备寻求相关正规机构对茫崖的读音进行审音定义的程序，目前还未确定茫崖的准确读音。

治"连麦"社交乱象，该出重拳了！

（摘自：人民日报海外版，8月23日，作者：李嘉宝）

今天，"音控"群体逐渐壮大，"连麦"成为时下年轻人流行的社交方式。然而，一段时间以来，网络音频行业野蛮生长、乱象丛生：语音社交 APP 下载年龄限制太小；没有任何限制未成年人登录的措施或规定；聊天房间的名称、语音内容等用词轻佻……

国家网信办提出，网络音频平台的违法违规行为，严重破坏网络生态，对青少年的健康成长带来恶劣影响，必须坚决予以治理。今年 6 月，网信办会同有关部门，针对网络音频乱象启动专项整治行动，对音频行业进行全面集中整治。面对行业乱象，监管部门要重拳出手，及时拉紧闸门、设置门槛，同时引导语音社交平台建立行业自律标准，坚持标本兼治、管建并举。此外，平台作为语音内容的载体和第一道"防线"，应承担企业主体责任，加大语音内容审核力度，遵循正确导向，生产更多网民喜闻乐见的优秀音频内容。

武汉市民建议规范地铁英文翻译

（摘自：武汉晚报，9 月 4 日，作者：郭佳）

近日，有网友向武汉地铁建议，规范车站站名英文表述。网友称，地铁 7 号线青龙山地铁小镇站完全按照汉语拼音翻译，可考虑在翻译时对地铁小镇进行英语翻译。

武汉地铁答复称："武汉轨道交通站点名称英文翻译是我公司根据外事办制定的《武汉市公共场所标识英文译写指南》所研究确定。站名中明确带有道路、街道、公园等名词的，均根据《指南》按其含义进行翻译；站名采用了相关机构名称的，均采用机构提供的官方翻译；除上述情况外，其他多数采用历史地名等名称的站点，翻译均采用汉语拼音作为其英文名称，该做法也符合市民政、语委等部门关于地名翻译的相关要求。后期，公司将配合相关部门进一步做好中英文站名研究工作，使武汉市轨道交通站名更为准确、合理。"

日本修改英文姓名书写顺序

（摘自：新华网，9 月 7 日，作者：包雪琳）

日本政府 6 日决定，修改官方文件中日本人英文姓名的书写顺序，由"名在前、姓在后"改为"姓在前、名在后"。

日本文部科学大臣柴山昌彦在 6 日举行的内阁会议上提议改变日本人英文姓名的书写顺序，认为人类语言的多样性日益重要，应遵照日本传统，获得阁僚认可。日本内阁官房长官菅义伟表示，政府将制订细则，为这一变化做准备，文部科学省将决定是否要求民间遵守这一规则。

在文部科学省英文网站上，柴山昌彦和其他官员的姓名 6 日按照"姓在前、名在后"的顺序书写。不过，日本外务大臣河野太郎等其他高级官员的英文姓名依然保持"名在前、姓在后"。

新生儿因姓氏生僻被劝改姓

（摘自："人民日报"微信公众号，9月14日）

2019年4月，甘肃张掖的（xí）先生在办理孩子的出生医学证明时，因为系统无法识别愢这个姓氏，工作人员便建议（xí）先生把孩子的姓改了，并表示改姓氏有利于孩子到时候上学。但（xí）先生拒绝了这个建议。半年后，（xí）先生到当地的政府留言板留言，引起了政府的重视。甘肃省卫健委回应称，按照管理规定，如出现字库里没有的生僻字，可以在出生医学证明上的"新生儿姓名"这个栏目，用手签的方式签发，并直言工作人员的处理方式太粗暴。

在甘肃省卫健委回应之后，9月10日下午，甘州区妇幼保健院和市卫健委给（xí）先生打电话，着手处理这件事情，目前已经把这个字加入了字库。9月11日早上，（xí）先生孩子的出生医学证明终于签发成功。

网络新词流行校园 学生语言文字运用需加强规范

（摘自：12小时新闻，9月30日，作者：祝琳）

日前，教育部公布了396个年度新词，其中大部分都经网络等媒体迅速传播开来，有超过九成的人认为网络语言比传统语言更有表现力，且迅速渗透到日常生活的方方面面。这对青少年学生的影响尤为突出。有家长反映，由于孩子沉迷网络，网络流行语被大量移植到现实生活当中。不少语文老师也反映，批改学生的日常作业和试卷都曾遇到过网络流行语。

市政协委员、教育专家孔敬祥认为，网络语言的普及和流行，虽然体现了社会文明的逐步开放和发展，但由于这是对青少年学生影响较大的一类新词新语，青少年辨别是非的能力较弱，如果不正确引导，其不良成分可能不利于青少年的身心健康。因此，家长和老师要主动帮孩子筛选网络文化，培养他们规范运用汉语言文字的良好习惯。

从"吃了吗"到"打球吗""跑步吗"——问候语之变折射全民健身热潮

（摘自：新华网，10月2日，作者：何晨阳、苏醒）

曾经，不少人见面打招呼都喜欢问"吃了吗"；如今，"话风"早已焕然一新，"跑步了吗？""打球吗？""下班一起去健身？"……越来越多含有运动关键词的话语，正逐渐成为流行问候语。近年来，随着人们生活水平的不断提高，在全民健身上升为国家战略的大背景下，运动开始深度融入人们的工作和生活中。"语言，是时代的风向标。"兰州大学哲学社会学院社会系教师台文泽博士表示。生活质量的提升、生活方式的改变，在社会话语体系中自然会产生投射，问候语从"吃了吗"到"跑步吗"的变化，既是全民健身热潮的体现，也是社会变迁的缩影。

武汉地铁"柏林站"注音已更改为"bailin"

（摘自：新京报，10月4日，作者：李一凡）

武汉地铁蔡甸线前不久开通，一个名为"柏林"的车站，引发关注。有网友调侃，"武汉地铁开往德国首都"。9月23日，武汉地铁官方微信公众号上发布的一张车站内景图显示，即将开通的蔡甸线内，地铁安全门上方标有"往柏林方向"，英文则标注为"To Bolin Station"。9月24日，新京报记者从武汉市蔡甸区民政局地名办了解到，"柏"字读音为"bai"，意为"柏树林"，该地名已有300年的历史。早前，此地附近有一片柏树林，人们将居住地称为"柏林"。10月4日，新京报记者从武汉地铁集团有限公司一名工作人员处获知，此前曾引发热议的柏林（bolin）站，根据正确读音，原标识注音已更改为（bailin），语音播报等也将逐步更改。

兰州公安户政提醒：取名尽量别用生僻字

（摘自：甘肃日报，10月9日，作者：顾丽娟）

为了给孩子取个好名字，许多家长绞尽脑汁，但有些家长专门选用生僻字给孩子取名，导致办理证件时出现"证难办"的情况。为此，兰州市公安局户政管理处提醒大家，取名慎用生僻字，避免带来不必要的麻烦。据了解，公安部在居民第二代身份证换发、输入全国人口计算机库的过程中，专门收集地址、姓名中的生僻字上万个，人口信息专用汉字字库已在公安人口信息管理系统使用。但教育部门、银行、航空公司、社保和房产等部门没有专用字库，无法共享这些生僻字。用生僻字取名字，出现重名是小事，居民在日常生活中办理银行卡、社保卡、学生证等证件时，可能遭遇"证难办"的情况。

读不懂的00后网络"黑话"其实有玄机

（摘自：中国青年报，10月10日，作者：黄帅）

最近，00后们喜欢的诸多网络"黑话"，从亚文化的一隅走向了公众视野，也引起了不小的争议。类似"nss、xswl、连睡、扩列、nbcs、你币没了、233333"等近乎乱码的"黑话"，让外界摸不着头脑，却被很多年轻人津津乐道。这些"黑话"大多是日常语言的缩写与变形，往往出现在弹幕视频上，并有很强的互动性与娱乐性。这些"黑话"往往赋予了使用者的某种专属身份，这让个性强烈的00后们获取了身份的自我认同，并拥有寻找"同道之人"的可能性。它们的存在本身，就意味着网络文化与青年文化的多样性与开放性，随着时间推移，其中有些"黑话"会自然湮灭，但也会有一些内容进入主流文化，进而推动语言文化的新变。

叱咤一时的"火星文"消失在网络时代的烟云中

（摘自：中国青年报，10月10日，作者：王钟的）

90后的"火星文"，似乎已经从舆论场销声匿迹，00后的网络"黑话"又发动了正面"袭击"。如今的网络语言，带有显著的圈层性，已经不能再用简单的代际划分，每一个"圈"，都有属于各自圈层的网络语言。从网络语言诞生之日起，社会上有一种担心：各种不讲究章法的"黑话"会破坏语言的纯洁性。时移世易，就连网络语言自身也发生了迭代，那种人们担忧的语言纯洁性被"污染"的情况并没有真正发生。随着90后的成长，那些叱咤一时的"火星文"，多数会消失在网络时代的烟云之中。也许有少数网络语言终于被大众接受，而成为约定俗成的通俗表达，但这仅仅是语言寻常的递归。任何一种经历历史洗练的语言，都具备描述时代风雨的韧性，在张弛之间留住最淳朴也最精华的一面。

"然后"泛滥何时休

（摘自：光明日报，10月12日，作者：李宝亭）

若要问哪个词人们口头使用最广、使用频率最高，答案一定是"然后"。"然后"始用于何年何月无从查考，但"然后"一词风靡社会，说着随意，听着别扭，仿佛成了口语的添加剂，具有愈演愈烈之势。如果在语意的畅流中，不时横刀杀出一个个"然后"来，岂不是割裂了句子，破坏了完整性，直接影响表达效果。多少人兴致勃勃看着电视或点开手机，讲话人随意冒出不和谐的音符，"然后，然后……"瞬间兴致全无。一个小小的连词"然后"潜伏进口语，被越来越多的人滥用，而且成了习惯用语，应该值得我们深思。对于须臾不可离的语言文字，应倍加珍惜，继承发展，任重道远。

学校标语要发出育人"好声音"

（摘自：中国教师报，12月4日，作者：吕建）

标语是学生养成教育课程的文字呈现，是学校大思政课的重要课程元素，也是校园文化情境的重要组件。标语的内容如何选择，设置在什么地方，如何搭配，都大有讲究。

观察发现，一些学校对标语的作用理解不到位，有的选错用偏了词句，有的放错了地方，还有的标语泛滥。凡此种种，都没有实现标语设置的育人初衷。

恰如其分设置标语，让标语发出育人"好声音"和时代"最强音"，需要做到以下几点。首先，精准选择标语内容。内容准确、语句精练是标语的基本要求。其次，注意标语的和谐搭配。搭，是学校众多标语和谐发声的基本要求。再次，设置标语可适当留白。多，未必益善。最后，标语设置的美化也很重要。标语内容选好了，设置时还要注意对美的观照。

文旅部：拟加强对说唱、脱口秀、相声等节目审核监管

（摘自：中国新闻网，12月7日）

文化和旅游部近日发布公告，就《文化和旅游部关于进一步加强演出市场管理的通知（征求意见稿）》（以下简称《通知》）公开征求意见。《通知》称，近年来，我国演出市场对拉动文化消费、丰富人民群众的文化生活起到了重要作用，但营业性演出的内容审核、票务销售、现场监管等方面存在薄弱环节，影响了演出市场的高质量发展。加强演出活动管理方面，《通知》提出，要重点对电音类、说唱类节目的审核把关，重点加强对脱口秀、相声以及先锋话剧、实验话剧等语言类节目的内容审核和现场监管。

"zqsg"进公务员考试，你"ssfd"了吗

（摘自：光明日报客户端，12月18日，作者：吴亚琦）

近日，江苏省 2020 年公务员录用考试公共科目笔试的考题材料中出现了不少网络热词，例如"zqsg（'真情实感'的拼音字母缩写）""ssfd（'瑟瑟发抖'的拼音字母缩写）"等。

当网络成为舆论的主要发声地，网络用语和网络传播手段也逐渐被主流舆论接受并广泛出现在新闻报道中。因此，"zqsg""ssfd"出现在江苏省考的考题中也就不难理解了。公务员考试作为人才选拔考试，除了要求考生具备基础知识的掌握能力，也要考察他们对热点的关注能力及表达能力。题目中出现网络流行词，并非不严肃谨慎，而是对考生是否紧跟时代热点的一种考验，是尝试更贴近时代的一种方式，也是和大众年轻流行声音的一种沟通。

阳光跟帖："莲"开20载，点赞两岸情

（摘自：光明网，12月20日，作者：王欣夷）

今天，莲花盛放于濠江之滨，我们迎来了澳门回归 20 周年纪念日。此时此刻，华

夏儿女都在抒发对澳门、对祖国的深情与祝福："祝福澳门，归家二十载，心心相'莲'""澳门，你是我们的骄'澳'""澳门，我们中意你"……两岸网友们在各大网络平台上积极留言跟帖，为澳门回归二十年来的辉煌成就热情点赞。2019年4月初，面向广大网民的公益活动"阳光跟帖"行动在北京再次起航，历时四年，其"阳光、理性、平和、友善"的理念与要求已在广大网民中生根发芽。澳门回归二十周年，两岸广大网友营造出的良好舆论氛围，不仅体现了爱国情怀和民族自豪感，也为创造洋溢向上正能量的网络空间打造了绝佳范本。

十类化妆品"禁语"多家企业踩雷

（摘自：北京商报，12月27日，作者：钱瑜、白杨、李濛、张君花）

针对国家药品监督管理总局禁止表达的词意或使用的词语包括但不限于"速效""超强""全方位""特级""换肤""去除皱纹"等十类词语，12月26日，北京商报记者通过企业官网、国内主流电商平台等进行调查发现，宝洁、AHC、格莱蜜、修正等多家企业在宣传过程中涉及禁用词语。业内人士认为，化妆品作用温和，只是起到辅助作用。对于有夸大效果、明示或暗示具有医疗作用或者颇具煽动性的宣传用语，消费者应理性对待。涉嫌虚假宣传和违法宣传的企业，未来或面临处罚。

四、汉语方言和民族语言的使用

长沙小学一个班仅 4 个学生说方言　方言、普通话我们该选啥

（摘自：华声在线，1 月 11 日，作者：胡泽汇、周林熙）

目前，长沙博才咸嘉小学老师王好好任课的班有接近 50 名同学，"能说方言的不超过 4 个，几乎全是用普通话交流，虽然很多小孩在长沙出生，但因为父母都是从外地来的，所以绝大部分孩子不会说长沙本地方言，只有极少数父母、祖辈是长沙本地人的孩子，偶尔会说两句长沙方言。还有父母来自同一个城市的孩子，能说几句方言。"为什么现在越来越少的人说方言了？"一方面跟现代教育推广普通话有关，另一方面跟城市外来人口不断增多有关。"有专家认为方言逐渐消失的原因主要在此。方言与普通话，绝不是单选题，更不是非此即彼的关系。语言资源的保护，一方面是在"道"的意义上传承文化，另一方面是在"器"的意义上致用沟通。

香港话剧团粤方言剧作《亲爱的，胡雪岩》彰显粤方言魅力

（摘自：羊城晚报，1 月 11 日，作者：艾修煜、李依桐）

1 月 9 日，第二届华语戏剧盛典颁奖晚会在广州增城 1978 电影小镇成功举办，来自香港话剧团的粤语剧作《亲爱的，胡雪岩》成为本届华语戏剧盛典的最大赢家，以横扫之势揽走最佳剧目、最佳编剧、最佳导演、最佳女主角、最佳男配角、最佳制作人 6 项极具分量的大奖。粤语方言会不会成为观众观看该剧的障碍？《亲爱的，胡雪岩》制作人梁子麒认为："虽然我不懂北京话，但我喜欢看北京人艺的表演。对于香港的创作人来说，用粤语来演出能更好地表达生活，表现我们最好的一面。"他回忆："十年前，确实会有些（内地）观众因为听不懂粤语而半路离场。现在不同了，我们看到越来越多的观众因为喜爱粤语而走进剧场。作为创作者，我们最渴望的回报不是金钱，而是文化交融。"

"地方性写作"的希望与困难

（摘自：羊城晚报，1月27日，作者：陈崇正）

"地方性写作"的一个难题在于"方言写作"。潮汕地区有自己的语言系统，那就是潮汕话，而且潮汕人对于自己语言有一种发自内心的骄傲，这种骄傲大可理解为——如果一个人不说潮汕话或者潮汕话说得不好是会被鄙视的——的确有这样一种思维方式。这种情况如果从文化角度上看，有它的独特性，但对于写作而言，其实是一种伤害，它会阻碍创作者进入一个更大的话语场。不单单因为潮州日常生活中的许多事物，放到普通话里你就不知道用什么词汇去表达它，更细微的还有，不同的方言有不同的节奏，以北方话为基础的汉语主流，拥有自己发声的语感，这种语感与潮州话的语感是完全不同的。

《声临其境2》开启方言教学　蔡明学长沙话

（摘自：新华网综合，2月1日）

湖南卫视《声临其境》第二季第二期于2月1日晚播出，本期第二个环节"魔力之声"的主题是"记忆中的吆喝声"。不同的年代和地域有各自特有的吆喝。在该环节中，张国立老师首先打样，来了一段"卖布头"；紧接着朱时茂铿锵有力，吃得了包子、收得了破烂、还卖得了大米糖葫芦；白客潇洒接地气，武大郎烧饼摊儿和大巴售票场景历历在目；迪丽热巴的吆喝正经中又不失活泼可爱，收头发、1元甩卖店、电视购物等活现90后青年人尽皆知的吆喝声；蔡明则是方言大杂烩，不仅东北话、上海话、陕西话说得溜溜的，还现场学起了长沙话，入乡随俗引现场观众共鸣。

电影《熊出没》首推"乡音版"，5种方言配音同步上映

（摘自：人民日报，2月10日，作者：张若望）

除普通话版本外，贺岁动画电影《熊出没·原始时代》首推5种方言配音的"乡音版"，打捞乡音价值，助兴春节"合家欢"。目前，"乡音版"已在全国10省市与普通话版同步上映。

该电影讲述了熊大、熊二、光头强意外穿越回石器时代，在原始部落与猛犸象、剑齿虎等远古生物开启奇幻之旅的故事。今年是《熊出没》系列电影的第六部，也是首次在普通话版本外，推出河南话、湖南话、四川话、陕西话、广东话5种方言配音的"乡音版"。据悉，电影的普通话版及粤语版已于2月5日在全国上映，"乡音版"于2月9日在河南、山东、湖南、湖北、四川、重庆、云南、贵州、陕西、广东上映，2月13日起全国各地均可看到"乡音版"。

为方言走上银幕点赞

（摘自：光明日报，2 月 13 日，作者：徐欣路）

大年初五，电影《熊出没·原始时代》方言版在各地上映，四川话、河南话、陕西话、湖南话四种方言版本同大年初一上映的普通话版和广东话版一起，为全国的观众讲述了同一个关于"勇气"的故事。笔者观看后，有一种意外的感受——方言带来的并不是爆棚的喜感，而是一种比喜感更值得珍视的真实的生活感。普通话推广数十年来，一些地方把普通话和方言完全对立起来的做法并不鲜见。不过，近年来，随着方言资源保护利用的观念逐渐深入人心，人们慢慢意识到很多时候方言和普通话的使用空间是叠加在一起的。当方言真正被用来讲故事的时候，它就已经铅华尽洗，走出了"原始时代"。事实上，讲故事也正是对方言资源最好、最可持续的保护和开发利用。

汉语方言里的"猪女士"

（摘自："语宝"微信公众号，2 月 17 日）

根据《汉语方言地图集·词汇卷》，我国各地方言对 "母猪（生过小猪的）"有很多不同的称呼。

这些称呼主要包括五类：性别词+猪（如：母猪、老母猪），该说法普遍出现在我国东北和中西部地区。猪+性别词（如：猪娘、猪奶、猪老婆），该说法多出现在我国东南地区。性别词+猪+性别词（如：母猪婆、母猪娘）。其中，"母猪婆"的叫法只分布在甘肃定西；"母猪娘"的说法只分布在广西田东。其他动物类语素（如：骒猪、老骒猪、老骒、豨妈），其中"骒猪、老骒猪" 的说法出现在京津冀辽四地交界处；"老骒"的说法分布在河北丰润等地；"豨妈"的说法多出现在福建省中北部地区，如武夷山等地。不用动物类语素（如：老亥、老劁头）。"老亥"的说法主要出现在华北部分地区，四川西昌也有。"老劁头"的说法只分布在山东利津。

陕北方言话剧《人生》开启全国巡演

（摘自：新华网，3 月 11 日，作者：蔡馨逸）

根据著名作家路遥的小说改编的同名话剧《人生》于 3 月 9 日晚在西安开启全国巡演的序幕。该话剧通过演员精湛的表演和陕北方言、陕北民歌等地域特色元素，将观众带回改革开放初期的黄土高原，与剧中人物一同经历曲折的人生。话剧《人生》讲述了高中毕业的农村青年高加林几次回农村又离开农村，在现实与理想间抗争的人生经历。该话剧由中共延安市委宣传部、延安市文化和旅游局、延安演艺集团出品，延安市演出公司负责演出和运营，主创和主演团队全部来自陕北。

武平："古镇"军家话" 方言寄乡愁

（摘自：东南网，4月3日，作者：赖志昌、王发祥、邱晓丽）

武平县中山镇，这个人不逾万、户不盈千、方圆不过二里的古镇却聚居着百余姓氏，素有"百姓镇"之称。虽地处纯客家县，被客家方言包围，令人称奇的是，这里却流行一种"军家话"，造就古镇"军家方言岛"的特色。军家话的特点是发音较快、短促，有些发音与普通话相近、与客家话相同，反映出杂糅、混合的特点，形成了语音的混合状态。军家话与其他的地方濒危方言一样，受到时代浪潮的冲击，其自然传承正受到越来越多的影响。华南师范大学教授练春招坦言，军家话"萎缩"的原因很多，除了环境、社会等因素影响外，这门方言的自然传承在新生代中渐渐被阻隔。

上海话杭州话苏州话宁波话嘉兴话宜兴话一起说唱

（摘自：上观新闻，4月16日，作者：于量）

上月 17 日，在上海市黄浦区的乔家路上，一群"嘻哈青年"完成了一次长三角青年流行文化的"一体化"尝试。这是老城厢不曾出现的场景：这几个戴着墨镜、挂着链子、梳着脏辫的年轻人一边埋头走路，一边旁若无人地冲着摄像机比画着各种手势，嘴里念念有词。而与他们擦肩而过的阿姨妈妈和街边的老爷叔们，有的驻足观望，有的视若无睹。他们可能不知道，他们或困惑、或好奇、或冷淡的表情都被镜头记录下来，并且成为一首名为《江浙沪接力》的嘻哈说唱歌曲音乐短片的一部分。他们也不会想到，这首由上海、杭州、苏州、宁波、嘉兴、无锡宜兴 6 座长三角城市的 7 个年轻人协力创作、用各自方言演唱的歌曲，一夜之间就在网上火了。

要味、懂板、一碗是我的……武汉方言漫画展亮相吉庆街

（摘自：荆楚网，5月1日，作者：王荣海）

"要味""懂板""不嘀多""一碗是我的"……"五一"长假第一天，武汉方言漫画展亮相汉口吉庆街。武汉人最讲的就是"味"。生活在三镇的人，讲味（讲味口），懂味（懂板），就味（就意思），要味（德罗），玩味（抛闪）。用"一碗都是我的"表达"任何事情都由我来搞定"的意思，用"搭白算数"表达说到做到……为准确表达武汉话的字义和发音，武汉漫画研究会的新老画家查阅了大量资料，拜访了许多专家学者。此次漫画展的主创和策展人、老画家王安平说："方言是地方文化的根基，楚剧、

汉剧等地方戏曲就是以武汉方言为载体，我们应该好好传承并将其发扬光大。"

新昌方言版廉政宣传刷屏朋友圈

（摘自：绍兴日报，6月21日，作者：陈琪、蔡柒月、王炯樱）

《农村基层干部六大纪律负面言行清单》是由新昌县纪委监委联合该县儒岙镇纪委监察办共同策划制作，通过手机H5（第5代超级文本标记语言）技术形式发布，加入动漫和新昌话元素演绎的廉政教育宣传作品。"格届书记侬一定要选我。""巡察嘎种东西都是走过场呵，晓管其（不要管它）。"……以新昌方言新颖而接地气地演绎农村基层干部负面言行，是这份作品的一大特色。

从廉政调腔大戏《甄清官》，到甄完故里等；从清廉主题微信表情包，到最新的漫画、H5作品，不断创新的廉政教育宣传模式，让"清廉新昌"建设更生动、更接地气，农村基层违纪场景更形象，干部群众看后触动更大，廉政教育的效果更好。

火爆国漫《刺客伍六七》中的"方言文化"，赋予国漫崭新的魅力

（摘自："牛腩粉漫画"公众号，7月5日）

《刺客伍六七》作为 2018 年火遍全网的国漫，利用"方言"这一具有独特魅力的地方文化，非常好地弥补了"配音"的不足，甚至让"配音"成为一大亮点。主角"伍六七"在失忆之前讲一口流利的"粤语"，而失忆之后变成了一口流利的"粤普"。"方言"是我们传统文化里相当具有魅力的一部分。"伍六七"的这一口粤语，广东人听来非常亲切，而对于其他地区的人来讲，也同样是非常的怀念。"方言"或者说"语言"在对于人物的塑造方面也起了很大的作用。另外，《刺客伍六七》中还有许多使用"方言"或者是"普通话"演唱的歌曲，对于气氛的营造也起了至关重要的作用。方言的运用或许是弥补国漫配音现有不足的一个不错的选择。

杭州水上公交新报站方式萌化乘客

（摘自：钱江晚报，8月15日，作者：余雯雯、俞晓冬）

今年8月起，杭州水上巴士公交1号线试行"三语报站"，这是杭州目前唯——条"三语播报"的水上公交线路——在原来普通话、英语的基础上加上"杭州方言"报站。和水上巴士公交不同，公交车上的杭州话播报夹在普通话和英语中间，语速也比较快。"公交车上站点多，杭州话报站太短太快，又夹在中间，确实感染力一般。水上巴士公交的站点少，加上童声播报放在最后，而且提醒的话也多，听了比较舒服，还能静下心

来听。"在杭州工作了20年的老宋这么告诉记者。杭州市水上公共观光巴士有限公司副总经理金之江透露，推出杭州话报站，也是想着可以宣传和保护杭州文化，"童声杭州话版的报站，今后还会被继续推广到其他水上巴士公交线路。"

方言表情包：网络青年的"土味"表达

（摘自：中青在线，8月16日，作者：樊江涛、杜子明、智若瑶）

在微信表情商店输入关键字"方言"，可以搜索的表情包难以计数。河北省磁县的张利明制作"邯郸方言"累计下载总量已超45万次。张利明认为，各地几乎都有类似融入方言特色的普通话存在，虽然不够纯正，但颇有地域辨识度。

河北师范大学新闻传播学院教授位迎苏表示，时下大量方言表情包的制作推出，是青年自发对方言进行的一次"互联网+"，而这也同样体现出方言乃至地方文化在互联网时代的生命力。《光明日报》评论员、80后媒体人赵明昊认为，如今在微信聊天界大行其道的方言表情，正是时下网络上重要的文化风潮——"土味文化"的升级代表作。"土味文化"的生产者实现了个体的自我表达和群体的身份认同，而都市受众则通过这种对"他者文化"的追捧满足了娱乐目的和猎奇心理，两者在交流中实现了精神上的"握手言和"。

方言APP"福州音韵"助力福州话学习

（摘自：台海网，8月28日，作者：翁宇民）

开发了"福州音韵"（现改为"福州话音韵"）安卓版手机应用的福建农林大学退休教授林雁怡，今年将应用升级了。为了方便更多人了解与学习福州话，林教授希望通过本报向读者提供这一免费应用新版本的下载。在这一年中，有不少这款APP的使用者与林教授交流了福州方言音韵的见解，同时提出了修改建议。林教授在收集和听取了建议之后，进一步修订了字典的数据库，推出了4.0版本，新增了一些常用字。

林教授说："福州方言有许多特有读音，存在难以准确拼读的问题，其语音传播主要靠口口相传。软件将传统的纸质印刷字典转成数码方式，用先进的计算机技术实现快速查询，由无声拼读转变成为有声跟读，很好地解决了准确读音问题。"

把方言"老话"唱成歌的潮语乐队

（摘自：南方新闻网，9月4日，作者：李业坤）

今年，综艺节目《乐队的夏天》中涌现出了一批方言乐队，受到大众热捧。六甲番乐队是广州的一支潮州话乐队，乐队主创李四顺说，出来闯荡，发现不少方言日渐式微，于是，他开始选择用母语创作。"方言愈发式微，以后可以把这些歌留下来唱出来。"李四顺的歌里，将儿时记忆和潮语碰撞，用充满烟火气的"老话"记录在家乡发生的故事，为人们呈现出生活本来的样子。他说，想把潮语民间的这些"老话"都写进歌里，把民间智慧都"捞"起来。把潮州最地道的语言都"锁"在音乐里，写成歌流传下去。"风啊，汝想欲吹去地块，涌啊，汝想欲打去地块。"古城千年的文化沉淀，人们的智慧化成语言，代代流传。

西藏新增 1500 多条藏文新词术语

（摘自：新华网，9月3日，作者：春拉）

2018 年以来，西藏新增 1500 多条新词术语，包括"学习强国""奔奔族""比心"等汉语中出现的新词，在藏语中也有了规范表述。

西藏自治区新词术语藏文翻译规范委员会副主任加永曲加说，2018 年以来，规范委员会审定规范时政、网络用语等高频率使用的重点词汇，同时根据社会需求，在 2019 年专门组织审定了 500 余条电力术语和 150 余条涉及藏戏和西藏传统舞蹈的专业术语。目前，所有规范后的藏文新词术语，已以每期汉藏对照公报及免费口袋书等形式发送至西藏各级相关部门。所有规范的新词术语还刊登在了西藏藏语言文字网、中国藏语广播网、《西藏日报》、《半月谈》等藏文版报刊上。

国庆盛典 4K 直播粤语版电影将登陆粤港澳大湾区影院

（摘自：人民日报，10月3日，作者：张贺）

由中央广播电视总台央视频出品、央视频和总台大湾区之声联合推出的《此时此刻——国庆 70 周年盛典》4K 直播粤语版电影，将登陆粤港澳大湾区影院。大湾区观众有望在影院身临其境般重温新中国成立 70 周年庆典的震撼场面。据悉，国庆节当天，大湾区之声实现了史上首次用粤语直播国庆盛典，在大湾区产生了良好反响。此次粤语版盛典"大片"登陆粤港澳影院，将画面、声效、镜头语言和现场同期巧妙糅合，实现了全流程、全要素 4K 体验与 5.1 环绕声结合运用。中央广播电视总台大湾区之声知名粤语主持人配以粤语解说后，更方便了粤港澳地区的观众观看。

《此时此刻——国庆 70 周年盛典》推出少数民族语言版

（摘自：人民日报，10月11日，作者：郑海鸥）

10 月 10 日，记者从中央广播电视总台、国家民族事务委员会与国家电影局联合举办的《此时此刻——国庆 70 周年盛典》直播电影少数民族语言版发布仪式上获悉：我国首部直播院线电影《此时此刻——国庆 70 周年盛典》继国庆当天在 10 余个省份的 70 家影院同步播出后，其少数民族语言版即日起与全国少数民族观众见面。中央广播电视总台负责人 10 日在京介绍，目前该影片少数民族语言版包括蒙古语、藏语、维吾尔语、哈萨克语和朝鲜语 5 个语种，少数民族群众将在观影中感受新中国成立 70 周年盛典带来的震撼与感动。

"方志四川·方言志"音频节目《四川方言的来龙去脉》正式上线

（摘自：中国新闻网四川，10 月 29 日，作者：严易梦、王爵）

近日，四川省地方志办公室联合四川师范大学文学院语言研究所、成都故事广播 FM88.2 制作的《四川方言的来龙去脉》音频专辑正式上线。本档音频节目取材于第二轮《四川省志·方言志》。节目中鲜活、灵动又接地气的四川方言标本，由四川省地方志办公室与全省 21 个市（州）电台联手采集。

目前，四川省地方志办公室在喜马拉雅 FM 开设的"方志四川"网络电台已发布《舌尖上的四川》《阿坝州口述历史》等 10 个专辑。下一步，四川省地方志办公室还将继续与现代媒体合作，对《四川省志》中的特色志书《川剧志》《川茶志》等进行开发利用，让承载着丰厚历史文化内涵的地方志"立"起来、"活"起来、"动"起来。

为武大方言课，点个赞

（摘自：长江日报，10 月 31 日，作者：李玉莹）

近日，武汉大学一门方言课的视频在网上引起了不少网友讨论。课堂上，学生们用方言配音和唱歌。网友们纷纷表示：方言必须被传承、用方言链接起来的关系珍贵而持久……近些年来，随着普通话的大力推广及城市化进程的加速，很多人不愿意说方言了。然而在日常生活的交流中，方言的重要作用不可缺失。尤其是大学，大学课堂是不同地区多元融合的大家庭，在这样一种开放包容的大环境中，鼓励学生重新捡起方言、记住方言，未尝不可。正如开设这门课的老师阮桂君所说，希望能通过有趣的方式在学生中掀起一场"方言热"。

国产电影讲方言盛行

（摘自：扬子晚报，11 月 20 日，作者：孔小平）

"没想到，进电影院看国产电影，居然也要仔细看字幕了。这几年讲方言的电影在增多。"最近，不少影院经理在看完讲河南话的《平原上的夏洛克》超前场后说道。热映中的《受益人》全片讲重庆话，将上映的《南方车站的聚会》讲武汉话。今年已有 10 多部方言电影上映，文艺电影推广发行机构"后窗放映"发起人高达表示，电影是视听语言的艺术，声音占据着极为重要的比重，近年来，越来越多电影采用方言叙事，为大银幕增色不少。

方言不仅给予电影的声音元素以独特的体现，还能在喜剧电影中承担幽默元素，促进电影和观众之间的共情：谐音、抖包袱，甚至只是一句当地人才懂的"梗"，都能让观众会心一笑，方言对增进喜感和反差的效果很明显。其喜剧效果，不像普通话那么单薄，它们更契合电影里小人物的生活底色，能催生普通话所实现不了的黑色幽默效果。

国台办第二位女发言人朱凤莲普通话与方言"多声道"亲切开场

（摘自：新华社，11 月 27 日，作者：石龙洪、李寒芳、于嘉）

国台办 27 日举行例行新闻发布会，新任发言人朱凤莲正式面在媒体亮相。她以普通话、闽南话和客家话开场，令在场的台湾记者倍感亲切。"欢迎大家参加国台办新闻发布会。我是朱凤莲。"普通话"开篇"后，这位 1977 年出生的女发言人"无缝对接"转换到闽南话："我是广东客家人，在此先向台湾乡亲问声好！"紧接着是她最熟悉的客家话："很高兴有机会在新闻发布台上为台湾乡亲提供服务，使台湾乡亲更多了解我们的政策和我们的工作！"

闽南话和客家话是台湾同胞使用最广的方言，新任国台办发言人以"乡音"开场，成为当天两岸记者"抢发"的第一个新闻点。国台办 2000 年开始举办新闻发布会，先后有张铭清、李维一、杨毅、范丽青、马晓光、安峰山 6 位发言人。朱凤莲是继范丽青之后第二位女发言人。

四川一高校开设四川方言课 专家称有利于传统文化保护

（摘自：中国新闻网，11 月 27 日，作者：贺劲清）

记者 27 日从四川天府新区航空旅游职业学院获悉，该校近日开设了一门四川方言选修课，同学在课堂所学内容将出现在期末试卷中，通过考试还能获得学分。高校开设四川方言选修课，这在全国尚属首次。该选修课授课教师崔雅洺介绍，开设四川方言选修课主要是为了让学生更好地了解四川的传统文化。课堂上，除了介绍四川的历史与方言，崔雅洺还会让同学来到讲台，进行四川方言小游戏。一名来自陕西的同学在讲台上演示四川话，当老师指向后脑勺时，他说"后爪爪"，当老师将手指向膝盖时，他又说

"客膝包儿"……

中国教育学会学术委员纪大海表示，随着社会经济发展，很多传统方言在日常生活中已经消失不见，中华文化是由多种地域文化组成的，保护方言和学习普通话并不矛盾，保护方言对保护传统文化和四川历史有着重要意义。

"陕话烂漫"方言朗读活动在西安举行

（摘自：西安网，11 月 30 日，作者：黄坤）

11 月 30 日晚，一场有关方言的盛典——"陕话烂漫：'陕西话与世界'方言朗读之夜"在西安大唐芙蓉园举行。来自省内外的陕西籍艺术家、作家和歌手，全程用陕西话朗读、演绎了诸多古今经典文本。

方言，可朗读、可演绎，还可歌唱。在活动最后，歌手程渤智带来了《西安人的歌》，这首歌如今在移动互联网时代是最红且播放率较高的方言歌曲之一。晚上 9 点，朗读之夜在陕西味的歌声中落幕。这是一个高速城市化和全球化的新时代，来自不同地方甚至不同国家的人们汇聚在一座城市中，在此交流、在此沟通，而这并不意味着留在背后的方言就必然被遗忘。就像《西安人的歌》唱的那样，"有一座城市，它让人难以割舍"，同样也有一种腔调——"陕西话"让人恒久不忘。因为方言，是中国的腔调，也是你我共同的乡愁。

"浙江方言"专栏即将上线"小时新闻"

（摘自：钱江晚报，12 月 23 日，作者：陈素萍）

随着现代化、城镇化的快速发展，我国的语言、方言正在迅速发生变化，而方言文化可能是变化最剧烈的一部分。幸好，还有那么一群人，正在记录即将消逝的乡音，捡拾散落的文化碎片。杭州师范大学人文学院徐越教授，是这群肩负使命者之一。再过不久，钱江晚报移动客户端"小时新闻"的"升学宝"频道将上线一档新专栏，我们邀请徐越前来开讲，发布浙江各地方言文字、影像记录，带领大家一起听听家乡话，忆忆那缕乡愁。

五、地名使用动态及规范

安徽近两百地名带"猪"字，来源多样

（摘自：安徽网，2月2日，作者：沈彦辰、黄茜、钟红）

据不完全统计，安徽省至少有179个含"猪"的地名，其中不少都是山峰、河流和村落。同一个名字，有的是山峰，有的却是村落。六安、黄山、安庆含"猪"的地名多，分别达41个、40个、28个，其名字来源除了与形状、居民曾经的生活场景等有关，还有一些地名则源于当地的历史或传说。

据安徽省社科联委员、安徽省民俗学会会长王贤友介绍，在原始社会，猪就被驯化、成了六畜之一，因此"家"字部首象征房屋，它和"豕"构成"家"，故有"无豕不成家"之说。在民俗文化中，猪象征财富，因为在汉语言文化中，猪被称作"金猪""乌金"，并且人们还用猪形器物来储蓄零散钱财。古代有取猪名作为人的名字之习俗，用来祈求吉祥。有关猪的传统生肖民俗文化也已经深深融入建筑、雕刻等领域。民间还流传着杀年猪祭灶神的习俗，用以祈求来年家和万事兴。

广东清理整治"大、洋、怪、重"等不规范地名

（摘自：新华网，3月15日，作者：李雄鹰）

为进一步清理整治"大、洋、怪、重"等不规范地名，广东将在全省开展清理整治不规范地名工作。此次清理整治对象主要是居民区、大型建筑物和道路、街巷等地名中违反《地名管理条例》和《地名管理条例实施细则》中的地名命名原则、违背社会主义核心价值观的不规范地名。据了解，此次清理整治不规范地名的主要任务包括：第一，清理整治不规范地名。第二，清理更新不规范地名信息。第三，规范使用标准地名。广东要求各地要合理确定清理整治清单，结合当地实际情况，确定"大、洋、怪、重"等不规范地名认定的原则和标准，通过社会征集、调查核实等方式，全面了解本地区不规范地名的数量、分布等底数详情，掌握其在公共标志、户外广告标牌、相关证照上的使用情况。

杭州向"大、洋、怪、重"地名说不

（摘自：钱江晚报，4月17日，作者：杨茜、刘汉武）

昨天，杭州公布了《杭州市进一步清理整治不规范地名工作实施方案》。这次整治的重点，就是对居民区、大型建筑物、道路、街巷中存在的"大、洋、怪、重"等不规范地名进行规范化、标准化处理，计划今年9月前完成全部的整治工作。杭州市民政局区划地名处工作人员说，"每个楼盘都有自己的标准名字，'来福士广场'其实叫'来福士中心'，'绿地中央广场'其实叫'绿地商业中心'，'运河郡'真名为'新明商业中心'，'运河公馆'实际名为'桥市大厦'。"这次整治范围广、力度大，除了重点范围，整治活动涵盖面十分广泛，不仅包括道路、居住区、建筑物等不规范地名，也包括公交车站、电子地图、地名图书、证件证照、广告中使用的不规范地名等。

山东标准化处理不规范地名 1545 条

（摘自：大众网，5月7日，作者：齐静）

据悉，自2014年4月第二次全国地名普查工作启动起，截至2018年6月，山东累计调查地名67万余条、审核入库62万余条，标准化处理不规范地名1545条，新设地名标志3.5万余块，建成省市县三级地名数据库，开发了地名公共第二次全国地名普查服务、界线界桩管理等多个应用平台。

地名是基本的地理信息和社会公共信息，也是重要的社会文化形态和载体。山东是中华文化的重要发祥地之一，存在着大量的古村落和古地名，做好地名普查工作至关重要。山东各地在开展地名普查的同时，还积极推进地名普查成果转化利用，保护传承弘扬优秀传统地名文化，统筹推进地名管理服务和地名文化建设，不断提高地名公共服务水平，为促进经济社会发展、方便群众生产生活发挥了重要作用。

"中国·国家地名信息库"开通 实现四个"首次"

（摘自：中国新闻网，5月7日，作者：王祖敏）

"中国·国家地名信息库"7日在第二次全国地名普查总结电视电话会议上启动开通。这是中国首次公布全国地名信息，首次公布全国省、市、县三级界线界桩信息，首次公布全国地名专用字、专读音信息，首次公布全国地名原读音信息。2014年以来，我国组织实施了第二次全国地名普查工作，取得了丰硕成果。民政部依托第二次全国地名普查成果，组织完成了"中国·国家地名信息库"建设，覆盖范围涉及普查标准时点全国2854个县级行政区，包括陆地水系、陆地地形、行政区域等11大类49个中类地名类别，既有现今地名，还有历史地名。信息库共三个板块，功能包括信息查询、行政区划、地名申报、审音定字等。

地名用字"塆"不能改为"湾"

（摘自：河南日报，5月14日，作者：陈恭正）

在信阳市的新县、潢川县等地，所有含"塆"字地名中的"塆"字都无一例外地改写成了"湾"字。《新华字典》上解释："湾，水流弯曲的地方。""塆，山沟里的小块平地。多用于地名。""塆"字同时也承载着我国古代人民的聚居理念和文化传统。田铺大塆、大吴塆等中的"塆"字是不能替换成"湾"的，浒湾也不能写成"浒塆"。造成"塆"字被改成"湾"字的原因，可能与电脑录入汉字有关，但在2000年时已被收录扩展字符集，且"塆"一不是生僻字，二不是异体字，三不带侮辱性、歧视性，"塆"字不属于"非改不可"之列，而是属于"原则上不改"的地名。这种情况早在2008年就在湖北省武汉市新洲区发生过且已得到纠正。

厦门：31个熟悉地名面临"改名换姓"

（摘自：厦门晚报，5月31日，作者：谢雨真）

加州商业广场、东方巴黎广场、新景国际城、支一路、支二路……这些厦门市民熟悉的"地标"名字，今后可能将不复存在了。近日，市民政局在官方网站发布了《关于"大洋怪重"地名清理整治清单公示》，涉及31个不规范地名，涵盖城镇居民点、建筑物名称、区片、住宅区、道路、公交站牌。市民政局介绍，对于这些不规范地名，已经根据有关规定进行了标准化处理，列出了标准地名。清单公示结束后，将向涉及的相关责任单位和企业下发整改通知，年内完成整改。除了实体招牌、标识标志，网络地图也要更改。

杭州公布479个不规范地名清单：钱江府、万达广场都要整改

（摘自：杭州发布，6月11日）

今年4月，杭州开展清理整治不规范地名工作，经过全市摸底排查，共梳理出583条不规范地名及地名信息，其中涉及使用不规范地名的共479条。本次摸排发现，杭州目前不规范地名的主要类别集中在居民区和大型建筑物上，占比达67%。载体上主要出现在入口、外立面的地名标志标牌及透明售房网、电子地图等处。同时，排查还发现少许洋地名，如萧山的"苏黎世小镇""奥兰多小镇"。另外，也存在部分道路有路无名，

设置未经批准的路名牌。如西湖区"自来水公司营业支路"即为一条未经正式命名的道路。还有一些路牌出现路名标注错误的情况。如下城区"东文街"，路牌上错误标注为"东文路"。

山西开展清理整治不规范地名行动

（摘自：新华网，6 月 16 日，作者：魏飚）

山西省开展清理整治不规范地名行动，预计 9 月底前完成地名标志、道路交通标志等领域的不规范地名信息清理任务。

"大、洋、怪、重"等不规范地名产生了诸多不良影响，因此对存在的不规范地名进行规范化、标准化处理，包括对标注不规范的地名标志、道路交通标志等公共标志牌进行更换；对涉及不规范地名信息的身份户籍、不动产登记、工商注册登记等证照上的地名地址信息予以变更。

同时，山西还将清理房地产广告、户外标牌标识、互联网地图、在线导航电子地图等载体上的不规范地名；加强地名公共服务能力建设，依托第二次全国地名普查成果，及时为社会提供准确便捷的标准地名信息。

海南 84 个不规范地名要改

（摘自：澎湃新闻，6 月 18 日）

6 月 12 日，海南省民政厅发布《关于需清理整治不规范地名清单的公示》，共涉及 12 个城市 84 个尚未标准化处理的不规范地名，主要为居民区、酒店、道路桥梁等大型建筑物。

不规范地名类型中有崇洋媚外，如维多利亚花园、阳光巴洛克小区、凯撒豪庭小区等，被认为使用外国人名、地名的地名。刻意夸大的类型有太平洋别墅、中央大道等。其中，中央大道等被认为是超出地理实体地域、规模等特征的地名；太平洋别墅被认为是随意使用具有特定含义的词语，容易产生歧义的地名。怪异难懂的类型有珊瑚宫殿、反修桥、灭资桥等。珊瑚宫殿被认为名不副实，带有封建色彩的地名；后两者被认为含义怪诞离奇。

整治不规范地名，稳妥为上

（摘自：光明网，6 月 21 日）

据民政部网站 6 月 21 日消息，民政部要求各地稳妥推进清理整治不规范地名工作。

消息称，当前，各地正按照六部门部署，积极推进清理整治不规范地名工作，但个别地方也存在对政策标准把握不够准确、组织实施不够稳妥等情况。

这份文件中，几个关键词颇为引人注目，如"稳妥""审慎""论证""征求""防止随意扩大"等。这意味着一个方向的指引，即为民众生活服务的地名，必然要灌注尊重民众意见的精神。这些关键词，无疑也为清理整治划定了一种分寸感。因此，民政部这份要求的下发可谓正当其时，"政策标准把握不够准确、组织实施不够稳妥"的一些地方，应当对照这份要求，将相关工作的思路重新梳理一番。

民政部要求：整治不规范地名，防止随意扩大范围

（摘自：人民日报，6 月 23 日，作者：李昌禹）

近日，多地发布的"关于需清理整治不规范地名清单的公示"引发热议。民政部 21 日要求各地准确把握政策，严格按照有关法规和原则标准组织实施，防止随意扩大清理整治范围。

民政部区划地名司有关负责人表示，清理整治不规范地名是进一步规范地名管理、传承和弘扬优秀地名文化的重要举措。各地要重点清理整治社会影响恶劣、各方反映强烈的城镇新建居民区、大型建筑物中的"大、洋、怪、重"等不规范地名；要进一步规范工作程序，充分进行专家论证，广泛征求各方意见，审慎提出清理整治清单，严格按程序推进实施。

规范地名应是城市法治的常态

（摘自：北京青年报，6 月 24 日，作者：张敬伟）

据新华社报道，一份涉及深圳多个地产项目的"需清理整治的不规范地名清单"近日在网络流传，此举释放了三个信号：一是网络时代的信息传播更能激发公众注意并引起治理者关切；二是凸显社会公众对"不规范地名清单"治理的渴盼；三是治理"不规范地名清单"原则上采取不扰民、不浪费行政资源的方式。因此，"不涉及不动产权证等相关证照的变更"。

之所以规范地名，是因为市场主体按照正规程序对楼盘名进行备案，用此名进行文宣营销，可能不会激起太多的市场浮躁效应、带来楼盘名称的混乱、对消费者误导，更不会引发城市治理的麻烦。在城市交通、地图设计、道路规划等方面，也不会带来诸多问题。所以，规范城市地名应是城市法治的常态和城市治理的日常。

"珠山湖""朱山湖""硃山湖"一个地名三种写法，哪种是对的？

（摘自：长江日报，7月6日，作者：戴旻阳）

近日，市民外出游玩时，沿途出现的"珠山湖大道""朱山湖南路""硃山湖（北）站"等地名，让其犯了迷糊，究竟哪种写法正确？武汉地方志办公室资料处负责人董玉梅介绍，市民桂先生看到的诸多地名写法中，"硃山湖"属于正确写法。董玉梅指出，有时因地名输入较为困难、设立标识时为寻求方便等原因，造成地名在使用中出现错误。"地名的本名，我们不能轻易更改，防止人们产生认知上的混乱，也是出于对传统、历史和文化的尊重"，因此在地名命名完成后的使用过程中，一定要对站牌、路牌等标识保持严谨规范的态度。

宝鸡对大洋怪重地名说不

（摘自：宝鸡网，7月8日，作者：李小玮）

记者从市民政局获悉，按照民政部、公安部等六部门的统一部署，4月底，我市已全面启动清理整治不规范地名工作。宝鸡是炎帝故里和周秦文化发祥地，众多朴素的地名，反映了宝鸡灿烂的历史文化。近年来出现的"大、洋、怪、重"等不规范地名，既割裂了宝鸡的历史文脉，又损害了地名文化的传承。"这次清理整治工作，包括清理整治不规范地名、清理变更不规范地名信息、规范使用标准地名三方面任务。"市民政局区划地名科负责人王辉介绍，清理整治的重点对象是违反《地名管理条例》《地名管理条例实施细则》等法规，违背社会主义核心价值观的"大、洋、怪、重"等不规范地名，同时对有地无名、一地多名、一名多写、擅自命名的地名进行清理规范。

九江要整治"洋地名"了

（摘自：九江新闻网，7月8日，作者：余超）

7月5日，浔阳晚报记者从市民政局了解到，目前该局正在对九江的"洋地名"进行梳理，将对不规范地名进行处理。从"加州风情"出发，到"柏林印象"办事，去"欧洲风情街"逛街，几个小时之内就"周游世界"，实际上连九江市区都没出。近年来，一些随处可见的"洋地名"让人眼花缭乱。对于小区起名洋气的现象，市民看法不一。一些年轻的市民对此无所谓，而对于一些上了年纪的市民来说，小区以外国地名或特指区域名命名有些崇洋媚外的感觉。另外，对于过于高大上的小区名字，老年市民也感觉不接地气，不符合实际。

依法而为，让地名变更不再"任性"

（摘自：光明日报，12 月 29 日，作者：熊樟林）

作为一种既可视又可悟的文化景观，地名衍生于人类社会发展进程之中，是地理实体、行政区域和居民点的标识，也是区域历史文化在地表的凝结和保留。

现阶段，在行政部门主导的更名模式下，无论怎样，地名变更似乎都不太受待见，地名变更"任性"的问题难以有效遏制。把脉问题背后的深层病灶，乃是因为地名尚未做到依法变更，缺乏法律规制。

为了进一步加强和规范地名管理，适应经济社会发展、人民生活和国际交往的需要，必须让地名变更步入法治轨道，促使决策者依法更名。

语言资源保护和文化传承

引　言

2019 年，保护和发展语言文化的多样性已成为一个重要的国际话题，我国作为语言资源大国，在语言资源保护方面走在世界前列，为人类语言文化多样性的发展做出了贡献。

教育部、联合国教科文组织驻华代表处、中国联合国教科文组织全国委员会、国家语言文字工作委员会正式发布《岳麓宣言》，号召国际社会、各国、各地区、政府和非政府组织等就保护和促进世界语言多样性达成共识。在汉语方言保护方面，中国语言资源保护工程一些项目接连收官；阿里 AI labs 成立方言保护专项小组，投入 1 亿元保护汉语方言；浙江丽水文广局提倡语文教师教学引入方言；高校陆续开设方言课。

少数民族语言文字保护工作不断推进。3 月，全国政协委员和少数民族界委员提出保护民族语言文字；7 月，中国蒙古文期刊检索服务平台和蒙古语授课教学资源库通过验收；8 月，云南、贵州等省举办民族语言文化保护传承培训班。

社会对方言和少数民族语言的关怀，直接带动了相关文化产品和产业的繁荣发展。粤方言剧作《亲爱的，胡雪岩》、电影《熊出没》、陕北方言话剧《人生》、国漫《刺客伍六七》、音频节目《四川方言的来龙去脉》等接连上映；广外第九届中国文化节、"陕话烂漫"方言朗读活动等，多方位地展示了各地的语言韵味和人文风情。

《经典咏流传》《快乐汉语》等节目和"中华经典诵读工程"等一系列经典诵读活动助力了我国语言文化的传承。

一、《岳麓宣言》发布

联合国教科文组织公布《岳麓宣言》 旨在保护语言多样性

（摘自：中国网，1月23日，作者：辛闻）

日前，联合国教科文组织通过官网正式公布保护语言多样性主题的《岳麓宣言》。《岳麓宣言》是联合国教科文组织发布的首个以"保护语言多样性"为主题的宣言，是重要的永久性文件，也是联合国"2019 国际本土语言年"的重要基础性文件。《岳麓宣言》向全世界发出倡议，号召国际社会、各国、各地区、政府和非政府组织等就保护和促进世界语言多样性达成共识。《岳麓宣言》体现了加强语言交流互鉴，推动构建人类命运共同体的理念，凝练了当前世界语言资源和语言多样性保护的核心理念和指导思想，倡导各国制定行动纲领和实施方案，同时汇聚了语言资源保护的做法，提供了可资借鉴的经验、模式和路线图，体现了中国经验和中国方案。

保护语言多样性 《岳麓宣言》向世界发出倡议

（摘自：新华网，2月21日，作者：王鹏）

教育部、联合国教科文组织驻华代表处、中国联合国教科文组织全国委员会、国家语言文字工作委员会 21 日共同举行发布会，正式发布《岳麓宣言》。

《岳麓宣言》是联合国教科文组织发布的首个以"保护语言多样性"为主题的重要永久性文件，向全世界发出倡议，号召国际社会、各国、各地区、政府和非政府组织等就保护和促进世界语言多样性达成共识。

教育部语言文字应用管理司、语言文字信息管理司司长田立新介绍，《岳麓宣言》充分体现了加强语言交流互鉴、推动构建人类命运共同体的理念，凝练了当前世界语言资源保护的指导思想，倡导各国制定语言资源和语言多样性保护事业行动计划及实施方案。

根据《岳麓宣言》，联合国教科文组织肩负着倡议、引领、促进、普及、保护世界语言多样性的重要职责。《岳麓宣言》也鼓励各成员国制定健全的语言政策和语言资源管理运营机制，鼓励国家语言文字管理部门、学术界、非政府组织、公共和私人机构以及个人通过科研、媒体、课程、艺术、文化产品和信息通信技术等多种方式保护并促进语言多样性，并倡议通过人工智能、信息通信等技术推动语言文化的创造性转化、创新性发展和有效传播。

据了解，2018 年 9 月，联合国教科文组织在湖南长沙成功举办首届世界语言资源保护大会，会议以"语言多样性对于构建人类命运共同体的作用"为主题，通过了重要成果性文件《岳麓宣言（草案）》。

语言多样性为何如此重要

（摘自：光明日报，2 月 22 日，作者：刘博超）

在构建人类命运共同体的道路上，以中国千年书院命名的首个"保护语言多样性"主题文件《岳麓宣言》极具象征意义。语言多样性为何重要呢？第一，借助国际音标记音，根据音素规律排比分析，借助古书对比，多样化语言资源能为厘清文化脉络提供基础资料。第二，多样化的语言资源不仅可用于军事，还可促进经济发展，而且对于语言和谐、社会稳定、边境安全都有重要意义。第三，增信释疑，构建人类命运共同体。语言是文化的载体，语言的多样性保证了文化的多样性，而尊重世界文明的多样性，能够以文明交流超越文明隔阂、文明互鉴超越文明冲突、文明共存超越文明优越，在语言文化交流增信释疑、沟通情感、缔结友谊的道路上，中国正承载着建设人类命运共同体的大国担当。

《岳麓宣言》中的中国元素

（摘自：光明日报，2 月 22 日，作者：刘博超）

《岳麓宣言》的核心起草组 8 名专家中，李宇明、曹志耘两位专家来自中国。对于"《宣言》的中国元素"这一问题，曹志耘表示，《宣言》提出的政府主导、专家实施、社会参与的保护方式就是中国的特点，"世界语言地图"、语言博物馆等建议中国都有实践经验。此外，方言电影节、方言体验区等都可以为世界各国提供参考。对于"还能为世界语言资源保护做出什么贡献"这一问题，曹志耘表示，中国语言资源保护工程语言资源、数据库可以与其他国家共享，促进交流互鉴；语保工程目前是世界范围内最大的工程，也是我们对构建人类命运共同体的一种贡献。

给濒危语言更广阔的世界

（摘自：人民日报，2 月 22 日，作者：刘天亮）

《岳麓宣言》的发布，表明濒危语言面临的困境正在引发全球关注。全球濒危语言的保护现状令人担忧，世界上现存的语言有 7000 多种，但有 95%的语言目前只由占全球总数 4%的人使用，平均每个月就有两种语言消失。不过，随着相关数字技术尤其是人工智能的最新应用，濒危语言抢救的速度在加快，参与范围也在扩大。如：语言存档速度和能力的提升；低成本、易运输的语言机器人的开发。但是人工智能不能有效地解决语言使用热情问题，其只能为濒危语言搭一个留待后人进行再发现的中转站或庇护所。因此，鼓励更多人使用濒危的母语，还需要合理的政策和资源支持，从而缓解社会结构性和趋势性变化带来的冲击。

田立新司长在《岳麓宣言》发布会上的讲话

（摘自："语宝"微信公众号，2 月 25 日）

田立新司长表示，语言是人类文明世代相传的载体，是相互沟通理解的钥匙，是文明交流互鉴的纽带。语言文化交流有助于为构建人类命运共同体打下坚实的民意基础。中国作为语言资源丰富的国家，通过大力推广和规范使用国家通用语言文字、科学保护各民族语言文字、发展语言教育等，使我国多样性的语言资源在促进经济发展、维护政治稳定、推动文化建设、保障国家安全等方面发挥了积极作用。《岳麓宣言》强调保护和促进语言多样性对于可持续发展目标的实现至关重要，体现了加强语言交流互鉴、推动构建人类命运共同体的理念，它是引领和指导当今全球保护语言资源多样性的行动指南，是一项历史性成果。

曹志耘教授在《岳麓宣言》发布会上的发言

（摘自："语宝"微信公众号，2 月 28 日）

曹志耘教授表示，教育部、国家语委、联合国教科文组织全国委员会高度重视与国际社会之间的合作，共同推动世界语保工作，2018 年 9 月与联合国教科文组织在湖南长沙举行首届世界语言资源保护大会。为了切实保证会议取得重大成果并产生重大影响，中方提议在会议期间推出一项保护和促进世界语言多样性的宣言，即《岳麓宣言》。为此，国家语委迅速组建专家工作组，开展宣言起草的前期准备工作，并于 2018 年 6 月把初稿提交联合国教科文组织供其研究参考。为使《宣言》更具有代表性和权威性，在世界语言资源保护大会结束后，宣言草案发至全体与会人员征求意见。经过两个多月的反复讨论和修改，于 2018 年 12 月 1 日正式定稿。2019 年 1 月 18 日，联合国教科文组织正式发布《岳麓宣言》中英文版。

二、汉语方言保护

祁阳八旬老人为方言著书

（摘自：红网，1 月 7 日，谢颖）

1 月 6 日，由 88 岁高龄的桂芝老师撰写的《祁阳方言熟语》首发。《祁阳方言熟语》由湖南大学出版社出版，是桂芝老师的心血之作。桂芝老师经过 8 年的调查了解，对祁阳方言面貌，特别是祁阳方言珍贵部分——熟语，作了详尽的了解、探索，采集 3000 多条，精选 1520 条予以分类整理，汇成书册，原汁原味保留祁阳方言的血肉和动态实况。该书包括祁阳方言鸟瞰和 1500 多条熟语及其他方言词，几乎囊括祁阳现时流传的口头所有熟语，较全面地反映了祁阳方言的基本面貌，多角度展现了祁阳特有的风俗民情，有效地保存了祁阳地域文化有价值的根脉，填补了祁阳方言熟语研究的空白。

中国语言资源保护工程四川项目圆满收官

（摘自：四川日报，1 月 8 日，作者：江芸涵）

日前，2018 年中国语言资源保护工程四川项目验收工作反馈意见会在成都举行，顺利验收通过去年我省的 37 个语言资源数据采集项目，也标志着四川 91 个语言资源数据采集项目全部通过验收。四川历史悠久，世居民族众多和历史上大规模的移民活动造就了四川丰富多样的语言资源。据介绍，四川也是全国语言资源调查点最多、任务最重、覆盖面最广的省份之一。语保工程四川项目，对汉语方言的调查是以政府统筹协调，按照"一县一点"的原则在全省铺开，调查内容兼顾语言和文化，把语言调查从结构推进到话语，把调查技术从纸笔推进到现代信息技术，所采集的语料有声音、有图像。

厦门人大代表建议立法保护闽南方言

（摘自：海西晨报，1 月 9 日，作者：雷妤）

厦门市人大代表、厦门公交集团有限公司党办主任杨锦强对闽南话的传承与保护进行了重点关注、充分调研，提交了一份关于闽南话文化保护及传播传承的建议。他希望，今年"两会"能关注此事，通过制定对闽南方言保护、传播、传承的相关法规，或立法推广保护闽南方言。在他看来，目前厦门超过一半的幼儿园、小学和初中都开设了闽南话课程，但课程设置、师资队伍、重视程度各不相同，应该集中打造一支优秀的闽南话教师队伍，研发一批以闽南童谣等趣味教学方式为主的闽南话教学课件，在念童谣、玩游戏中培养孩子对闽南文化的兴趣。他还建议，可出台相关政策鼓励歌仔戏、高甲戏、芗剧等闽南方言剧种以及讲古、答嘴鼓等非物质文化遗产项目以实现突破创新。

四川推出融媒体图书《新说四川方言》

（摘自：新华网，3 月 11 日，作者：叶含勇）

有一种挣扎叫"扳"，有一种好男人叫"耙耳朵"，有一种以后叫"二天"……为了推动四川方言资源的保护、开发和利用，也为了让新市民尽快"入乡随俗"，四川科学技术出版社推出新书《新说四川方言》，集图、文、声、像于一体，好听、好看、好学。为了让听不懂四川话的读者也能尽快识读，并且更有"川味儿"，该书采用普通话的拼音标注方式，为词条标出四川方言发音。该书还有音频和视频，扫二维码就会有身临其境般的"现场教学"。据《新说四川方言》编委会相关负责人介绍，该书除了教会读者识读方言，更辅以画龙点睛般的地域文化"小贴士"，让读者深度体验四川方言的机智、幽默、形象以及观察社会的独特视角。

说方言能赚钱？四川话开价 700 元/小时

（摘自：中国青年报，3 月 14 日，作者：张博）

最近四川成都不少高校流传一则招聘启事：一家配音公司正在替阿里巴巴招聘一名会说四川话的"声音模特"，为某款智能音箱提供方言配音。如果通过应聘，不但能成为四川方言的"代言人"，更能拿到 700 元一小时的高薪。记者在招聘要求中看到，"声模"对性别、年龄、学历等并无直接要求，但要求应聘者熟悉各种成都方言词汇，并能流畅熟练的说地道成都话，此外还需要有一定的英语基础，英语发音纯正。此消息一出，人们便开始了热议。随后，该款智能音箱的研发部门，阿里巴巴人工智能实验室向记者证实了此次招聘的真实性，并表示四川是中国最大的方言区之一，也是智能音箱的重要市场，提供方言服务能够让更多人无障碍的使用语音服务。

阿里 AI labs 成立方言保护专项小组 投入 1 亿元保护汉语方言

（摘自：新华网，3 月 20 日）

在智能音箱天猫精灵宣布以 700 元的时薪，招聘一名会说四川话的"声音模特"之后，天猫精灵的研发部门、阿里 AI labs 宣布，正式成立方言保护专项小组，投入 1 亿元对汉语方言进行保护和开发。未来，天猫精灵也将从四川方言开始，逐步进行全国方言的语音优化工作，最终实现对全国方言的覆盖。小组组长由阿里 AI labs 总经理陈丽娟担任，她表示，天猫精灵作为一款以语音交互为主的产品，本质上是用技术手段赋予语言更多的功能，比如通过说话就能获取信息、控制家电等，"从这个意义上说，我们对语言的发展和保护责无旁贷。"此外，小组还将与相关政策制定机构、专家学者以及高校紧密合作，探索对方言资源的保护性开发。

"正二扒经"为四川方言保护引入新思路

（摘自：华西都市报，4 月 2 日，作者：蔡世奇、冯露曦）

近日，四川大学文学与新闻学院副教授姜英在接受华西都市报、封面新闻记者专访时表示，说方言的地方确实越来越少，但在四川等方言核心区，这些承载了文化与历史的"土话"有着独特的文化价值。她建议，可以通过影视文艺作品以及综艺节目来推广四川方言。谈及天猫精灵联合封面新闻打造的"正二扒经"脱口秀，姜英表示，用四川方言的形式播报互联网科技行业新闻，一"洋"一"土"相得益彰，即便是不熟悉这些的人也能够听懂，这为四川方言的传播与保护引入了一种新的思路。"过去，方言保护总认为是要把那些'土话'保留下来，其实，方言也是跟随着时代的脚步不断革新的，引入互联网科技基因后，四川话将更有魅力"。

聚焦方言文化、展现语言魅力 广外第九届中国文化节举办

（摘自：南方网，4 月 25 日，作者：唐巧燕、刘红艳）

4 月 25 日，以"五湖四海，方音不改"为主题的第九届中国文化节暨中华优秀文化传承发展工程开幕式在广东外语外贸大学举行。活动以文化摊位展示的形式为主，精选北方、吴、赣、湘、闽、粤、客家七大方言地区，用方言代言人、方言代表歌曲、方言购物等形式，辅以"方言体验区""小舞台表演""方言知识抢答"等活动，结合各地民俗、美景、美食、特色文化以及历史人物等，展现方言的独特魅力，鼓励同学们参与到方言学习与传播的过程中来，意识到方言保护的重要性，用多彩的中国声音传播多彩的中国故事。从吴侬软语，到京腔京调，再到川腔辣语，众多方音集聚一堂，共现语言文化之美。

方言文化亟待保护传承

（摘自：东方网，5月7日，作者：沈栖）

中共中央办公厅、国务院办公厅印发的《关于实施中华优秀传统文化传承发展工程的意见》明确提出："大力推广和规范使用国家通用语言文字，保护传承方言文化。"这一规定传递了一个重要讯息，即在大力推广和规范使用普通话的同时，亟待保护传承方言文化。

应该指出，自20世纪50年代初进行推广普通话运动以来，在全国范围内，国家通用语言文字的规范使用得到长足发展。从正面成果看，各地基本上都成了"双语地区"，人们大体上都能同时熟练地掌握运用普通话与当地方言两种语言交流。但也出现了某些令人担忧的现象，诸如一些中小学生基于交流全然使用普通话，而对于本土语言的运用能力正在萎缩，这不能不引起全社会的关注。

四川"方言热"引"蓉漂"吐槽 阿里表示保护方言与"推普"并不冲突

（摘自：四川新闻网，6月5日）

最近，天猫精灵即将举行四川方言大赛的消息，在四川掀起了一阵"方言热"，在保护方言、弘扬巴蜀文化的同时，也给不少"漂"在四川的外地人带来了烦恼。日前，一名网友的帖子遭到了热议。这位"蓉漂"表示，最近身边的四川同事越来越爱说四川话，甚至在开会时说方言，导致自己全程"一脸懵"，严重影响工作，呼吁大家在公共场合能够说普通话。四川方言大赛主办方，阿里巴巴的工作人员表示，方言保护与普通话不冲突，"方言需要保护，日常沟通也要做到无障碍。举办大赛的目的并不是为了让方言成为工作、学习、生活的通用语言，而是在方言快速消亡的情况下，能够提升全社会对方言文化的重视、感受到方言文化的魅力，自觉保护当地的传统文化。

"月薪10万元录方言"背后，是中国人的情感新需求

（摘自：中国江苏网，6月17日，作者：刘浪全）

6月13日晚，来自成都的"95后"女生周玥偲获得天猫精灵四川方言大赛的冠军，接下来的一个月她将为天猫精灵录制四川话的录音。这是服务业一种新的尝试，录制的录音，会为天猫提供四川方言版的服务，让整个西南官话地区的人都能享受到更亲切的乡音抚慰，很有可能，川话版语音服务会在更大的范围受到欢迎。

上海、广州、成都这些城市，近几年都意识到了方言的重要性，地方电视台和电台

都在增加方言节目的比重，这是很有意义的探索。阿里巴巴投入一亿元保护方言，也是一样。人们在购物的时候，能够享受到方言的 AI 语音服务，在生活中感受到方言的魅力，不仅是对方言的激活，也在一定程度上赋予商品以情感。

首套系统反映陕西方言风貌的语音档案成果亮相西安书博会

（摘自：中国新闻网，7 月 28 日，作者：应妮）

作为全国第一部由档案系统主持编纂的分省方言集成丛书——《陕西方言集成》27日在第 29 届全国图书博览交易会上首发。这是有史以来陕西方言语音、词汇、语法、口头文化等最系统、全面的调查成果。《陕西方言集成》是一部既能读又能听的方言工具书，书中附有发音人的方言发音听书二维码，扫码即可听到书中收录的方言语音、词汇、语法、民间故事、谚语、歇后语、歌谣等无比亲切的乡音，丛书完整记录了陕西方言语音档案，内容丰富，都是第一手的方言资料，为陕西方言理论研究提供了宝贵的语料，也为汉语史研究提供了重要的佐证材料。

郑州二七区打造 30 条特色路 豫剧街很 "有戏" 方言街真 "得劲"

（摘自：大河网，8 月 6 日，作者：李岚）

在郑州市铭功路与沿河路交叉口西南角，一个崭新的微型戏台引起了过往行人的关注，不少戏曲爱好者纷纷登台展示才艺，让戏迷在炎热的夏天过足了戏瘾。据了解，铭功路只是二七区本着以人为本全力打造 "特色路" 的一个缩影，是 30 条特色路中的一条。被打造成 "河南方言一条街" 的西前街，已成了 "网红街"。"弄啥嘞" "这小长哩可真排场" "夜儿黑的月亮老圆了" "你往那边谷堆谷堆" "瓦开跑" "拔丝儿"……记者在这条街上看到，不足一公里长的道路两侧护栏上，分别写着风趣的河南方言，乡音十足，让过往的市民们越看越过瘾，直呼："得劲！"在路边的文化墙上，不仅有省内18 个地市的方言文字，还在上面标注了读音，以便外地人和从小就说普通话的娃娃，进一步了解河南方言。

方言专家著书解码浏阳客家话

（摘自：浏阳网，8 月 14 日，作者：欧阳稳江）

8 月 11 日，南京大学教授陈立中再次来到浏阳小河进行本地方言的调查，这距离他第一次来浏阳调研客家方言已经过去 19 年。19 年间，他先后七次来到浏阳。由他撰写的《湖南浏阳客家话自然语料萃编》被纳入《世界客家文库》系列，将由广东人民出版社出版，目前进入出版流程。与此同时，由其主持的《湖南浏阳客家方言自然语调词典》项目入选国家社科基金项目。2000 年，陈立中正在湖南师范大学读博士，研究方向为汉语方言学。方言是一种有趣的文化现象，彼此即使分离，但只要一张嘴说话，两人就能从乡音中找到共鸣。"浏阳的方言十分丰富，在语言的世界里，它具有某种意义上的代表性。因此，也期待相关部门能够尽快行动起来，借助乡土教材等方式，从孩子开始，一起来保护这些方言资源。"

东阳话获立体式保存 《浙江方言资源典藏·东阳》将上市

（摘自：浙江新闻，8 月 17 日，作者：王倩玫）

近日，东阳市教育局收到《浙江方言资源典藏·东阳》一书，这是"中国语言资源保护工程·浙江汉语言方言调查"项目的成果之一。该书采用文字加音像语料的方式，全方位阐述了东阳方言的语音体系，对保护和传承东阳方言具有重要意义。2016 年，东阳方言被列入浙江省第二批调查点，其成果"东阳话"将永久保存于中国语言资源库。由浙江师范大学专家团队通过纸笔记录、录音、摄像等方式，全面调查、采集、整理东阳方言的原始数据。《浙江方言资源典藏·东阳》由浙江大学出版社出版，纸质图书融合立方书技术，以二维码的形式呈现东阳语保专家团队采录的相关音视频，创新方言资源的呈现和保存模式，读者就能零距离感受东阳方言的魅力。

以方言寄托乡愁

（摘自：人民日报海外版，8 月 23 日，作者：徐睿渊）

一些上海家庭将孩子送到纯沪语的早教机构学习，希望孩子多接触、熟悉并掌握上海话。上海小宁托育园的孩子努力学着用上海话唱童谣、做游戏，学习日常生活知识和动物相关常识。在洗手、玩玩具等日常生活环节中，也融入了上海话元素。这次，民众自发"亲近"方言，把上海话融入日常的生活和教学中。从官方组织到民众自发组织和参与，从念童谣歌谣到用方言交流，从寄托乡愁到积极融入社会，这是"保护方言"的一个进步。人们需要方言，不止需要自己的乡愁有所寄托，也需要利用方言这一语言技能融入社会生活，而后者显然更具驱动力。有需求才有生命力。

精绘 221 幅方言地图，《如皋话地图》发布

（摘自：现代快报，10 月 13 日，作者：邵亚丽、陈莹）

10 月 13 日，来自全国哲学社会科学界的数十位语言学专家学者齐聚如皋，参加《如

皋话地图》新书发布会。精绘 221 幅方言地图的《如皋话地图》一书近日由上海教育出版社出版，是如皋籍学者万久富历时 10 年打造的语言学著作，首次系统深入地研究如皋话的历史渊源及分布情况。该书首次突破行政区划，对泰如片方言小片划分进行探讨。上编主要由如皋话地图语音卷、如皋话地图词汇卷、如皋话地图语法卷三部分构成，并涵盖 221 幅采用基于地理信息系统的绘图技术与基于 HSV 颜色空间的选色技术绘制方言小片彩色地图，下编则收 12 个如皋话调查点音系和相关研究论文 13 篇，是一本学习、研究如皋话的百科全书。

英媒：市场因素推动中国方言重获重视

（摘自：环球时报，11 月 9 日）

今天中国虽然推广普通话，但是方言的价值同样在上升。2013 年有官方调查显示，4 亿不能使用普通话顺利交流的中国人多数生活在小城市、农村和少数民族聚居区。在偏僻山村，隔条山谷方言就不一样，语言的多样性越来越被视为商机。

今年年初，阿里巴巴发布了"家庭大脑"计划，将教会智能音箱识别各种方言。阿里巴巴表示，小城市的消费者并不都能熟练使用键盘，因此更可能以智能音箱为伴，例如老年人，通过后者收听传统戏曲、获取健康资讯，或为孙辈播放有声读物。年轻消费者可能习惯说普通话，但这并不意味着方言会消失，因为讲方言会有"家"的感觉。

推动商业服务使用方言的因素，也在推动地方政府采取类似举措。政府希望与海外华人保持密切联系，因此使用方言与他们交流更显务实态度。

琼侨歌谣，出海传乡音

（摘自：人民日报海外版，12 月 16 日，作者：杨宁、林子涵）

日前，第十六届世界海南乡团联谊大会在海南三亚举行。大会欢迎晚宴上，由马来西亚表演团队带来的琼侨歌谣，再次用海南乡音唤起各地琼籍华侨华人的共同记忆。琼侨歌谣，是海南侨乡与海南籍华侨华人间流传的民间歌谣。从琼侨"下南洋"起传唱至今，琼侨歌谣用充满海南方言韵味的词与调，记录侨乡的样貌和琼侨出海的奋斗历程。

为保护琼侨歌谣，海南正在以各种方式传承乡音。2018 年 5 月，第四届海南方言歌曲创作演唱大赛在海口落幕；2018 年 7 月底，琼侨歌谣传习展演活动在文昌人民公园举行。此外，海南还邀请本土音乐人基于传统琼侨歌谣的意韵，创作新的海南侨乡歌谣。

普通话还是乡音，不是单选题

（摘自：光明日报，12月21日，作者：张洁）

习近平总书记指出，许多深度贫困地区长期封闭，同外界脱节。有的民族地区，"很多人不学汉语、不识汉字、不懂普通话，大孩子辍学带小孩。"习总书记这段话深刻指出了语言文字问题是造成深度贫困的重要原因之一。我国地域辽阔、人口众多，各地区的经济文化发展不平衡，普通话普及程度不均衡，方言留存情况也不同。推广普通话与保护方言是辩证统一的关系。现阶段的语言文字工作就是要在语言复杂的贫困地区坚持不懈推广普通话，提高人民群众的语言交流能力，促进地区经济社会发展；同时，也要在普通话普及率较高的经济发达地区，对日渐衰落的方言采取保护措施，积极传承地方文化。推广普通话与保护方言并不矛盾，只要把握好原则，二者是可以兼容并存、共同发展的。

首届苏浙沪乡音故事展演 长三角12种方言在金山演绎精彩故事

（摘自：上海市金山区人民政府，12月21日）

12月21日，"中国故事·金山论坛——首届苏浙沪乡音故事展演与理论研讨暨2019上海市民文化节故事大赛颁奖仪式"在上海金山山阳镇举行，来自苏浙沪地区的14位优秀故事讲演人，分别用上海方言、金山方言、闵行方言、浦东方言、崇明方言、无锡方言、苏州方言、江淮官话、绍兴方言、塘栖方言、萧山方言等10多种方言，演绎了13个经典故事，赢得了台下观众一阵阵热烈掌声。

三、民族语言保护

双语法律文化出版工程及法信蒙文版今日上线

（摘自：北青网，2 月 21 日，作者：孟亚旭）

2 月 21 日下午，由最高人民法院政治部、人民法院出版社共同主办的双语法律文化出版工程及法信蒙文版上线活动在最高人民法院举行。

据介绍，"双语工程"包括 8 大系列 57 种双语法律图书，总字数近 1 亿字，目前支持蒙语、藏语、维语三大少数民族语言。同步上线的"法信蒙文版"是全国法院系统首个少数民族语言文字法律数据库，包括 9 大资源库和 33 个子库，实现完全通过蒙古语对专业法律资源进行网络检索。最高人民法院副院长陶凯元强调，各级法院要充分利用"双语工程"和"法信蒙文版"的成果，大力加强双语法官培训工作，努力提升双语翻译能力、双语庭审能力，将保障少数民族群众使用本民族语言文字进行诉讼的宪法权利落到实处。

黔东南立法　保护"锦屏文书"

（摘自：贵阳晚报，3 月 1 日，作者：吴如雄）

《黔东南苗族侗族自治州锦屏文书保护条例》将于 2019 年 3 月 1 日正式实施。《条例》有 24 条，主要规定了文书的保护范围、主体、保护职责等，明确了违反本《条例》应承担的法律责任等。据了解，锦屏文书是我国现今保存最完整、最系统、最集中的历史文献和珍贵民间文书之一。它主要记载了 500 多年来苗、侗族人民与汉族人民的农林生产和贸易交往，体现了苗、侗族人民早已具有运用"契约"保护自己经济利益的意识，集中反映了中国封建社会制度下清水江中下游地区林业生产力、生产关系及经济制度的变迁，非常具有研究价值和现实参考意义。

全国政协委员贺颖春：做好人口较少民族语言文化的保护

（摘自：中国青年网，3 月 6 日，作者：王聪）

"人口较少民族的语言文化面临濒危的状况，希望能通过更好的方式做好人口较少民族的语言文化保护、基础教育发展。"作为一名教育工作者，来自甘肃省张掖市肃南裕固族自治县的贺颖春委员最关注民族地区的文化传承和教育问题。贺颖春说，此次全国两会上，她将提交相关提案，建议继续制定完善少数民族教育的政策，做好民族地区双语教学和双语教师队伍建设，更好地构建民族语言文化课程体系，将民族语言文化与国家课程的知识体系有机结合，加大学生对国家通用语言的认同和民族语言文化的自信，让人口较少民族的学生既能在现代教育理念下学好国家课程和通用语言，又能更好地传承本民族的语言文化。

广西探索试行壮语测试

（摘自：广西新闻网，3月12日，作者：黎广华）

近年来，广西以壮语测试为抓手，推动国家部委加强干部对双语学习的各项决策部署在广西落地生根。加强调研，建章立制。多方征求基层民语部门和相关专家意见建议，研究出台广西《世居少数民族语言测试管理办法》《壮语测试办法》《壮语测试实施方案》等文件。积极探索，先行先试。以加强全区壮汉双语法官队伍建设为突破口，启动全区壮族聚居的9个设区市12个县（市、区）的法院系统推进壮语口语测试试点。协同推进，成效初显。与自治区高级人民法院通力配合，谋划召开2019年全区壮汉双语法官评定工作推进会会议。

云南省民族语言传承保护骨干培训苗文班开班

（摘自：云南日报，4月21日，作者：熊玉有）

近日，云南省2019年少数民族语言文字传承保护骨干培训苗文班在文山学院开班。据介绍，此次培训由文山学院培训学院承办，历时10天，培训对象主要为全州各县（市、区）和州直有关单位以及文山学院的苗族干部50余人，培训将开设苗族文化、苗语知识、苗族历史知识、苗语新闻宣传工作等课程，内容涵盖民族语文理论与政策、苗文声韵调、一般应用文写作、苗族歌谣收集整理、苗汉翻译技巧等。省民族宗教委、民语委办相关负责人表示，希望通过培训，使参训干部做到能读、能写、能记，能够用所学文字进行公文翻译、民族语言文字和传统文化收集整理等工作。

仁怀市后山民族乡苗汉"双语"教学传承保护民族语言

（摘自：贵州日报，5月24日，作者：彭赟）

如今，很多苗族年轻人很少使用本民族语言进行交流，导致苗族文化和语言逐渐流失。为此，仁怀市开展苗汉"双语"教学，开设苗语入门课程；后山小学编辑出版了《苗语启蒙》《苗歌曲集》等苗语教材，每周上一节苗汉"双语"课，要求苗族学生学会自己民族的语言，其他民族学生掌握简单的苗语常用语和礼貌用语。仁怀市教育局招入民族教师，安排教师参加贵州省民语办举办的苗汉"双语"教师培训班，提高民语教学水平。通过持续不断开展"双语"教学工作，提高了后山民族乡苗语的普及率和使用率，增强了少数民族学生的文化认同和文化自信，对该乡苗族文化的保护和传承起到了积极作用。

2019 年《政府工作报告》等文件七种少数民族文字版本全文发布

（摘自：人民网，6 月 13 日）

《政府工作报告》等 2019 年全国两会重要文件的七种少数民族文字版本已由国家民委组织翻译，并将通过人民网少数民族文网站向全网发布。为帮助广大少数民族党员、干部、群众深入学习贯彻全国两会精神，由国家民委组织协调，中国民族语文翻译局将全国两会的重要文件翻译为蒙古、藏、维吾尔、哈萨克、朝鲜、彝、壮等七种少数民族文字版本。这些文件包括国务院总理李克强在第十三届全国人民代表大会第二次会议上所做的《政府工作报告》，以及《关于 2018 年国民经济和社会发展计划执行情况与 2019 年国民经济和社会发展计划草案的报告》等全国两会重要文件。

中国蒙古文期刊检索服务平台和蒙古语授课教学资源库通过验收

（摘自：内蒙古自治区民委，7 月 9 日）

7 月 4 日，由内蒙古自治区文学艺术界联合会承担的《中国蒙古文期刊检索公共服务平台建设》项目和由内蒙古自治区教学研究室承担的《蒙古语授课中小学信息化教学资源库建设》项目通过专家验收。《中国蒙古文期刊检索公共服务平台建设》项目增加了803名作者的基本信息，修正23万张蒙古文期刊扫描页面，完成3万篇文章的关键词、摘要等相关信息的标注，对期刊元数据信息进行重新规范化编目，采集的期刊种类 122 种、数字化期刊 3133 册，数字化资源容量达到 240GB。该项目包括蒙古语授课中小学各学段的语文、数学、物理、化学、生物、政治、地理、历史学科现行蒙古文教材配套的同步教学资源，涵盖了教学设计、精品课件、优秀案例、测试评价等方面的主要内容。

重视民族语言的保护和传承

（摘自：中国社会科学网，7 月 24 日，作者：段丹洁）

习近平总书记在内蒙古考察时指出，要重视少数民族文化的保护和传承，支持和扶持《格萨（斯）尔》等非物质文化遗产，培养好传承人，一代一代接下来、传下去。非物质文化遗产是一种直接依靠人的活态文化，民族语言则是民族非物质文化遗产的重要载体。近日，围绕如何加强少数民族语言保护、更好地传承非物质文化遗产等问题，记者采访了相关学者。中国社会科学院民族学与人类学研究所研究员曹道巴特尔格外关注习近平总书记的内蒙古考察之行；中央民族大学中国少数民族语言研究院教授认为民族语言既是各类非物质文化遗产的载体，其本身也是一种非物质文化遗产；北京语言大学语言科学院教授戴红亮介绍了我国在非物质文化遗产保护方面的成就等等。

贵阳市花溪区开展少数民族群众汉语言和实用技能培训

（摘自：贵阳日报，8月6日，作者：詹燕）

7月30日至8月14日，花溪区民宗局、高坡乡共同开展2019年花溪区少数民族群众汉语言和实用技能培训文明实践活动暨农民综合素质提升培训。此次培训的对象主要是平寨村18岁至50岁的建档立卡贫困户和有意愿参训的非建档立卡户，他们将系统地学习脱贫攻坚相关政策以及厨艺等。开展培训，旨在让参训群众达到普遍听得懂汉语、看得懂电视新闻、能写常用汉字、能识别现代符号、能用现代工具交流、掌握一至两项生产生活实用技能。目前，高坡乡尚有部分苗族群众存在汉语言交流障碍。今年底，高坡乡将实现对全乡存在汉语言障碍少数民族群众培训的全覆盖。

昆明安宁首个白族语言文化保护传承培训班开班

（摘自：云南网，8月11日，作者：熊瑛）

8月10日，安宁市首个白族语文化保护传承培训班在太平新城开班，旨在进一步做好太平新城民族语言的保护和传承，推广白族语言学习，传承弘扬白族文化，促进辖区民族关系和谐发展。学员主要学习白族文化及白族文字的拼音发音，通过培训使来自辖区各村（社区）的105名学员基本掌握200句白族日常用语，提高辖区白族语言的普及率，提升白族居民的语言文化水平。

科学保护各民族语言文字的理论与实践

（摘自：贵州民族报，8月14日，作者：戴庆厦）

"科学保护各民族语言文字"这十一个字，体现了党和政府的民族平等、语言平等思想，凝聚了在新的历史时期科学对待中国语言文字的指导思想和决策，是中国民族语文工作新的战略方针，是近期提出的一项重要的语文国策。五年来，通过研究实践，摸索了一些经验，主要有必须调查、了解语言国情，这是语言保护工作的基础；通过调查，弄清了部分地区的语言使用情况，分清了哪些语言还保持旺盛的活力，哪些语言出现了语言功能的衰退，哪些语言出现了濒危迹象；调查了这些地区兼用国家通用语的情况；必须深入语言生活第一线做微观的语言保护调查；采用现代化技术手段记录、保存语言资料。

甘肃肃南县："双语家庭"助力民族语言传承

（摘自：澎湃新闻，8月19日，作者：杜燕、李源）

近日，肃南县举办了首届"双语家庭" 颁证仪式，对以家庭为单位的民族语言传承起到了鼓励作用。杨娜尔丹是肃南县红湾小学的一名裕固语双语教师，在学校她教学生们学习裕固语、在家中充当自己孩子的双语启蒙老师。在家里，杨娜尔丹坚持和家人说本民族语言，为孩子创造了良好的语言环境。首届"双语家庭" 颁证仪式，为10个家庭颁发了"双语家庭"证书。获得荣誉的双语家庭包括肃南县域内的8个裕固语和2个藏语使用家庭，旨在以民族语言教师为引领，鼓励民族语言保持良好的家庭，形成民族语言文化学校传承的良好局面。

云南红河州石屏县大桥派出所"汉语+彝语"做好便民服务

（摘自：中国红河网，10月20日，作者：石宣）

石屏县大桥派出所针对本辖区彝族人口较多、群众在办事时存在沟通难的问题，积极使用"汉语+彝语"开展服务工作。由彝族辅警杨四祥担任"双语"培训教员，有针对性地给民警讲授了一些简单构词成句的语法及常用执法用语和战术用语，例如：我们是派出所警察、请出示证件、目标人物、有危险、控制等。同时，派出所通过采用汉族民警与彝族民警"一帮一""多帮一""结对子"的学习组合模式，打造双语学习长效机制，营造学彝语、讲团结、促进步的和谐氛围。

正在消失的民族语言：117种语言列入濒危或正走向濒危

（摘自：中国文化报，12月18日，作者：高心源）

中国社会科学院研究生院教授、中国民族语言学会会长孙宏开等主编的《中国的语言》显示，我国有少数民族语言129种，其中，117种被列入濒危或正在走向濒危（濒危的21种，正在迈入濒危的64种，临近濒危的24种，没有交际功能的8种）。 面对民族语言如此严峻的保护形势，"鄂伦春、鄂温克、达斡尔语语音声学参数数据库、农猎牧民国家通用语学习系统软件升级整合服务项目"应运而生。通过建立语言资源库能反映部分少数民族的历史文化，这是研究各民族历史文化的有效途径。这不仅是一个保护、研究少数民族语言的平台，更是少数民族历史文化的资源库，将为各民族的历史研究提供有力支撑。

四、语言文化传承

古字新活力：中国"女书"的发展

（摘自：新华社，2月1日，作者：柳王敏）

湖南省江永县的女书是世界迄今发现的唯一女性专用文字，内容包括女字、女歌、女工、民间习俗等。其写法都是从右往左、从上到下，字形的特点都是右高左低、呈斜菱形，基本笔画只有点、竖、斜、弧。女书文字非常独特，并且仅用当地的方言发音，在传承上是传女不传男，习俗是"人死书焚"，即人去世后，女书也被焚烧或者陪葬。随着时代的发展，女书也在追求创新，从以前的抒写女性情感为主，发展到现在可写唐诗宋词、名言警句、春联等，还可制作成书法作品。

31岁的女书传承人胡欣表示："最近三四年，每到农历腊月，我都会在微信朋友圈发'接福字'的消息，免费为喜欢女书文字的人送'福'，从今年元月到现在，已陆续送出四五百张了。"

2019年央视春晚走红 歌词金句风靡观众

（摘自：光明网，2月7日，作者：唐平）

2019央视春晚上，旋律歌声温暖观众，金句热词直击人心。一句"妈，我回来啦"的歌词，深刻展现出游子归家之情，许多网友纷纷表示"听哭了"。语言类节目是社情民意、热点图谱最直接的反映。小品《占位子》中，"现在在班里的位置，就决定了将来在社会上的位置"反映出当前家长的焦虑心态。小品《演戏给你看》中，"你在村里欺下瞒上、祸害老百姓的时候怎么没想到农民是你爹呢"，抨击了官僚主义、形式主义，传递了正能量，让人印象深刻。网友们纷纷表示："被各种金句台词刷屏了，今年春晚非常走心！"

《经典咏流传》"和诗以歌"：创新表达 喜迎新春

（摘自：人民日报，2月7日，作者：梁子良）

《经典咏流传》这一节目把诗词经典与流行音乐相结合，通过"和诗以歌"的创造性转化，来自不同国度的参与者用不同语言，对反映家国情谊的传统文化进行现代文艺表达。

清华上海校友合唱团用中、英、法、德、俄五种语言演绎《登鹳雀楼》，用"欲穷千里目，更上一层楼"向世界展示中国人的"世界眼光"；著名华尔街投资人罗杰斯的两个女儿，用流利标准的普通话演唱《声律启蒙》，中国语言特有的艺术魅力如歌般流淌；陕西方言演绎的《别君叹》，则给出了原汁原味的中国地域文化诠释……中华优秀传统文化不仅是中华民族的宝贵财富，其中蕴含的中国智慧更是我们对世界的贡献。

全国政协委员吴志明：提高文言文的考试比重，培养文化自信

（摘自：澎湃新闻，3月5日，作者：韩雨亭）

"中国传统文化源远流长，无论是哲学思想，还是文化经典大多用文言文来予以表达和记录，如果想要弘扬传统文化，肯定要让学生熟练掌握文言文才行，考试则是必不可少的指挥棒。"全国政协委员、民建福建主委吴志明对澎湃新闻称。今年全国两会期间，吴志明拟向政协十三届全国委员会第二次会议提交《关于加强文言文在高考中的比重的提案》（以下简称《提案》），希望国家进一步加大文言文在考试中的比重，以此实现对传统优秀文化的传承。他认为，弘扬中华优秀传统文化是全社会的事，肯定要从娃娃、学生抓起，不仅要在课程设置上有所偏向，更要以考试作为原动力和目标，才能有效推动学生对文言文的掌握。

开展四川省 2019 年中华经典诵写讲演系列活动

（摘自：语用司，4月8日）

按照教育部语言文字应用管理司《关于举办 2019 年中华经典诵写讲大赛的通知》要求，四川省委宣传部、省委教育工委、教育厅、省语委决定组织开展四川省 2019 年中华经典诵写讲演大赛系列活动。本次活动以"诵古今经典、书华夏文明、讲中国故事、演蜀风川韵"为主题，分为小学生组、中学生组（含初中、高中、中职学生）、大学生组（含研究生）、留学生组、推普助力脱贫攻坚组（学前学普"一村一幼"辅导员、基层干部含扶贫干部、青壮年农牧民）、教师组（含教育行政、事业单位在职人员）、行业部门组（宣传、残联、公安、文旅、国企、工商、税务、卫生、社区等干部群众）、军人组，共 8 个组别。活动内容为读经典、诵经典、写经典、讲经典、演经典五部分。

澳门举行中华经典诵读展演会

（摘自：新华网，4月10日，作者：王晨曦）

2019中华经典诵读澳门展演会10日在澳门濠江中学附属英才学校举行，澳门教育界人士、中小学校长和师生代表共500多人参加了交流活动。本次活动由教育部语言文字应用管理司、港澳台事务办公室和澳门特区政府教育暨青年局主办，澳门中华教育会协办，南京艺术学院、天津师范大学、上海师范大学联合承办。展演会上，南京艺术学院、天津师范大学和上海师范大学的师生们联袂献技，通过朗诵中华经典诗文，展现了作品丰富的意境及作者细腻的情感，并通过配音、情景剧、绕口令等节目形式表现了高超的语言技巧，结合歌唱、舞蹈、乐器演奏等元素，营造了生动的艺术效果。

"中华经典诵读工程"宣传平台受到广泛关注

（摘自：语用司，4月19日）

自2018年9月教育部、国家语委印发《中华经典诵读工程实施方案》以来，中华经典诵读工程相关项目、活动的实施受到社会普遍关注。为加强对工程的宣传推广，教育部语用司专门委托相关机构建设"中华经典诵读工程"官方网站（www.songdujingdian.com），全方位展示工程概况、进展及各项赛事活动，扩大工程的品牌影响力。同时，为适应移动通信技术日益发展壮大的趋势，设立"中华经典诵读工程"官方微信公众号（微信号zhjdsdgc）。网站和微信公众号自3月初正式上线运行，关注人数大幅增长。截至4月中旬，网站累计页面浏览量为39万余人次；微信公众号推送200余篇图文消息，累计关注人数近3500人。

"重庆市诵读名家进校园"活动走近合川

（摘自：语用司，4月23日）

2019年4月12日，由重庆市语委、教委主办，合川区语委、教委承办的"重庆市诵读名家进校园"活动在合川巴蜀小学举行。本次活动邀请重庆广播电视集团（总台）都市频道主持人、重庆播音主持协会副秘书长郎玉菡，国家一级播音员、重庆卫视《重庆新闻联播》主播张世轩等专家现场授课。张世轩老师以语言表达的"道"与"术"为题，做了题为"古典诗词朗诵"的讲座。郎玉菡做了题为"语言表达"的讲座以《红楼梦》（节选）、《小桔灯》选段为例，着重从气息、声调、情景再现、语言表达以及对诗词意境的感受等方面传授了诵读技巧。两位主讲人的授课凝练、细腻、精彩，不仅以声动人，更能以情动人。整个会场激情满满，洋溢着浓浓的中华文化气息。

教育部语用司组织内地高校师生赴港澳开展中华经典诵读展演交流活动

（摘自：语用司，4月24日）

2019年4月8日至14日，教育部语言文字应用管理司联合教育部港澳台事务办公室共同组织南京艺术学院、天津师范大学和上海师范大学三所高校40名师生赴香港、澳门开展中华经典诵读展演交流活动。4月10日，澳门展演会在澳门濠江中学附属英才学校举行，澳门特区政府社会文化司司长谭俊荣出席活动。4月12日，香港展演会在香港东华三院黄笏南中学举行。两场展演会由三所内地高校师生以及港澳中小学师生联袂完成，通过多种艺术形式展示普通话的语言魅力，展现经典诗文作品的永恒之美。展演会现场气氛热烈，同学们的精彩演出，不时赢得全场观众的阵阵掌声。在诗词对接、绕口令互动等环节，港澳学生更是踊跃参与、兴致盎然。

古诗词用京昆吟唱 让古籍里的文字"活"起来

（摘自：东方网，4月24日，作者：熊芳雨）

4月23日是"世界读书日"。上海图书馆联手"克勒门"文化沙龙推出"上图之夜"阅读推广活动，特邀王珮瑜等戏曲演员，用京昆字韵吟唱古典诗词，为读者带来全新的阅读体验；同时再现百年前梅兰芳访日演出的片段，以纪念传统文化在世界传承以及《品梅记》出版100周年。除了用京腔咏唱的《诗经·蒹葭》，观众还听到用昆韵吟诵的李商隐的《无题》以及用方言古音重现的杜甫名句。正如华东师范大学江南文化与文学研究中心主任胡晓明现场讲析的，不同的形式只为一个目的，让更多人发现诗词的美，领略优秀传统文化的魅力和江南文化的丰富内涵，并从中获得新知，与新时代的美好生活相连接。

"《汉语世界》中国故事 英文风采大赛"在京启动

（摘自：语信司，5月13日）

2019年5月8日，"《汉语世界》中国故事 英文风采大赛"在京举行启动仪式。据悉，本次大赛是"中华经典诵写讲大赛"的系列活动之一。教育部语言文字信息管理司副司长刘宏指出，本次大赛将通过公益性比赛助力国内青少年用地道英文讲好中国故事，引导参赛者深化对中华文化的理解、提升国际表达的能力、展现文化使者的风采，是落实"推进国际传播能力建设，讲好中国故事、传播好中国声音，向世界展现真实、立体、全面的中国，提高国家软实力和中华文化影响力"要求的积极尝试。

山东烟台举办中小学生经典诵读大赛

（摘自：中国语言文字网，6月18日，作者：于文）

日前，山东省烟台市莱山区委宣传部、教育局等单位联合举办第六届"国学小名士"经典诵读大赛，来自全区25所中小学校的50名优秀选手参加比赛。活动分中学组和小学组两个组别，笔试和面试两个赛程。笔试内容以古典文学篇目、诗词、文学常识等为主，激发青少年对国学经典的学习兴趣；面试分"初露锋芒""国学速答"两个环节，主要考查选手的现场反应能力和知识覆盖面。活动旨在进一步激发广大中小学生学国学、用国学的兴趣，引导他们弘扬中华优秀传统文化、培育他们践行社会主义核心价值观。

第五届语言艺术节（大赛）是贯彻党的十九大和习近平总书记关于文艺工作重要讲话精神，推动社会主义文化大发展的具体行动，是全省语言艺术的盛典和新篇章。

语言文字信息化建设和语言服务

引　言

2019 年，语言文字信息化建设稳步推进，多项语言科技成果诞生，数字阅读进入 5G 时代。人工智能技术进一步发展，多项语言智能产品面世：百度发布国内首款 AI 输入法，实现全感官交互；"讯飞听见"将在重庆实现"本土化"，能够识别西南地区方言；云知声发布多款医疗 AI 产品，"医疗+AI"战略首度公开；蓝色光标集团推出撰稿机器人；阿里巴巴发布"AI 谣言粉碎机"；讯飞输入法实现"眼动输入"；灵伴推出即时个人语音助理产品——"小蜜薯"。机器翻译也取得了一系列进展：科专笑飞人工智能机器翻译日汉产品发布；昆企推出"多语言国际会议翻译系统"的同步文字翻译软件；中国民族语文翻译局民汉翻译 Word 插件正式上线。另外，信息化技术在助力推普脱贫、方言保护，促进教育形式创新，推动传统文化继承与发展等方面也发挥了重要作用。

语言服务能力提升，手语盲文等特殊语言服务不断推进：长沙借助"成才手语手机在线翻译"为视听障者提供信息无障碍服务；凤凰法院聘请手语翻译保障残疾人权益；苏州铁路志愿者学习手语服务乘客；"音书"应用软件帮助听障人士实现日常交流；唱吧、微信、支付宝等多款应用软件开通无障碍功能；上海 12345 热线开通手语视频服务；腾讯研发出 AI 手语翻译机；上海 100 家银行网点率先推出现场视频手语翻译服务。此外，公共领域语言服务逐步完善，各地积极为重大活动提供语言服务：三亚机场上线多国语言翻译机，三亚率先建设我国首座语言无障碍国际化城市；武汉地铁提供"英语、手语、汉语"三语服务迎军运会，军运会执委会成立翻译中心提供语言服务保障；上海提升多领域语言服务迎接进博会；冬奥术语平台 V2 版交付使用。

随着社会和语言服务行业的不断发展，语言服务需求日益增多，社会各方愈发重视语言服务人才的培养。河南省政协委员孙国平提出要培养更多国际语言人才，服务"一带一路"建设。人工智能训练营培养应用型人才。浙江大学招收首批人工智能专业学生。多地开展特殊语言技能培训：深圳福田区公职人员手语培训开班；宁夏举办国家通用手语和通用盲文师资培训班；山西省残联开展系统工作人员手语翻译培训班。上海依托 20 所高校成立语言文字志愿服务总队。黑龙江"局校联手"，为冬奥会储备"体育翻译"人才。

一、语言文字信息化建设

利用"互联网+教育"手段打好网络扶贫扶智攻坚战

（摘自：工业和信息化部，1月4日，作者：规划司）

2018 年，云南移动与云南省教育厅达成战略合作，协同开展推普脱贫行动：针对深度贫困人口在普通话提升方面的优惠购机、语言学习、流量减免三大需求，推出专项"语言扶贫套餐"。一是投入超 5000 万的终端补贴，为深度贫困人群提供移动定制品牌 4G+智能手机"免费领"或"半价购"优惠，并设置多档套餐供选择，确保贫困人口"用得上"手机语言学习 APP。二是手机预装"语言扶贫"APP，该 APP 基于人工智能和大数据技术，为中小学和民族地区汉语学习者提供个性化语言学习系统，系统支持语言及语音（包括普通话发音、口语表达、书面表达）的智能评测与诊断，确保贫困人口"用得好"。三是补贴 8880 万元流量费用，赠送为期 2 年、每月 5GB "语言扶贫" APP 定向流量，确保贫困人口"用得起"。

2018 年，中国移动已部署在"三区三州" 6 省区全面推广云南方案，并配合省教育厅推广该活动，线上线下全力推广普通话学习活动及培训工作，提升贫困地区普通话的普及率。

通用汉字全息数据库建设不断推进 "汉字全息资源应用系统"正式上线

（摘自："北京师范大学"微信公众号，1月12日）

开展通用汉字全息数据库建设是贯彻落实《国家语言文字事业"十三五"发展规划》，推进语言文字信息化建设的重要举措，体现了语言文字工作服务国家发展需求的核心要义。

项目由北京师范大学中国文字整理与规范研究中心、汉字研究与现代应用实验室负责实施。一是服务文化强国建设，传播中华文化，更好地展示汉字的发展及其文化内涵。二是服务教育现代化。以全国教育大会精神为指引，提供满足学校师生多元需求的汉字资源平台，提高汉字教育质量，促进民族地区国家通用语言文字教育。三是服务语言文字事业发展，促进语言文字的规范化、标准化和信息化，助力国家通用语言文字普及攻坚等重点工程实施。

项目的标志性成果"汉字全息资源应用系统"上线供社会使用，是书写教育"奋进之笔"，回应人民关切的重要实践，使语言文字发展的最新成果惠及更多领域和更广大的人民群众。

AI（人工智能）如何对对联

（摘自：科技日报，1 月 14 日，作者：雍黎）

最近，一个叫"王斌教你对对联儿"的网站火了一把，用户输入任意一个句子作为上联，网站就会对出下联，而且脑回路清奇的 AI 还会对出一些令人意想不到的下联。

云从科技研究院副院长周翔介绍，AI 对联主要是将大量对联数据事先进行标注，在神经网络中进行训练。对对联的程序是首先让模型学会对句子做分词，词性分析，语句理解与中文韵脚的分析；然后进行词汇联想，根据规则知识图谱找到各种匹配的组合；最后选一组最合理的组合作为答案。

百度发布国内首款 AI 输入法 实现全感官交互

（摘自：光明网，1 月 17 日，作者：李经）

国内首款真正意义上的 AI 输入法——百度输入法 AI 探索版正式亮相，这是一款默认输入方式为全语音输入，并调动表情、肢体等进行全感官输入的全新输入产品。

百度高级副总裁王海峰表示，输入法是离用户最近的产品之一，也是 AI 落地的"桥头堡"，百度全方位的 AI 能力正在不断赋能输入法，让输入法更"聪明"。现场，百度语音技术部负责人高亮宣布了百度语音输入的四项重大突破和给输入法用户带来的体验提升。输入法在线语音领域，发布流式截断多层注意力建模（SMLTA）；在离线语音识别领域，为解决用户多元输入场景的需求。中英文混合语音输入技术，以及方言与方言、方言与普通话的混合语音输入技术突破，让用户真正实现"自由说"。百度语音技术的突破同样让海外用户带来语音输入的便捷体验。

"讯飞听见"将在重庆实现"本土化"

（摘自：上游新闻，1 月 27 日，作者：张瀚祥）

27 日，科大讯飞西南区总经理娄超告诉上游新闻记者，智能终端的诞生，就是要带给客户更好的体验，这背后需要大量的科研和人才投入。如今，科大讯飞西南人工智能研究院已经正式落户重庆市南岸区中国智谷，未来将朝着智能终端本地特色化方向展开研发。

娄超说，例如科大讯飞的智能终端拳头产品"讯飞听见"，将在重庆的西南人工智能研究院里，实现"本土化"，未来该产品不仅能识别各种外语和普通话，还能高效识别西南地区的方言。娄超表示，今年，科大讯飞将继续与重庆深度融合，展开医疗、法律、司法、政务等领域的合作。

NLP（自然语言处理）未来发展趋势

（摘自：机器之心，2月12日，作者：贾伟）

微软亚洲研究院副院长、国际计算语言学协会（ACL）主席、中国计算机学会理事、中文信息技术专委会主任、中国中文信息学会常务理事，哈尔滨工业大学等多所学校博士生导师的周明博士表示，中国NLP（自然语言处理）进展迅猛，这突出表现在：第一，微软亚洲研究院、百度、科大讯飞等研究机构和公司的研究成果颇丰。第二，以中文为中心的机器翻译在世界上处于领先水平。第三，聊天和对话方面，中国位居世界前列。以中国出现的微软小冰为代表的聊天系统带动了全世界范围的人工智能聊天系统的研究和开发。

在语言学和NLP的关系认识上，周明博士表示，自然语言处理刚起步的时候都是基于语言学的，所以语言学对自然语言处理的发展起到了重要的奠基作用。虽然两者暂时不能很好地融合，但这恰恰是未来的研究焦点。

智能语音：争夺人工智能皇冠上的"明珠"

（摘自：南方日报，2月22日，作者：郜小平）

智能语音被誉为人工智能皇冠上的"明珠"，近段时间以来热度不减，随着深度学习技术的突破，大数据技术以及自然语言理解能力的提升，带动了一波产业热潮，除了教育、客服等行业外，还开辟出车载、医疗、智能硬件等语音技术应用新天地。例如，迅羽联合哈工大成立人工智能自动问答技术研发实验室，着手引入AI（人工智能），先后承运了香港快运、广东省国税热线等国内外客服服务。科大讯飞与上海高院合作的刑事案件辅助办案系统已开始在全国范围内扩展，辅助办案系统有望在国内法院系统全面铺开。深圳狗尾草智能科技公司推出了情感社交机器人和全球首个3D全息AI虚拟生命"琥珀"。

阿里巴巴联合汉仪重磅推出五款人工智能字体

（摘自：DoNews网，3月20日）

2018年4月份，阿里巴巴联手汉仪字库发布了全球第一款人工智能字体——阿里汉仪智能黑体。经过一年的进化升级，2019年3月中旬，阿里巴巴与汉仪再放大招，一次性推出五款由汉仪字库协同阿里人机自然交互实验室通过强大的计算能力自学生成的不同风格人工智能字体。除了首款阿里汉仪智能黑体针对阿里平台用户免费之外，这五款人工智能字体也将在发布后在设计服务市场开放下载，以非常低的售价提供给阿里用户在阿里平台使用。本次阿里与汉仪新推出的五款人工智能字体的适用范围更加垂直，能够更加契合垂直领域电商的产品气质，从用户的角度出发，深耕细化领域，相信以后会有更多适合细分领域的人工智能字体相继推出。

阿里巴巴发布"AI 谣言粉碎机"

（摘自：光明网，4 月 1 日）

2019 年 4 月 1 日愚人节之际，阿里巴巴发布了一项旨在粉碎网络谣言和假新闻的 AI（人工智能）技术——"AI 谣言粉碎机"。打击网络谣言正在成为全球性问题。人民网发布《中老年人上网状况及风险网络调查报告》显示，6 成中老年曾遭受过网络谣言的危害。阿里"AI 谣言粉碎机"的算法模型由阿里巴巴达摩院机器智能实验室研发，目前在特定场景中的准确率已经达到 81%。依靠深度学习和神经网络技术，通过对信息的多维度和多角度分析，该团队设计了一整套包含发布信息、社交画像、回复者立场、回复信息、传播路径在内的综合判定系统，首次把谣言识别和社交用户观点识别打通，并做交叉分析，最快能够在 1 秒内判定新闻的真实性。

讯飞输入法探索"眼动输入"黑科技

（摘自：新浪 VR，4 月 1 日）

输入法作为当前手机最主要的输入手段，在过去、现在都是不可代替的。你是否想象过，人还"没开口""没动手"输入法就已经为你"打出"文字。2019 年 4 月 1 日，科幻题材影片中才会出现的"黑科技"场景，讯飞输入法"眼动输入"为你呈现，未来感十足。这种新颖独创的"眼动输入"如何打字？输入者佩戴内置非接触式传感器的讯飞输入法 AI（人工智能）魔瞳，在亚毫秒水平下精准追踪视线方向，焦点定位在 1mm 内，通过注视讯飞输入法键盘即可快速打字。

科大讯飞 AI 虚拟主播再登台 未来"真人+AI"播报或成新趋势

（摘自：凤凰网，4 月 4 日）

4 月 3 日，2019 互联网岳麓峰会圆满闭幕，在当天的智能新媒体高峰论坛中，众多权威媒体齐聚一堂，围绕技术创新、企业社会责任以及 AI（人工智能）赋能等议题进行了深度探讨。活动现场，不仅有新浪、凤凰、网易等国内知名媒体平台，还有诸如科大讯飞这样着力于跨界促进广电媒体产业升级的科创企业，携全国首个多语种 AI 虚拟主播"小晴"，为广播电视、新媒体领域注入新活力。在技术引领主题交流下，科大讯飞高级副总裁杜兰为大家带来了题为"A.I.赋能，世界的下一种可能"的演讲。她指出，当前科大讯飞已经在语音识别、语音合成、自然语言理解方向实现了技术性突破，这些进步可以为广电传媒带来应用新亮点。

"墨韵智能·书法进校园助力项目"走进云南将帮扶千所学校

（摘自：语信司，4月8日）

4月4日，云南省"墨韵智能·书法进校园助力项目"启动仪式在昆明举行。该项目将以昆明市盘龙区、玉溪市峨山县等为帮扶点，向学校提供书法教育支持。"墨韵智能·书法进校园助力项目"运用"人工智能+书法教育"的技术成果，充分依托各地"三通两平台"教育信息化建设基础，发挥国家教育资源公共服务平台的服务功能，面向全国经济欠发达地区的10000所学校，以精准帮扶的方式，提供书法教育支持，推进区域性整体开设书法课，助力普惠教育和教育公平。自2018年9月于河北威县正式启动以来，该项目已陆续走进福建上杭、山西潞城等地，取得明显成效，得到各地教育行政主管部门、学校和师生的广泛认可。

AI 语音助理"小蜜薯"帮助用户远离骚扰

（摘自：光明网，4月9日，作者：吴天昊）

4月9日，灵伴即时个人语音助理产品——"小蜜薯"首轮公测完毕，继3月中旬宣布即将上线后，就目前市场反馈而言，算是为用户交出了一份满意的答案。作为灵伴首款针对个人用户的语音产品，"小蜜薯"旨在以 AI（人工智能）语音交互技术为个人用户构建全方位的服务平台，上线初期的小蜜薯 1.0 定位于个人电话秘书，帮助用户在"不方便接听""不想接听""无法接听"等多情景下处理来电，确保个体远离骚扰电话亦不会错过重要来电。未来，灵伴将持续对"小蜜薯"的性能进行优化，在使其互动更加智能，应用场景更加广阔的同时，继续挖掘来电场景下的更多需求，诸如音色选择、场景强化等，满足用户个性化需求，真正使其成为个人的智能生活助手。

数字阅读时代，让经典的力量永久流传

（摘自：中国青年报，4月15日，作者：王钟的）

在12日至14日杭州举办的第五届中国数字阅读大会上，各类新技术令人目不暇接，

各种作品琳琅满目。本届数字阅读大会的主题是：e 阅读，让生活更美好。数字阅读时代，不仅书的介质发生了变化，书的样态更发生了深刻的变革。印刷时代的书籍以文字和图片为主；而在数字阅读时代，电子书意味着文字、图像、声音、视频，甚至味道、气味等多种感官元素的聚合。对经典读物的转化，也是摆在数字出版行业面前的时代命题。创新促进守正，守正方能创新。利用数字出版的普及化优势，可以扩大经典读物的覆盖度，让经典抵达更多人群。而随着经典传播的数字化，知识的真谛、理论的精髓，也将不断深入人心。

虚拟技术穿越千年唤醒古典诗词

（摘自：中国青年报，4 月 19 日，作者：胡春艳、郝静秋）

"关关雎鸠，在河之洲。窈窕淑女，君子好逑""明月几时有？把酒问青天。不知天上宫阙，今夕是何年"……这些穿越时光的传统诗词，最近被一群爱诗词的年轻人疯狂"追捧"。这是中华诗教·诗词吟诵虚拟仿真实验，学生可以借助这个平台，自由选择吟诵场景，既可以选择指定心仪的古诗词进行反复练习，也可以选择用普通话或方言吟诵。大家还可以在线交流，通过聊天窗口发表感受，随时随地通过电脑提交作业；老师可以在后台听到每一个学生吟诵的作品。南开大学文学国家级实验教学示范中心团队打造了这个全国第一家用虚拟技术把古代文学和实验教学集纳合一的平台。该中心主任、南开大学文学院教授涂俊认为，虚拟沉浸式的环境可以激发学生的情感体验和审美体验，调动其思维和想象。

方言保护计划守护优秀文化

（摘自：消费日报网，4 月 19 日）

2017 年讯飞输入法联合中国声谷发起一项特别的公益"方言保护计划"，通过"AI+公益"创新方言保护形式，用智能语音技术加速推动方言留存，为世界留下多彩乡音。4月 23 日世界读书日来临之际，由讯飞输入法联合新华书店主办，讯飞听见、科大讯飞AI 资源部共同协办的"方言保护计划公益联名店·粤语读书会"活动，用声音传递粤语之美；作为方言线下交流的盛会，寻找粤语发音人，助力方言保护计划。

语言智能的发展将推动人工智能技术加快落地

（摘自：中国新闻网，4 月 20 日，作者：陈海峰）

4 月 20 日，第十四届中国电子信息技术年会上，百度高级副总裁、AI 技术平台体系（AIG）和基础技术体系（TG）总负责人王海峰发表题为"语言与智能"的演讲，以翻译为例介绍了人工智能技术的演进，阐释近期语言与知识技术和大数据、深度学习等技术结合带来的突破、行业应用，以及技术趋势和挑战。

王海峰在演讲中介绍，百度创新地融合知识图谱、自然语言处理及深度学习技术，研发了能够深刻理解用户意图、精准满足搜索需求、提供更丰富知识内容的智能搜索引擎，并结合语音、图像、AR 等感知技术能力，更便捷地与用户交互，为用户提供更精准高效的信息服务。除了智能搜索方面的应用，百度还基于语言理解和生成技术提供智能写作等能力。

人工智能机器翻译助力提升专利审查效率

（摘自：新华网，4 月 26 日，作者：张泉）

记者从国家知识产权局获悉，科专笑飞人工智能机器翻译日汉产品 26 日发布，将为专利行业内审查员、代理师、翻译员等提供语言翻译支持，缩短审查周期、提高工作效率。据介绍，科专笑飞机器翻译引擎由知识产权出版社自主研发，采用先进的人工智能 NLP 算法和计算模型，对专利文献特定性语言现象和句式规范进行针对性处理和优化，构建机器翻译大脑，可大幅节约人员成本和时间成本，提高翻译的精准度和翻译效率，日汉翻译准确率接近 95%。后续还将发布英汉、德汉产品。

讯飞翻译机亮相中国驻美大使馆开放日

（摘自：消费日报网，5 月 7 日）

5 月 4 日，中国驻美大使馆在美国华盛顿举行"发展的中国"使馆开放日活动。讯飞翻译机成功入选该活动，受到与会观众的热烈欢迎。讯飞翻译机采用神经网络机器翻译、语音识别、语音合成、图像识别、离线翻译以及四麦克风阵列等多项全球领先的人工智能技术。讯飞翻译机 2.0 目前支持的多语种翻译可覆盖全球近 200 个国家和地区。首发行业 A.I.翻译，支持计算机、医疗、金融三大专业词汇翻译。在开放日的当天，中国驻美大使崔天凯在体验了讯飞翻译机后也对翻译机的翻译准确度大加赞扬。

机器"诗人"小冰 10 秒内可以创作出诗歌初稿

（摘自：光明日报，6 月 12 日，作者：韩业庭）

"孤陈的城市在长夜中埋葬/他们记忆着最美丽的皇后/飘零在西落的太阳下/要先做

一场梦"，这是机器人小冰写的一首诗。发布于两年前的人工智能"少女诗人"小冰，经过不断的深度"学习"，如今已具备强大的"创作"能力。只需上传一张图片，给几个关键词，小冰就能在 10 秒内替你创作出诗歌初稿。在研发过程中，工程师们曾用 27 个化名，在多个网络社区的诗歌讨论区中发布小冰的作品，在此过程中，没有人发现作者是个机器人。后来，小冰研发团队从小冰写成的数万余首诗中挑出 139 首结集出版。"少女诗人"小冰引起人们的极大关注和讨论，因为这跟 AlphaGo 打败柯洁还不一样。下棋属于"弱人工智能"范畴，但文艺创作完全是一个创造性的工作，而是否具备创造性思维，一向被视为由"弱人工智能"到"强人工智能"的分水岭。

昆企研发软件快过同声传译

（摘自：昆明日报，6 月 21 日，作者：刘瑞）

在刚刚结束的"商洽会"GMS 电子商务合作对话暨中国（昆明）数字经济与跨境电子商务高峰论坛上，一款叫作"多语言国际会议翻译系统"的同步文字翻译软件让各国参会者耳目一新，其核心功能是将一种语言同步翻译成多种语言，目前最多可达 60 种。使用者通过电脑进入该系统，选中泰语、老挝语、缅甸语、越南语 4 种目标语言，用中文发言，电脑屏幕上就及时弹出以上 4 种语言的文字翻译。一般一句话的文字翻译只延时 1～2 秒。这个速度已经达到甚至快于人工同声传译的速度。此外，用手机在系统上扫描二维码，就可以进入云海商务社区 App。系统设立商务合作、文化教育、国际会展、科技等不同社区，方便 500 余位大湄公河次区域国家的商人和学者随时交流。

云知声发布多款医疗 AI 产品 "医疗+AI"战略首度公开

（摘自：人民网—人民健康网，7 月 5 日）

7 月 4 日，云知声在厦门召开主题为"AI 赋能临床：从助手到专家"的医疗 AI 产品发布会，正式推出了其面向诊疗服务前、中、后不同阶段与场景的系列 AI 产品与解决方案，包括导医机器人、智能候诊解决方案、医疗语音交互解决方案、智能病历生成系统、智能病历质控系统，以及智能院后管理解决方案等。云知声医疗语音交互解决方案由医疗语音识别引擎、语音录入客户端、定制麦克风和鼠标组成。以深度学习、超级计算和大数据等 AI 技术为基础，云知声构建了智能医疗语言模型，形成了语音病历系统的核心大脑，使得语音识别引擎具备识别快、识别准、不怕口音、抗噪性强等特征。

中国民族语文翻译局民汉翻译 Word 插件正式上线

（摘自：中国民族语文翻译中心，7 月 12 日）

近日，由中国民族语文翻译局研发的多语种民汉翻译 Word 插件正式上线。该插件基于翻译局自主研发的多语种民族语文神经网络机器翻译引擎模型，支持汉文与蒙古、藏、维吾尔、哈萨克、朝鲜、彝、壮等 7 种民族文在 Word 文件中直接翻译，免去了在翻译网站和 Word 之间复制粘贴的步骤，提高了翻译效率，为民族语文翻译提供了更为方便快捷的信息化支持。该插件可实现逐段翻译或全篇翻译，形成原文与译文的对照显示，同时保留原文件的排版格式，无须进行二次排版。未来，中国民族语文翻译局将对该插件进行持续升级，并陆续推出更多办公软件及插件。

抢占家庭场景入口 先声智能进军 AI+硬件语言学习市场

（摘自：光明网，7 月 18 日，作者：一鸣）

近日，国内人工智能技术服务商先声智能，继发布语法改错系统后，又推出儿童语音测评系统。先声智能表示此举是为满足家庭场景下儿童英语学习的刚需，同时进一步抢占家庭学习场景入口，进军 AI+硬件语言学习市场。一方面，儿童的消费市场正处于行业爆发期，另一方面，市场上的儿童引擎产品存在技术缺陷。

在这样的背景下，先声智能的儿童引擎产品从儿童市场切入，针对儿童的语音模型特点做了两方面的优化升级：其一，针对儿童的发音特点，先声智能构建了完整的翻译系统，其二，智能设备的普及致使教学场景趋向多元化，先声智能针对不同的教学场景利用算法测试出了一套科学产品交互体系，优化儿童产品使用体验。

AI 赋能新版百度输入法 人工智能让沟通更简单

（摘自：光明网，7 月 18 日，作者：李莉）

近日，百度输入法 v8.6 正式发布。在 AI 赋能下，百度输入法变得很"聪明"。比如基于深度神经网络建模，v8.6 推出"智能预测"功能，根据对话场景智能预测。基于自然语言处理能力，百度输入法 v8.6 在智能推荐上做了诸多探索，最新推出的"AI 斗图"功能将为用户带来从未体验的全新斗图。智能语音方面，它能够实现在线语音识别、离线语音输入、中英自由说、方言自由说等功能，成为最聪明的语音助手。以中英自由说为例，百度输入法今年 1 月实现了在完全不影响中文语音输入准确率的情况下，免切换实现高精准的中英文混合语音识别输入。

走融媒辞书之路势在必行

（摘自：澎湃新闻，8月15日，作者：李子建）

14日下午，在上海图书馆举行的 2019"书香·上海书展"名家新作讲坛上，中国辞书学会会长李宇明以"辞书的文化担当"为题，与读者分享了新时代下辞书发展的新方向。在李宇明看来，我国已经是辞书大国，但距离成为辞书强国仍有很长的路要走；我们的辞书学研究和辞书编纂仍需进步，纸质辞书在使用上也不甚方便；要想从辞书大国迈入辞书强国，必须要走融媒辞书之路，同时辞书学界也要转变思路，适应网络时代年轻用户的需求，提升国人的辞书生活。

当谈到辞书与人工智能的关系时，李宇明认为：现在的辞典不仅要编给人看，还要编给机器看。人工智能离开知识和数据不会有成果，辞书需要提供形式化的知识给人工智能，丰富其数据库，帮助其工作。

《现代汉语词典》APP 上线

（摘自：北京青年报，8月23日，作者：张知依）

22日，《现代汉语词典》APP 在第 26 届北京国际图书博览会上隆重发布。《现代汉语词典》APP 的出版历经了两年的研发时间，也是商务印书馆对数字出版动态和移动互联用户市场认真分析后的成果。APP 在全貌呈现《现代汉语词典》（第 7 版）内容的基础上，依据不同类型辞书开发了同义词反义词、同义词辨析、汉字动态标准笔顺、字级等增值服务，邀请央视新闻主播李瑞英制作全书的标准普通话音频。APP 实现了全文任意字词"即点即查"，新增手写输入查询、语音输入查询、摄像头组词查询等数字化检索方式，独创个性化"日习一词""意义相关词"功能寓教于乐，使工具书由查检工具向学习工具转变，形成了较为完整的知识服务体系。商务印书馆数字出版中心负责人孙述学认为，即便是在搜索引擎构建起互联网时代，为了获取高效精准的知识信息，我们依旧需要辞书的存在。

利用科技领略跨越时空的汉字之美

（摘自：光明日报，8月24日，作者：李韵）

在国家博物馆北 11 展厅，"字载中华——中华精品字库工程成果展"，向观众展示"当书法遇上字库"将会出现何等令人惊喜的蝶变。该项目精选 100 位中国历代书法名家的代表作品，由北京北大方正电子有限公司负责字库的开发工作。成果展以王羲之的行书为例，介绍了字体开发的 8 步流程：收集字稿、字稿扫描、字形选择、精细设计、补字创写、字形检查、专家审核、封装成库。整个工程的每款字体都含有 9879 个汉字，字库可以不断修改完善，力求在满足电脑字库规范性的同时，生动再现书法名家的个性特征、保留书法字的灵动性。观众下载 App 就可以在手机上临摹王羲之的《圣教序》、颜真卿的《勤礼碑》，还可以现场手写，参加全民手写大赛。在 AR 面部识别演示区域，人们面对镜头，做出不同的表情或动作，大屏幕上则呈现出不同字体的对应短语。

工具书王国有了 APP "城堡"

（摘自：中国新闻出版广电报，8 月 27 日，作者：洪玉华）

近日，商务印书馆相继发布《现代汉语词典》APP、《牛津高阶英汉双解词典》（第 9 版）APP，加之早已投入市场的《新华字典》APP、新近发布的商务印书馆 APP，工具书王国的 APP "城堡"初具规模。《现代汉语词典》是我国第一部规范型语文词典，《牛津高阶英汉双解词典》是长销不衰的权威英语学习词典。立足经典之上的两款 APP 还有两个共同点：延展查询功能、增添学习功能，实现了全文任意字词 "即点即查"和 "字典"可听可读。对于建设工具书 APP，商务印书馆总经理于殿利表示，他们天然地具有知识服务基因，有助于出版社实践融合出版理念，不断探索新的出版模式。

《〈说文解字〉同源字新证》出版暨数字化《说文解字》平台上线

（摘自："章黄国学"微信公众号，9 月 1 日）

2019 年 8 月 29 日上午，陆宗达先生手稿《〈说文解字〉同源字新证》出版暨 "数字化《说文解字》"研究与应用平台上线发布会在北京师范大学京师学堂举行。

《〈说文解字〉同源字新证》采用影印陆先生手稿的方式出版，最真实地传播陆先生的思维方式和思想轨迹，也希望能够由此拉近后人与前贤的距离，增加亲近感。"数字化《说文解字》研究与应用平台"由北京师范大学资深教授王宁先生带领团队研发，是国家社科基金重大项目 "数字化《说文》学及其研究平台构建"的标志性研究成果。北京师范大学周作宇副校长表示，《〈说文解字〉同源字新证》对传承和弘扬传统优秀文化、推进中国传统语言文字学的发展具有重要意义；"数字化《说文解字》研究与应用平台"则是古老的学科和现代技术的完美结合，充分体现了文理交叉的新型学术理念。

谷歌开放全新自然语言数据集 让 AI（人工智能）助手更懂人类

（摘自：雷锋网，9 月 9 日，作者：杨鲤萍）

近日，谷歌宣布开放两个新的自然语言对话数据集，分别是 Coached Conversational

Preference Elicitation（CCPE）和 Taskmaster-1。这两个数据集旨在对更接近人类对话的数据进行更详细的标注，并提供自然语言处理相关研究者更符合生活实际的数据内容。两个集合都使用了 Wizard-of-Oz 平台，该平台能够将两个进行口语对话的人匹配，就像那些想要拥有真正有效的智能助理的人一样。对于这两个数据集，Wizard-of-Oz 平台内部的设计旨在独特地模仿现在基于语音的智能助理，在自动化系统的环境中保留口语对话的特征。

东北方言秒译成英语 人工智能为快递业高质量发展赋能

（摘自：新华网，9 月 10 日，作者：黄筱、唐弢、郑梦雨）

在快递关联企业新技术、新成果展览上，记者看到了智能语音机器人能在一秒内将东北方言翻译成英语，还可以把客户提出的像"A 路和 B 路交叉口向北走 100 米的某药店"这样较复杂的上门取件地址准确定位后发送给快递员。

除了科技企业寻找创新机会，主动赋能快递行业，政府部门也出台了一系列鼓励物流快递行业向智能化、智慧化发展的政策。浙江省副省长高兴夫表示，加快快递业高质量发展需要提升智能化水平，支持快递企业抓住 5G 应用契机，不断探索新技术、新应用，提升快递服务链条的智慧化程度。

从"大部头"到数字化平台 辞书 APP 带来了什么

（摘自：光明日报，9 月 16 日，作者：张胜等）

近日，中国第一部规范性的语文词典——《现代汉语词典》推出 App 版本，厚重的"大部头"工具书变成了手机上的一个小应用，很快以其实用性、便捷性、创新性广受欢迎。互联网时代，权威辞书等传统工具书的"数字化转身"有何难点？将给使用者带来哪些便利？光明智库邀请专家李宇明、孙玉文、章宜华、余桂林解答。

一是工具书数字化是大势所趋。二是数字化转型的工具书并非纸质内容的简单移植，而是提供配套的知识服务。三是数字化转型的工具书有用+好用，为人们掌握知识提供便捷可靠的通道。四是在数字化转型中，传统工具书应守正创新，在保持内容权威的基础上增强上网查找的规范性。

搜狗与 vivo 联手合作 AI 翻译重构 NEX3 手机的跨语言体验

（摘自：中国新闻网，9 月 18 日）

近日，vivo 发布了旗下全新旗舰手机 vivo NEX3。在这款新品中，搜狗翻译继续与

vivo 进行合作，让 vivo NEX3 的用户可以体验搜狗最新的翻译技术，感受更加便捷、优质的翻译服务。这也是继去年搜狗首次牵手 vivo，开启智能手机 AI 翻译新纪元后，又一次为 vivo 用户带来的全新升级。在搜狗翻译的助力下，vivo NEX3 的 AI 翻译功能相比去年，获得了全方位的升级。在此次合作中，vivo NEX3 手机的功能属性和使用场景均获得了全面升级，而在 iOS 端，搜狗翻译 App 更是获得苹果 App Store 的官方推荐，实力拯救了外语困难户，让更多人真真切切感受到了 AI 技术带来的便利。

超 3 亿人喊"小度小度"智能语音助力出游

（摘自：光明网，10 月 1 日，作者：李经）

作为用户假期出行的"最佳伴侣"，截至 10 月 1 日 18：00，百度地图智能语音功能用户量突破 3 亿。据了解，百度地图可以在驾车等各场景中完成语音的准确唤醒和精准识别；通过大数据积累和深度学习的能力，满足用户查周边、问天气、导航中更换目的地等各类真实诉求。9 月 19 日，百度地图上线了全球首个地图语音定制功能，只需用百度地图 App 录制 20 句话，最快 20 分钟即可生成属于自己的专属语音包。同时，个人专属语音包可应用于导航、景区导览、智能语音交互等百度地图全场景，真正让 AI 技术红利惠及普罗大众。

全球首个藏文搜索引擎"云藏"推出汉藏英手机输入法

（摘自：中国新闻网，10 月 5 日，作者：罗云鹏）

全球首个藏文搜索引擎"云藏"5 日对外披露。"云藏"输入法由青海省海南藏族自治州藏文信息技术研究中心研发，西北民族大学语言资源创新中心协助研发，是继"云藏"团队 2016 年推出全球首个藏文搜索引擎后在藏文信息化领域的又一阶段化成果。"云藏"团队介绍，"云藏"输入法汉文和英文输入与藏文输入可在同一界面随时切换，实现不同文字混合的输入方式，特别是藏文输入方面使用人工智能技术，海量的藏文词库，高频词优先、动态组词等让用户输入敏捷，藏文符号键盘丰富齐全，包括了 Unicode 编码中所有藏文及梵文符号。

教与学 更智能

（摘自：人民日报，10 月 8 日，作者：邝西曦）

古诗文背诵系统识别语音，完成判分用时 50 毫秒；系统自动批改手写英语作文，一篇作文只需 3.3 毫秒……这些曾经难以想象的场景，都是人工智能与教育深度融合后，教学效率提升的直观呈现。今年 2 月，教育部印发《2019 年教育信息化和网络安全工作要点》，其中提出"推动大数据、虚拟现实、人工智能等新技术在教育教学中的深入应用"。人工智能技术使得学习更高效，教学更精准，教育更公平。"人工智能创造了便捷高效的学习方式，也扩大了优质教育资源的覆盖面。"猿辅导联合创始人李鑫说。

利用语言科技揭开套路贷虚假诉讼外衣

（摘自：科技日报，10 月 8 日，作者：金凤）

近日，在"第三届法律大数据研究与应用研讨会"上，人工智能赋能智慧审判、智能庭审的威力正在显现。"套路贷"虚假诉讼智能预警系统通过构建"套路贷"虚假诉讼智能算法模型，从当事人和案件两个维度，设置案件、当事人、证据等信息，建立 36 个"套路贷"虚假诉讼监督点，通过自然语言分析技术，对有关文书进行语义切片处理，在切片段落中抽取相关语义。通过对结果数据归一化处理，系统得出案件"套路贷"风险概率，一键生成评估报告。下一步，该技术还将用于离婚析产、以物抵债、劳动争议、公司分立（合并）、企业破产等虚假诉讼的识别和预警。

语言科技助力冬奥　"北京冬奥项目知识图谱资源及问答系统"发布

（摘自：语信司，10 月 8 日）

"北京冬奥项目知识图谱资源及问答系统"项目构建了大规模知识图谱，完整覆盖 5 类冬奥核心实体并设计多种类型的知识展示服务，研发语音和文字两种输入方式的"智能问答平台"，提供实时便捷的冬奥会问答服务，将为普及冬奥知识、宣传冬奥文化提供全方位、立体化服务。据悉，项目研发团队还将继续对"北京冬奥项目知识图谱资源"及"小奥智能问答系统"进行完善，并根据冬奥赛事组织、文化宣传的实际需求，持续发布更多成果，为北京冬奥会的智能语言服务提供有力技术支撑。

"语义工程"赋能金融，联著实业迈入"人工智能"下半场

（摘自：新华日报，10 月 9 日，作者：孙湘宁、袁雪）

日前，江苏联著实业股份有限公司将"语义工程"技术应用到大屏移动终端中，并通过科技部的项目初审，未来有望广泛应用于金融、机器人产业、个人服务等平台领域。未来，语言理解即将升级为"语义工程"——能够对语言进行识别、分类比较甚至推理。计算机不再依赖大规模数据训练来获取响应能力，而是利用自身的认知能力不断地学习、积累来获得响应能力。谈及"语义工程"的应用场景，联著实业董事长王楠表示，今后，

可以从金融、教育、机器人等行业入手，通过语义识别、分析，推断用户需求和满意程度，为金融管理提供有价值的参考信息，辅助决策。

新译科技助力 2019 诺贝尔奖新闻报道 专业术语精准秒译

（摘自：千龙网，10 月 11 日）

10 月 7 日起，第 118 个诺贝尔奖"开奖周"正式开启，6 大重磅奖项轮番揭晓。现场，新译科技联合《北欧时报》共同报道了本次各项诺贝尔奖发布会。智能翻译"黑科技"全程同步即时翻译，多学科高难度专业术语精准秒译。在发布会现场，演讲者的声音传递到记者和工作人员的电脑中，通过新译科技的多语字幕精灵，迅速实现多语种智能翻译。为了达到更优的速记和翻译功能，现场的工作人员还需要在新译辅助翻译系统中进行译后编辑，随后排版整理好稿件，这样就可以快速地把现场信息传递给中国的观众。据悉，这是继去年以来，新译科技连续两年助力诺贝尔奖发布会的新闻报道。

国内首款蒙古文人工智能平台发布

（摘自：科技日报，10 月 20 日，作者：张景阳）

据悉，内蒙古大学计算机学院内蒙古文智能信息处理技术国家地方联合研究中心、内蒙古自治区蒙古文信息处理技术重点实验室联合内蒙古奥云信息研发团队，成功研发并发布了"奥云 AI 蒙古文智能平台"，这也是国内发布的首款蒙古文人工智能（AI）平台。针对广大个人用户，该平台免费为用户提供"蒙汉文本相互自动翻译""蒙汉语音相互翻译""新蒙汉文本相互自动翻译""汉蒙人名翻译""传统蒙古文与西里尔蒙古文相互转换""蒙古文印刷体识别（OCR）""蒙古文自动校正"和"蒙古语语音合成"等多个功能。平台无须安装，直接在微信小程序中搜索"奥云 AI"便可使用。

利用现代科技手段助力甲骨文研究工作

（摘自：光明日报，10 月 29 日，作者：靳晓燕、王胜昔）

1899 年，甲骨文沉睡数千年后被发现。截至目前，已出土甲骨文约 16 万片，甲骨文单字约 4500 余个。据不完全统计，国内目前出版甲骨著书约 280 种，发表各类论文 3 万余篇。如何有效利用现代科技手段助力甲骨文研究工作，是各界一直思考的事，科技手段在甲骨学研究中的运用是一个新的趋势。"殷契文渊"平台是在中国社会科学院学部委员、甲骨学殷商史研究中心主任宋镇豪指导下，建立的一个集甲骨文字库、著录库、文献库为一体的甲骨文知识共享平台，包括"三库一平台"——甲骨字形库、甲骨著录库、甲骨文献库、甲骨文知识服务平台。甲骨文书法、甲骨文实物以及学者的研究成果逐渐走近大众、走向世界，在普及传播中更加坚定了我们的文化自信。

百度 CTO 王海峰进博会展示 AI（人工智能）未来趋势

（摘自：中国新闻网，11 月 7 日）

11 月 6 日，以"共创智能新生态，共享智能新时代"为主题的 2019 智能科技与产业国际合作论坛在上海举办。全球众多智能科技领域专家、企业领袖齐聚一堂，围绕人工智能领域的发展趋势、产业应用等热点话题展开探讨。

百度首席技术官、中国电子学会副理事长王海峰出席论坛，聚焦 AI 领域新趋势发表演讲，并全面介绍百度打造 AI 大生产平台，加速产业智能化发展的经验。王海峰表示，去年人工智能就已经呈现出改变各行各业、推动新一轮科技革命的势头。当下，人工智能技术持续高速发展，并广泛地应用于生产生活中，人工智能已经不仅仅是新的生产力，已经进入工业大生产阶段。而在未来，人工智能将持续赋能各行各业，推动产业智能化升级，让我们的社会、生活变得更加美好。

科大讯飞翻译机 3.0 带动异域出游

（摘自：新浪网，11 月 7 日）

今年 5 月科大讯飞新品发布会上，讯飞翻译机 3.0 再次激发了人们出国游的兴趣。科大讯飞在业内率先定义了高品质 AI（人工智能）翻译四大标准：听得清、听得懂、译得准、发音美。

翻译机 3.0 不仅支持全球近 200 个国家和地区主要语言的即时互译，在线语音翻译水平达到英语专业八级；支持离线翻译引擎，网络信号差照样能快速准确翻译，离线翻译效果达到大学六级水平，支持的语种包括中韩、中日等；同时独家支持中文方言翻译，目前包括粤语、四川话等；支持普通话和粤语、维吾尔语和普通话、藏语和普通话互译；外语口音支持不同地区的不同英语发音，包括印度、英国等。除此之外，翻译机 3.0 还可满足商务会谈和学术交流需求，提供 7×24 小时的远程口译服务；翻译结果支持同步到手机、电脑上，便于后续查阅和使用等。

"双十一"第 11 年 AI（人工智能）定义网购新玩法

（摘自：科技日报，11 月 12 日，作者：崔爽）

"双十一"期间，进出直播间的剁手党成千上万，主播的 AI 秘书提供主播问答、商品问答等服务，买家在直播间问的问题，大多都是 AI 助手在解答。除了基于文字，AI 客服还可以进行基于图片的智能问答。对话机器人可以帮助全世界中小卖家将产品详情与评论自动翻译成当地语言，还实现了实时 AI 语言翻译的客户服务与业务咨询，涵盖 64 种语言方向。

今年"双十一"，语音购物也获得了进步。消费者只要对天猫精灵说出想要购买的商品，就能直接下单；如果开通了"声纹支付"功能，还可以直接语音付款。声纹识别技术采用基于深度网络的注意力嵌入式模型，可以在一定程度上消除同一人在不同场景发音下的频谱特征差异干扰，显著提升远场交互下的声纹识别性能。

国内首家语料库研究院在沪揭牌

（摘自：中国青年报，11 月 18 日，作者：王烨捷）

日前，国内首家语料库研究院在上海外国语大学揭牌。在揭牌仪式同时，上海外国语大学语料库研究院召开了以"语料库与跨学科研究"为主题的学术研讨会。近年来，语料库愈来愈广泛地应用于人文科学、社会科学和自然科学研究之中，具体包括语言学、文学、翻译学、舆情研究、国别与区域研究、医学和人工智能等领域。为推进语料库在不同学科研究中的应用，上海外国语大学成立语料库研究院这一校级实体机构来回应大数据时代和人工智能发展，为学校乃至国家的语料库研究和应用的高水平的可持续发展奠定基础。北京语言大学原党委书记、中国辞书协会会长李宇明认为，在 5G 时代和语言智能时代，谁拥有非常好的数据库，谁就可能"拥有这个学科"，"语料库是人工智能最重要的一部分，不仅要为学校、为同行与社会建语料库，还要为未来的机器发展建语料库，为人才培养建好语料库"。

二、特殊语言及行业语言服务

长沙为聋人搭建"语言桥梁"

（摘自：湖南日报—华声在线，1月7日，作者：唐璐）

近日，长沙市政府采购"成才手语手机在线翻译"信息无障碍服务试点工作完成，聋人出门难、沟通难的问题将得到有效解决。"成才手语"APP是由长沙市残联指导和联系湖南成才职业培训学校、长沙市时进信息网络有限公司研发的一款专业致力于提供手语无障碍沟通的在线翻译软件。该软件运用在线语音、视频呼叫通话技术，可实现听障者、手语翻译员和健听者的三方视频通话，是连接听障人士与健听人士之间的沟通桥梁和服务平台。"政府为听力言语残疾人购买在线翻译服务是一项全新的工作。"长沙市残联相关负责人表示，通过试点取得成功经验后，将逐步推广和全面实施，为听力言语残疾人搭建一座"语言桥梁"。

语言不通拨打110无法报警成为历史 冰城警察让沟通没有国界

（摘自：凤凰网，1月9日，作者：余征、姜宇晖）

多语种实时翻译，三方通话直接连线110报警服务台。2018年初，哈尔滨市公安局与黑龙江大学协作，选聘了英、俄、日、韩四个语种12名外语志愿者接线员，配合110报警服务台受理外国游客的报警求助。从此，来哈尔滨的外国友人如遇到公安机关管辖范围内的警务类报警、求助时，都能享受到多语种报警服务。哈尔滨市公安局"110"实现多语种接警服务，不仅助力了哈尔滨旅游经济发展，更进一步提升了哈尔滨市公安局110报警服务台的服务能力和水平。

中国福利会少年宫首推手语版儿童剧 给更多孩子五彩童年

（摘自：中国新闻网，1月10日，作者：陈静、董蕾）

中国福利会少年宫10日披露，首部手语儿童剧《小红帽》在中国福利会少年宫小伙伴剧场上演，上海第一聋校、启星学校的100余名孩子成为首批观众。据介绍，手语儿童剧《小红帽》，是上海小韦伯剧团经过精心选择、编排，为特殊儿童量身打造的剧目。考虑到较为复杂的剧情孩子们不易理解，也不便通过手语的形式传达出来，小韦伯剧团选择了《小红帽》这个较为简单的故事，通过手语而非字幕的方式，解决了低年级孩子们识字不多的问题。剧团还通过精美的布景和演员们夸张的动作让孩子们能够直观地感知和理解剧情。

凤凰法院聘请手语翻译保障残疾人权益

（摘自：湖南法院网，1月15日）

1月15日，凤凰县人民法院公开审理了一起聋哑人盗窃案。为保障聋哑人诉讼权利，该院依法为丁某荣、李某强两名被告人聘请了手语翻译人员，被告人为自己聘请了一名亦是聋哑人的辩护律师。整个庭审过程在中国庭审公开网同步直播。当天上午十点，两名被告人被法警押送到庭审现场。正式开庭后，为了使残障人士"零障碍"参加庭审，法院为其聘请了来自湘西州特殊学校的李卫群老师作为手语翻译人员，在李老师的协助下，公诉人、辩护律师与被告人克服了语言交流的障碍，按照规范的庭审程序进行，整个庭审活动公正、有序。案后，该院刑庭庭长、承办法官龙晓明表示："重视保障特殊人群的合法权益，尽最大努力让其无障碍参加诉讼活动，是人民法院应尽的职责"。

铁路志愿者学手语服务旅客

（摘自：苏州日报，1月18日）

"左手食、中指伸直放平，象征铁轨；右手食、中指弯曲如钩，指尖抵在左手食、中指上，并向前移动，代表火车在铁轨上行驶，这就是'火车'的手语。"1月16日，铁路苏州站联合苏州市盲聋学校共同举办"传手语，共融合"春运志愿服务技能培训活动。来自苏州站的30余名职工志愿者在活动中了解、学习了"苏州""检票口""列车员""请往这边走"等车站常用词汇手语，为即将到来的春运做准备。伴随春节的临近，铁路苏州站的各项工作正在紧锣密鼓地准备中。此外，苏州北站还增设"爱心服务卡"，建立"爱心服务联系库""定期爱心回访机制"等新的服务举措，更好地服务好特殊重点旅客这一群体，展示高铁良好的服务形象。

"洋车长"春运上岗 "语言达人"化身"乘务好帮手"

（摘自：央广网，1月21日，作者：刘涛）

春运首日，在西安开往汉中的D1979次列车上，青春靓丽的乘务员队伍中冒出了几张"洋面孔"，他们是来自西安交通大学的留学生志愿者。春运期间，他们将和西安客运段的乘务员一起为旅客服务。正在帮助外籍旅客寻找座位的肖玛丽来自中美洲的安提瓜和巴布达，是西安交通大学汉语言文学专业大三学生。虽然第一天身着制服上岗，但她引导、服务旅客的手势、用语、动作都一板一眼、准确到位。春运期间，肖玛丽将和她的其他几位来自尼日利亚、墨西哥、塔吉克斯坦等国家的同学在西成高铁、西宝高铁的一些车次上为旅客提供服务。春运开始前，西安客运段对这些留学生志愿者进行了严格、规范的岗前培训，指派有经验的列车长带领他们进行理论学习和上车实际操作。

聋哑人办证，懂手语的民警"巧帮忙"

（摘自：山东商报，1月24日）

上周六上午，济南市公安局市中区分局出入境办证大厅来了两位特殊的办证人，他们都是聋哑人，结伴来办理护照。考虑到他们的特殊性，出入境办证大厅的民警使用手语以及通过写字的方式与他们沟通交流，并为他们开通了绿色通道。花费约30分钟，他们完成整个办证流程。据了解，出入境办证大厅的民警在工作中常会遇到聋哑等特殊人群，因此分局曾专门聘请手语老师开展培训。90后辅警傅鑫淼说，刚开始使用手语时特别紧张，后来发现手语能让"容易着急"的聋哑人放松下来，就采用了这种方式。

语言学研究成果应用于社会服务

（摘自：中国社会科学网，2月6日，作者：王广禄、耿立波）

据介绍，江苏师范大学语言科学与艺术学院提出并正在推进语言筑桥慈善计划，该学院院长杨亦鸣义务担任计划的学术顾问。该计划强调搭建典型与非典型语言使用者之间的语言沟通桥梁，以促进社会和谐及共融。

该计划目前主要从事两项工作：一项是"特殊教育学校支教计划"，旨在从全国招聘和培训优秀的青年聋人教师或手语熟练的听人教师，赴缺乏师资的中国偏远地区的特殊教育学校从事至少1年的支教工作；另一项是"聋人高中生攻读大学奖助学金"，旨在资助优秀聋人高中生攻读大学所需的费用。并且，项目将尽快关注其他非典型语言使用者，如白闭症儿童、失语症患者等，力图将学术研究与社会服务更好地结合。

让听障人士"看见"声音

（摘自：科技日报，2月11日，作者：叶青）

听障人士石城川想打造一条听障群体的专属"盲道"，让听障人士与外界实现自由沟通。人工智能技术给他提供了机会。石城川成立了广州音书科技有限公司，研发的"音书"APP（应用软件）于 2017 年上线。据石城川介绍，软件嵌入了科大讯飞的语音识别、语音合成及语音评测引擎，通过游戏方式帮助听障人士进行语言训练，从而提高其发音水平。"音书"APP 听得懂普通话、英语、四川话、粤语、河南话，文字与语音的转换延迟在 0.5 秒以内。在声源和手机间隔 20 厘米、日常噪音环境以及口语标准的情况下准确度达 95%。目前这款好用又免费的 APP 用户数已近 40 万，其中 99% 是听障人士。

中国盲人文化事业发展显著

（摘自：人民日报海外版，2 月 16 日，作者：陈劲松）

中国盲文出版社、中国视障文化资讯服务中心积极推动盲人文化事业发展。第一，全面实施五大出版工程，即盲文书刊、有声读物、大字图书、无障碍影视、数字出版。第二，实施盲人数字阅读推广工程，即联合 400 家公共图书馆，免费向盲人读者循环出借 20 万台基于互联网的智能听书机，联合 100 所盲人教育机构，免费向盲生出借 1000 台盲文电脑和盲文电子显示器。第三，科技与文化融合创新：中国盲文出版社高度重视科技创新，为盲人提供越来越多便利、实用的辅助器具，有效推动盲人文化事业的稳步发展。例如：推出盲用听书机、智能盲杖等新产品。

多款应用软件开通无障碍功能　搭建视障人群与社会沟通的桥梁

（摘自：北国网，2 月 22 日，作者：黄小婷）

目前，唱吧、微信、支付宝等社交娱乐及工具性平台均增加了针对视障人群使用的无障碍功能，以全面提升全用户体验。据唱吧技术开发人员介绍，具有视障功能 APP（应用软件）的开发原理是用其他的感官来替代视觉，将看不见的信息转化为听得见的声音或摸得到的触感，从而让用户能够"看见"。例如，ios 系统（由苹果公司开发的移动操作系统）内置"旁白"功能，能读屏，也能描述屏幕上的内容，借助这项科技，视障人群可以获取手机屏幕上的全部信息。在信息化时代，互联网已经成为驱动社会进步的重要动力，科技改变了很多人的生活，包括视障人群在内的弱势群体。APP 中看似"无足轻重"的功能，很可能是弱势群体连接社会的桥梁。

200 位听障人士联名信访　希望提高上海市手语服务

（摘自：上观新闻，4 月 15 日，作者：车佳楠）

近日，陈先生、孟先生等 200 余名听障人士写来联名信，反映沟通障碍给他们的工作、生活带来诸多不便：求职面试，听障人士处处碰壁；公共服务办事窗口，听障人士往往无功而返；因为沟通障碍，听障人士很难进心仪的养老院……听障人士对手语翻译有着强烈的需求。陈先生、孟先生等听障人士的来信，引起了上海市信访办的重视。人民建议征集处工作人员详细询问了当前手语翻译培训使用的现状、听障人士对手语翻译的期待，以及他们作为最直接的用户，就手语翻译服务的建议。沟通过程中，工作人员还借助语音软件，将讲话内容即时转化为文字，通过文字的方式方便进一步交流。一个半小时的沟通，气氛和谐、讨论热烈。

沟通无障碍 三亚机场上线多国语言翻译机

（摘自：民航资源网，4月27日，作者：朱珂倩）

伴随着三亚凤凰国际机场（以下简称"三亚机场"）入境外籍旅客不断增多，小语种翻译难的问题直接影响外籍旅客的出行体验。为切实提高服务水平与安检效率，三亚机场除了通过外语培训等方式帮助员工提升外语水平外，还在国际航站楼安检通道配备多国语言翻译机。据悉，即日起三亚机场国际航站楼上线涵盖45国语言的翻译机，支持对话实时互译，具有语音文字双向转换、录音翻译、拍照翻译等多种功能。该服务创新项目实现了工作人员与旅客之间的面对面无障碍交流，使工作人员与国际游客间的交流更加便捷、准确，便于旅客准确了解安检相关规定，积极协助旅客解决乘机过程中的各类诉求，极大地提升了安检通行效率并有效降低投诉率。

微软盲文触感游戏手柄专利正式发布

（摘自：环球网，5月6日）

为了让行动不便的玩家也能够享受到游戏的乐趣，微软于去年发布了"自适应"Xbox（一款家用电视游戏机产品）控制器。据悉，微软在2018年10月向世界知识产权局（WIPO）提交了这项名为"带触觉盲文输出的游戏控制器"的专利，并于2019年5月2日正式公布。盲文组件可附加在普通的Xbox手柄背部，然后与手柄的底部连接，配件包含六个拨片和一块特殊的"屏幕"，后者可帮助视力障碍者进行文本或语音交互。值得一提的是，这项专利还提到了可以识别语音命令，并将之转换为盲文输入。如此一来，玩家可以得到语音触发振动等形式的反馈。此外除了游戏主机，它也能够配合PC或移动设备使用。

上海12345热线开通手语视频服务

（摘自：人民日报，5月13日，作者：巨云鹏）

13日，上海助残周首日，上海12345市民服务热线手语视频服务正式开通运行。此后，上海的听力及言语障碍人士，可以通过手机和电脑，用手语视频的形式向 12345 平台提交对上海公共管理服务的咨询、投诉、意见和建议。记者在 12345 服务平台看到，不到半个小时，已经有 4 个视频电话接入。客服人员用手语与镜头对面的听障人士进行交流，并实时记录诉求。客服人员田露说，意见和建议的处理结果将会通过短信形式对市民进行回复。为了让该人群享受到更便捷、人性化的城市公共服务，上海 12345 市民服务热线在现有电话、网站、手机 APP 受理渠道的基础上进行试点，与市残联合作推出手语视频软件"新视通"，并专门聘请了手语客服人员。

腾讯研发出 AI 手语翻译机：手语实时转换成文字

（摘自：太平洋电脑网，5 月 17 日）

5 月 16 日消息，腾讯优图实验室在 AI 手语翻译方面取得了阶段性进展，基于自研的手语识别算法正式推出"AI 手语翻译机"。据了解，这款翻译机能识别 900 个常用手语词汇，覆盖听障者大部分的日常表达用语。它以普通摄像头作为数据采集装置，依托高性能计算机进行后台运算，用户只需在任意的白色背景区域，面对摄像头完成手语表达，翻译机就能实时转换为文字并反馈给用户。未来，它有望在机场、高铁、民政窗口等公共场所部署应用。腾讯还将与信息无障碍研究会展开深度合作，推动无障碍建设。

"智慧助残，融合共享"上海 100 家银行网点率先推出现场视频手语翻译服务

（摘自：文汇报，5 月 18 日，作者：何易）

5 月 18 日，由上海市残疾人联合会与建行上海市分行联合举办的"爱在身边"——百家网点助聋服务平台上线启动暨智慧助残服务活动方案发布仪式正式拉开帷幕。活动现场，建设银行上海市分行正式发布了多项智慧助残服务项目，包括"云翻译"助聋服务等项目。上海市残疾人联合会和建设银行上海市分行向市、区聋人协会赠送助聋服务设备。由伴你（上海）网络信息技术服务有限公司开发的"云翻译"助聋服务项目，采用服务订阅模式为聋人客户提供视频手语翻译服务，建设银行上海市分行目前已在 100 家网点率先推出此项服务项目。

"盲人摸象"昨天在上博成为现实 手语翻译展现博物馆魅力

（摘自：新民晚报，5 月 18 日，作者：孙云）

5 月 17 日,在上海博物馆的"浮槎于海:法国凯布朗利博物馆藏太平洋艺术珍品展"

上，盲人观众用手触摸文物复制品，感知文物的材料、质地和形状，现实版"盲人摸象"让他们对太平洋艺术珍品有了打动心灵的切身感受。这次展览由上海博物馆与黄浦区残联合作举办，共有 40 名残疾人参与，手语翻译的现场讲解、展品前摆放的盲文介绍，都让他们有了无障碍的参展体验。据了解，近一两年中，随着无障碍建设工作的开展，上海逐渐有一些博物馆开始面向盲人等特殊观众提供触摸式参观的机会，深受好评。

北京有条中医英语热线 "阴阳""上火"怎么说难不倒接线员

（摘自：北京晚报，5 月 27 日，作者：贾晓宏）

北京中医英语热线 010-88001800 在去年 12 月 1 日正式并入北京市 12345 非紧急救助热线。中医英语热线的创始人、广安门医院主任医师崔永强介绍，该热线旨在为在京的外籍人士提供科学、可靠、安全的中医医疗服务信息和中医药保健知识，提升便利度。中医的理论体系与西医不同，有一些专业词汇更是难以在英语中找到原文，比如"上火""阴阳"都是中医的常用词，但在英语中很难找到对应的词汇。南继红（接线员）说，上火的英语其实就是"shanghuo"，也就是上火的汉语拼音。"阴阳"貌似是"中国特产"，实际上在很多种语言中都有"阴阳"这个词，因此老外对"阴阳"的理解并不困难。

上海首个视频手语翻译 APP 将引进 AI（人工智能）技术

（摘自：解放日报，6 月 16 日，作者：栾吟之）

"伴你无碍"，是上海首个视频手语翻译 APP，这款"听障者神器"的研发者是上海汉云信息咨询服务股份有限公司，技术人员都有 10 年以上通信及互联网行业工作经验。该 APP 去年 12 月 1 日上线，进入试运营阶段；1 月 25 日，该 APP 顺利完成公测，正式上线。

根据 APP 后台统计，被应用最多的前三个场景分别是学习、工作培训以及就医。APP 的视频手语翻译服务正以上海为核心辐射全国，来自全国各地的手语翻译员实时在线提供服务。翻译员的构成主要有三类：CODA（父母是听障人士而自己却是健全者）、手语翻译专业的毕业生、资深手语老师。听障人士可通过事先预约和实时求助两种方式获得服务。

此外，APP 还将引进 AI（人工智能）技术，通过在后台分析听障用户数据，解决听障人士生活痛点问题，并反哺到相关助残的非政府组织中。

2019 智慧医疗创新大赛云知声 AI 病历质控系统获两项殊荣

（摘自：中国电子网，6 月 20 日）

云知声与东南大学附属中大医院联合申报的"AI（人工智能）在病历质控中的应用"在"2019 智慧医疗创新大赛"全国总决赛中斩获"二等奖"与"最佳应用实践奖"两项殊荣。

云知声是国内首家在医疗领域成熟落地语音产品的 AI 公司，通过打造覆盖临床全流程的智慧医院解决方案，将 AI 技术与临床诊疗工作紧密结合，为医院各业务环节赋能，致力于为临床诊疗工作减负增效。针对诊疗过程的诊前、诊中、诊后的不同应用场景，云知声推出导医机器人、智能候诊解决方案、医疗语音交互解决方案、智能病历生成系统、智能病历质控系统，以及智能院后管理解决方案等产品和解决方案。未来，云知声将不断加强底层 AI 技术研发投入，携手各大合作医院，一道推动新时代智慧医院的建设，为我国医疗健康产业智慧化、高效化的发展贡献力量。

腾讯注重提升产品无障碍功能，为中国视障群体打开新窗

（摘自：人民日报海外版，6 月 26 日，作者：徐佩玉）

不久前，由联合国国际劳工组织发起的"青年体面劳动全球倡议"年度大会在罗马召开，来自中国的互联网企业腾讯分享了无障碍功能帮助残障青年就业的故事，赢得经久的掌声。

腾讯的"图片语音即时描述功能"等新技术让中国视障群体从可以发文字信息，到可以"看"懂图片和表情；在线交流、开远程会议、传输工作文件，不再是障碍，拓宽了中国视障群体的就业空间；越来越多视障人士可以叫外卖、打车、刷微博，享受新技术带来的便利，信息鸿沟正在消除。

不仅是腾讯，中国不少企业注重提升产品的无障碍性能，如华为、小米等各大品牌手机纷纷增加读屏功能，多个 APP 提供对此功能的支持，手机端各大应用也在不断完善其无障碍特性。中国已是互联网应用大国，在此过程中关注视障人群并主动创新应用，也受到全球各界人士的点赞和借鉴。

2019 年高考开考：10 位盲人考生使用盲文试卷

（摘自：央视新闻，6 月 7 日，作者：高伟强）

2019 年全国统一高考开始，记者从教育部考试中心了解到，今年来自山西、安徽、

山东、河南、广东、西藏等六个省、自治区共有 10 名全盲考生使用盲文试卷参加考试。这也是我国从 2014 年高考使用盲文试卷以来，连续 6 年在普通高考中，为盲人考生提供盲文试卷参加高考。参加高考盲文试卷的出题人员，除高考命题组人员外，还有相关的盲文教育专家等。试卷印刷过程复杂，盲文以"方"为单位，每个方有 6 个点，通过这些点的排列组合，表达不同的意思。盲文一般需要两个"方"才能表达一个汉字的音节。盲文试卷的内容及难易程度，和普通考生的试卷大同小异。考生用手摸着盲文试卷来答题，花费的时间要比健全考生长得多。

湖南举行残疾大学生专场招聘会 手语志愿者现场当翻译

（摘自：潇湘晨报，6 月 13 日，作者：李柯夫、贺小花、张娜）

6 月 12 日，湖南人才市场的求职大厅内，一群特殊的求职者在这里寻找梦想，他们或拄着拐杖，或摇着轮椅，或戴着墨镜由人引导，或打着手语互相交流，将招聘大厅挤得水泄不通。由湖南省残联主办，湖南省残疾人劳动就业服务中心、湖南省人力资源服务中心承办的 2019 年湖南省残疾人大学生专场招聘会在这里举办。"因为与人沟通交流的问题，平时找工作确实比较难。但我不怕吃苦，会更加努力来弥补自身缺陷。"在现场手语志愿者的翻译下，长沙职业技术学院视觉传达专业的杨学比画着"说"。为方便残疾人求职，本次活动特别向社会召集了志愿者，为面试的残障人士提供手语翻译等人性化服务。得到帮助的杨学用手语表达自己的感激之情：我们聋哑人找工作不方便，多亏志愿者帮助，让我找工作顺利多了。

上海首次推广培训国家通用手语，助力"无障碍沟通"

（摘自：中国新闻网，6 月 24 日，作者：许婧）

6 月 24 日，上海市首次国家通用手语培训班开班仪式在上海大学举行。上海市聋协主席洪泽表示，手语是听障人士使用的特殊语言文字，开展国家通用手语的培训工作对于保障残疾人的语言文字权益，全面实现残疾人的小康进程具有重要意义。上海市第一聋校副校长郭奕敏结合自身的手语学习、翻译、培训的经历，鼓励学员学好国家通用手语，成为听障人士的朋友和助手。上海大学副书记段勇表示，上海大学文学院语言学科不仅要在理论研究上有所发展，也要为国家的语言文字决策提供智力支持，为社会应用、政府决策和语言文字事业发展提供技术服务与数据支撑。上海市语委支持高校、研究机构和社会团体以多种方式为社会各类人群提供语言文字服务。

海南三亚率先建设我国首座语言无障碍国际化城市

（摘自：南海网，7月15日）

7月14日上午，三亚市举行新闻发布会，发布《三亚语言无障碍国际化城市建设工作方案》，在国内率先启动语言无障碍国际化城市建设。根据这一方案，三亚将按照企业投资建设、政府购买服务模式，分三个阶段实施标识牌体系、服务网点、多语种翻译服务、多语种信息化体系建设，推动建设语言无障碍城市。三亚将分近期、中期、远期三个阶段，从标识牌体系建设、服务网点建设、多语种翻译服务和多语种信息化系统四大方面推进实施该项建设。为加快实现在海南打造全国一流的法治化、国际化、便利化营商环境的目标，三亚市借助人工智能等先进技术手段，在国内率先启动语言无障碍国际化城市建设工程。三亚市委常委、常务副市长陈铁军表示，语言无障碍国际化城市工程建设关乎三亚的现在与未来。

天津市河北区率先完成辖区盲文阅读全覆盖 浓浓书香"触"手可及

（摘自：北方网，8月17日，作者：付勇钧）

2019"书香天津"读书月前天启动，河北区推出"品书香寓情"阅读推广活动。"我们推出视障阅读体验中心，为视障读者打造一个集信息获取、娱乐休闲、社会交流于一体的文化空间。另外还将开展'文化助盲'主题系列活动，包括无视障电影放映、视障图书阅读设备主题流动展等。"河北区图书馆读者服务中心主任李萌介绍。

河北区加大对盲文阅读工作的投入，在全市范围内率先完成辖区盲文阅读全覆盖，为视障读者提供"零门槛"的暖心服务。目前，望海楼、光复道等10个街道11座城市书吧都建立了视障阅读体验中心，配备盲文书、大字书、明盲对照儿童读物近200册、有声读物7种、无障碍电影光盘100张以及阳光听书郎语音播放器、盲文学习机等硬件设备。

武汉地铁提供"英语、手语、汉语"三语服务迎军运会

（摘自：楚天都市报，8月23日，作者：潘锡珩）

武汉地铁服务更具人性化、更有国际范儿了。今年7月初，在军运会倒计时100天之际，武汉地铁全面强化英语、手语服务的专项学习训练，规范岗位服务用语，统一岗位作业标准。目前，每个车站至少有一名员工能用英语和简单手语与乘客交流，军运会重点站更是人人都能听懂英语，能用英语简单交流。外籍乘客、听障人士在地铁站内的"语言不通"不再"是个事儿"，"三语服务"让车站员工和过往乘客实现零距离沟通。

从 4 月份开始，武汉地铁正在逐步推进线网车站指引标志标识双语化。截至目前，216个车站的导向、定位等服务标识基本实现双语化；轨道交通线网列车到达每个站点，双语报站做到全覆盖。

两名视障人士冲刺"法考" 语音听题系统助力圆梦

（摘自：广州日报，8 月 28 日，作者：王纳）

在深圳市司法局 17 楼的司法考试办公室内，视障人士王奥林带着黑色拉布拉多（导盲犬）正在参加考试，他报考了 2019 年国家统一法律职业资格考试（简称"法考"）。2019 年，全国有 11 名视障人士报名参加"法考"，其中两名考生在深圳考场完成考试。深圳市司法局为两名视障人士单独编场考试，并启用了司法部专为视障考生开发的考试系统。2013 年，王奥林通过参加高考，成为滨州学院的学生，老师提前把资料发到王奥林的电脑里，电脑里的读频软件将这些资料逐字读给王奥林听。王奥林说："我想成为律师，想要用我所学的知识去帮助别人，但像我这样的盲人即使通过了司法考试，也很难成为律师。不过，我还是会为之努力的，不管有没有可能，我都会全力以赴。"

听力语言障碍人士呼救平台上线，可实现全过程文字沟通

（摘自：新京报，8 月 28 日，作者：张静雅）

28 日晚，"听力语言障碍人士呼叫 120 平台"在北京通 APP 正式上线。该平台将 GPS 定位系统引入 120 急救救援，听障人士可以用文字呼叫 120 求助。听障人士可以下载北京通 APP，根据中国残疾人联合会发放的《中华人民共和国残疾人证》，填写个人信息完成注册。在突发紧急状况需要协助时，可以通过"听力语言残障人士急救呼叫"选项，用文字呼叫 120 求助。填写呼救原因后，一键"确认呼叫 120"，平台随后跳出提示："会有急救人员通过短信和您联系"。120 负责人称，听力语言障碍人士的求助信息会以自动呼救的形式分配到调度台上。同时，用户信息将自动填写到受理界面中，且呼救来源会自动选择为"听障人呼救"。MPDS（医疗优先分级调度系统）则会显示听障人士的残疾类型和等级。

自学手语 助残障人士敲开法律之门

（摘自：澎湃新闻，8 月 27 日）

手指并拢，唯有竖起大拇指稍微向下弯曲两次，你知道这是什么意思吗？这是用手

语说了一声谢谢。多年来她收到过无数个这样的感谢，她通过自己的努力为残障人士解决困难，她就是——刘莹。为给更多听障人士义务提供法律服务，在旗帜律师事务所工作的刘莹自 2015 年起自学手语，2018 年加入天津市河西区残疾人联合会手语志愿者服务团。因为她熟悉手语，曾经在开庭过程中及时纠正了现场"翻译"的一个疏漏，从而令听障当事人的意思表达更加准确因而获得法律的公平对待。身兼多个单位义务服务志愿者的刘莹说："我自学手语的初衷，就是想使更多的听障人士通过手语直接、准确地学习法律知识，也令他们在具体案件办理过程中的真实意愿被理解。"

"Welcome to Wuhan!"他们为军运会语言服务提供保障

（摘自：长江日报，10 月 9 日，作者：唐婧妮）

"Welcome to Wuhan!"欢迎来到武汉！除汉语之外，英语作为武汉军运会第二工作语言被大量使用。军运会执委会已成立翻译中心，为军运会的语言服务工作提供保障。在专业翻译人员辛勤工作的同时，"小水杉"中外语能力强的也不在少数。据军运会执委会志愿者管理中心工作人员介绍，来自中冶南方、中建二局、中建三局、中建国际、中车长江车辆等在汉央企的有外语特长的志愿者，将发挥重要作用。"他们外语素质高，许多都有国外留学和工作的经验，是'小水杉'中一道靓丽的风景线。"

山东济宁将大力推广国家通用手语和通用盲文

（摘自：济宁新闻网，10 月 15 日，作者：苏茜茜）

日前，济宁市多部门联合制定了《济宁市推广国家通用手语实施方案》和《济宁市推广国家通用盲文实施方案》，决定在全市推广使用国家通用手语和国家通用盲文。根据部署，济宁市将加强对特殊教育学校，市、县两级电视台手语栏目的主持人，重点窗口服务单位的工作人员等开展国家通用手语骨干的培训；招收听力残疾学生的特殊教育学校和有条件的普通学校要在教育教学活动中使用国家通用手语，新编义务教育阶段聋校教材使用国家通用手语；对贫困听力残疾人购买国家通用手语学习用品予以补贴。目标是到 2020 年，在公务活动、学校教育、电视和网络媒体、图书出版、公共服务、信息处理中使用国家通用手语的氛围初步形成。

建设银行北京分行增设"在线手语翻译"

（摘自：北京青年报，11 月 5 日，作者：王薇）

建设银行北京长安支行和物资学院路支行在全国银行业率先推出了"远程在线手语

"翻译"服务，听障人士可随时通过"在线手语翻译"为自己"代言"。

据工作人员介绍，从 2014 年开始，建设银行北京分行开始在全辖区范围普及手语服务，通过邀请市残联、残疾会等专业机构派驻教员、志愿者，提升一线员工的手语服务技能。在实际的操作中发现，银行业务的专业术语比较多，为了更加精准地为特殊人群服务，他们将高科技产品引入无障碍服务体系中。今年初，"远程在线手语翻译"实现了首次功能测试成功，标志着建行北京分行成为国内首家引入此项无障碍服务的金融机构，今后还将逐步在建行的其他网点普及。而北京各大银行也正努力使手语、盲文、无障碍设备成为银行网点的标配，让各类残疾人在出入银行网点时真正实现无障碍。

上海提升语言服务让进博会来宾畅聊畅游

（摘自：新华网，11 月 3 日，作者：陈爱平）

即将开幕的第二届中国国际进口博览会吸引来自 150 多个国家和地区的 3000 多家企业参展。因此，提升语言服务才能让进博会来宾畅聊畅游。

第一，配备科大讯飞人工智能翻译设备。纳入进博会住宿保障工作的千余家酒店、旅游咨询服务中心等均将配备翻译设备。第二，完善公共场所文字使用的规范性。上海各区已逐步根据《公共服务领域英文译写规范》国家标准等完善公共场所文字使用规范性。第三，增设翻译服务点、增派翻译人员和增加翻译设备。主办方增派翻译人员进行现场保障，共青团上海市委员会也将增派专职翻译志愿者。翻译设备由去年的 12 个翻译服务点位 32 台翻译机增设到 83 个点位 83 台翻译机。

沈阳举办聋校教师国家通用手语推广培训

（摘自：沈阳日报，11 月 19 日，作者：封葑）

近日，沈阳市聋校教师通用手语培训活动在皇姑区聋人学校举行。据悉，本次培训分为三期，邀请了多位曾参与国家通用手语编写工作的聋人教育界知名专家授课，采用课堂教学实践交流研讨与专家理论授课相结合的方式开展。同时，培训活动邀请专家走进聋校课堂，让聋校的老师在教学过程中，理解通用手语的语法特点，让聋人学生真正"听"懂、学会，实现师生间的无障碍沟通。国家通用手语，是国家通用语言文字的重要补充，推广使用国家通用手语，不仅使听力残疾人使用语言文字的权力得以维护，也将对其学习文化知识、获取信息、社会交往以及更加公平地参与社会生活，平等实现权益与融合发展起到重要的作用。

山东首次举行听障视障人员普通话测试培训

（摘自：齐鲁网，11 月 21 日，作者：张洪波）

近日，山东首次举行听障视障人员的普通话测试培训，培训为期 5 天，听障人员的培训内容包括"单音节字词、多音节词语拼写；朗读短文、命题说话手译；普通话现场测试"等三个方面；视障人员的培训内容包括"普通话测试内容介绍、计算机辅助普通话测试系统介绍、实操训练、现场测试"等四个方面。

参加这次培训的特教教师龙峰说，"原来学的手语，就好像我们的书面语一样，现在的通用手语更契合生活实际，更加广泛了，所有的聋人都适用"。据悉，本次培训免费，有学生、特殊学校的教师参与，目的是帮助更多残障朋友掌握手语，顺利融入社会。同时，这也是山东首次在省内组织相关培训测试活动，是山东语言文字工作的新突破，也是山东大力推广国家通用手语和通用盲文的新举措，为保证残障人员的语言文字权益、提高残障人员的文化素质和融合发展提供了新平台。

语言服务北京冬奥会 冬奥术语平台 V2 版正式交付使用

（摘自：语信司，12 月 16 日）

12 月 11 日，北京语言大学冬奥术语平台 V2 版交付仪式在北京冬奥组委首钢办公区举行。北京冬奥组委、教育部语信司、北京市教委、河北省教育厅、北京语言大学相关负责人及冬奥术语库专家组成员出席活动。此次发布的冬奥术语平台 V2 版具有几个特点。一是特色新增术语。平台目前共有冬奥核心竞赛术语 9539 条。二是特色平台功能。平台网站端新增术语报错和修改、术语标注和提取功能，此外 V2 版本还推出了移动端 APP。三是服务范围扩大。平台将面向公众发布测试版。目前冬奥术语平台 V2 版术语总量达 12.5 万条，其中中文术语 27022 条、英文术语 30015 条、法语术语 19166 条、日语术语 12388 条、俄语术语 16111 条、韩语术语 11135 条、德语术语 9539 条。

三、语言服务人才培养

河南省政协委员孙国平：培养更多国际语言人才

（摘自：河南日报，1月19日，作者：曾鸣）

1月18日，省政协委员、河南省中国国际旅行社洛阳分社总经理孙国平说，政府工作报告提出，要深度融入"一带一路"建设，推动全方位高水平开放，当前全球经济市场对语言本土化产品和服务需求日益增加，学习"一带一路"沿线国家的语言和文化更有利于获得进入当地市场的资格。孙国平在提案中建议，加大对"一带一路"沿线国家外语人才的引进力度，制定政策鼓励在豫高校的外语学院开展小语种语言人才培养、探索"专业+外语"人才培养模式，鼓励在豫高校和"一带一路"沿线国家的知名大学联合办学，并做好顶层设计，适时制定"河南省国际语言人才振兴计划"。

"心手相连 与爱同行"——福田区公职人员手语培训开班

（摘自：深圳新闻网，8月14日，作者：刘屹龙）

为积极响应深圳市对于全国手语统一的号召，普及基本手语，帮助听障人群与健听人群进行无障碍沟通与交流，增强公职人员服务听障人群的意识与能力，8月12日下午，福田区公职人员手语培训系列活动在福田会堂4楼会议厅顺利开班，来自区直机关单位、公安、检察院、法院等系统近百名公职人员参与了此次培训活动。福田区残联将举办 3 期手语系列培训班，专门面向全区公职人员、机关单位窗口服务人员、残疾人工作者等开展，在全区推广国家通用手语。

宁夏举办国家通用手语和通用盲文师资培训班

（摘自：中国新闻网，8月27日，作者：杨迪、石羽佳）

27 日上午，国家通用手语和通用盲文师资骨干培训班在银川开班，宁夏残联组织 100 余名残疾人及残疾人工作者参加此次培训。"国家通用手语和通用盲文培训是一个长期持久系统的培训，是残疾人能够直接融入社会的关键，我们要充分认识到其推广的重要意义。"据自治区残联副理事长王宇峰介绍，此次国家通用手语和通用盲文师资骨干培训班由自治区残联主办，由宁夏特殊教育学校承接，培训将持续三天。"通过这次培训，我希望能学好盲文，带领其他的盲人朋友看到另一种光明，同时为残疾人朋友带来更多的帮助。"视力障碍人士李明表达了他对培训的期待。

上海成立语言文字志愿服务总队 20 所学校获首批授牌

（摘自：新民晚报，10 月 18 日，作者：陆梓华、钱文婷）

为推进上海公共场所规范用字，上海市语言文字志愿服务总队今天上午成立。卢湾高级中学等 20 所学校获得首批"啄木鸟"志愿服务定点学校称号。早在 2010 年世博会筹办期间，上海市语委、上海市教委就依托相关高校建立了 19 支大学生"啄木鸟"志愿者队伍。2018 年 8 月，为办好首届中国国际进口博览会、营造规范的城市语言文字环境，市语委办、市旅游局在全市范围内，联合开展公共场所中英文用字专项检查行动，组织语言文字"啄木鸟"志愿者广泛参与，重点对浦东机场、虹桥交通枢纽、黄浦江滨江地带、朱家角古镇景区等进行了检查。根据上海高中生社会实践平台数据信息，迄今已有 6497 名高中生参与语言文字"啄木鸟"志愿服务，累计近 7.5 万学时。

为冬奥会储备外语人才，黑龙江"局校联手"培养"体育翻译"

（摘自：中国新闻网，11 月 4 日，作者：王妮娜）

为全面助力 2022 年北京冬奥会，加快我国冬季项目国际化建设步伐，为国家冬季体育运动项目培养和储备优秀的翻译人才，11 月 4 日，黑龙江省体育局与黑龙江大学进行了共建校外实习基地签约仪式，将和高校一起，创新性地共建实习基地。

此次合作立足北京冬奥会，突出国际化，充分发挥双方各自优势，实现资源互补，共同促进我国冬季运动项目翻译、外语人才服务的国际化建设。双方将在体育产业发展活动、体育外事活动、体育赛事口笔译和陪同口译等方面进行合作。黑龙江省先后承办了第三届亚冬会等大型国际冰雪体育赛事，这些赛事需要多个语种的翻译人才。黑龙江大学外国语言文学学科排全国第 6 位，涵盖俄语、日语等 8 个语种，为培养冰雪运动方面的翻译储备了外语人才。

山西省残联系统工作人员手语翻译培训班在临汾举行

（摘自：黄河新闻网，11 月 29 日，作者：张晓华、陈临虎）

为全面消除与听力语言残疾人沟通交流中的障碍，提升残联人员整体素质，更好地服务于广大残疾人，11 月 27 日至 29 日，为期三天的山西省残联系统工作人员手语培训班在临汾举行。特邀的授课教师是来自太原市聋人学校具有丰富教学经验，手语水平过硬的杨彩萍老师，内容包括手语理论知识、操作技能训练、残联工作人员用语等，学员经考核合格后将由省职教中心颁发专业资格证书。郑效锋指出，国家通用手语，是国家通用语言文字的重要补充。它既是聋人之间交流使用的"普通话"，也是聋人与健全人交流沟通、传递信息的桥梁。学好通用手语，是解决交流沟通障碍更好更准确地为残疾人服务的重要途径，是推广使用国家通用的"推普教育"工作内容之一，不仅使听力语言残疾人使用文字的权利得以维护，也对其学习文化知识、获取信息，促进社会交往，更加公平地参与社会生活都具有重要意义。

语言教育

引　言

2019 年语言教育出现新气象，教育理念上不仅强调语言知识，而且更加注重思维与文化。"AI+教育"时代，面对信息空间技术的高速发展和互联网平台的日益扩张，对教学观念、教学方法、教学手段带来挑战与机遇。

语文教育发生重大改革，着重考察学生的阅读能力和课外延伸阅读量。小学统编《语文》教材"主治"不读书、少读书，抓住读书兴趣培养这个"牛鼻子"，努力让语文课往课外阅读延伸。"部编本"教材总主编温儒敏表示：高考语文卷面可能增加到 10000字，阅读题量也比去年悄悄增加了 5%～8%。同时，语文教育强调学生对中华民族优秀传统文化的继承与发展，教材增加了文言文与古诗的数量。武汉某中学在布置作业时，将国外的经典童话改编成文言文，使学生充分体会到文言文精炼的美感。北京中考语文要求认识五种书法字体、语文学科加强对书法和古诗歌的考查，以弘扬优秀传统文化。教育部宣布，新版高中语文教材设"劳动光荣"单元，古诗文占全部选文的比例近半。四川省开展 2019 年中华经典诵写讲演系列活动。教育部语用司组织内地高校师生赴港澳开展中华经典诵读展演交流活动，并专门委托相关机构建设"中华经典诵读工程"官方网站（www.songdujingdian.com），设立"中华经典诵读工程"官方微信公众号（微信号 zhjdsdgc）。

外语教学方面，语言智能有力促进了语言教学、语言学习的智能化，拓展了语言学研究的新领域。儿童语音测评系统满足家庭场景下儿童英语学习的刚需。教育的育人试错成本很高，因而需谨慎发挥人工智能与教师各自的特长。教育部考试中心与英国文化教育协会联合宣布了雅思、普思考试与中国英语能力等级量表的对接结果，标志着中国英语语言能力标准与国际考试接轨。雅思官方白皮书数据显示，中国考生在雅思考试中，"听""说""写"等三方面的能力提升仍任重道远。

各地因地制宜推进少数民族双语、多语教育。西藏自治区各民族相互学习语言文字，掌握双语、多语的人员越来越多，在保护藏语言文字的同时对保护门巴语、珞巴语等人口较少民族的语言也非常重视。贵州省仁怀市在后山中学、后山小学开展苗汉"双语"教学，开设苗语入门课程。贵阳市花溪区开展少数民族群众汉语言培训，旨在让参训群众普遍听得懂汉语、看得懂电视新闻、能写常用汉字、能识别现代符号、能用现代工具交流。

一、语 文 教 育

语文教学要让学生体会到中国文字之美

（摘自：中国青年报，1月9日，作者：樊未晨）

"当前语文教学面临的普遍痛点是学生对语文学习缺乏兴趣、语文成绩难有大的突破、语文学科的学习难易程度很难精准划分等。"三位一体大语文创始人周艳说。1月9日，腾讯企鹅辅导推出了全新升级的"三位一体生态化大语文"课程体系。据了解，这套大语文课程体系通过直播课+微课+短视频等多种方式来呈现语文教育的知识、方法和传递的价值观（即大语文之"大"）；围绕语言"准确、优美、深刻"的三要素，通过口头语言、书面语言、思维语言的螺旋上升训练，均衡发展，不断提升（即大语文之"语"）；通过文字、文化、文学的学习，让学生体会到中国文字之美（即大语文之"文"）。

曹文轩：语文学习不能止步课堂

（摘自：人民网，1月17日，作者：刘婧婷、郭凯奇）

近日，人民教育出版社2019年合作推进年会在北京举行。国际安徒生奖获得者、义务教育小学语文统编教材主编曹文轩表示，语文学习不能止步课堂。曹文轩认为，统编语文教材一个十分重要的理念，就是语文的学习必须建立在广泛、深入的课外阅读学习上，课堂并非是语文学习和语文教学的唯一场所，语文的功夫常常是在课堂外做的。"如果说语文课本是一座山头，那么要攻克这座山头，就必须调集其他山头的力量，即广泛课外阅读。对于语文知识的深邃领会，是在有了较为丰富的阅读之后，才能发生的。一册或几册语文课本，是无法帮助学生形成语感的，也是无法帮助学生进入文本深处，窥其风景的。"语文课本本身也许并不能提供解读自身的力量。课外阅读究竟阅读什么样的书？这是需要语文老师等加以思量与关切的一个问题。

北京中考重视传统文化考查 语文要求认识五种书法字体

（摘自：北京日报，1 月 18 日，作者：任敏）

昨天，北京教育考试院发布 2019 年北京市中考《考试说明》。今年中考与去年相比总体稳定，部分科目有微调，语文学科加强对书法和古诗歌的考查，以弘扬优秀传统文化。今年中考，语文科目将加强对中华民族优秀传统文化的考查。从考试说明来看，在"基础·运用"板块，增加"认识篆、隶、草、楷、行五种字体，了解其大致演变过程"的表述，强化对书法常识和书法欣赏的考查；在"古诗文阅读"板块，新增部分要求，例如要求学生对诗歌中感人的情境和形象，能表达出自己的体验；在古诗文学习中，要求理解中华民族优秀传统文化的丰富内涵，从中汲取民族文化智慧。

《1.5 至 6 岁普通话儿童发音测试（北京地区）》体验版

（摘自："今日语言学"微信公众号，2 月 2 日，作者：高军）

中国社会科学院语言研究所"语音与言语科学重点实验室"研发的《1.5 至 6 岁普通话儿童发音测试（北京地区）》可以对北京地区学龄前说普通话儿童的发音发展进行测试评估。该测试可以使学龄前说普通话儿童的发音发展像身体发育一样按发展阶段定期进行"保健检查"。

使用者可以根据儿童是否开始说话以及根据性别和年龄选择测试试卷，让儿童进行图片命名。测试时，使用者只需简单听一下儿童在说这些测试词时的发音是错误很多还是错误很少，不需要对儿童发声的测试词的每个字的声母、韵母和声调正误进行判断。体验版可以让使用者对儿童的发音进行非正式、快速的测试，从而对儿童的发音有一个大概的了解。

语文书为何这样编写

（摘自：光明日报，2 月 11 日，作者：靳晓燕）

在统编三科教材工作座谈会上，统编语文教材执行主编、人民教育出版社小学语文室主任陈先云对家长、老师有关统编小学语文教材的一些疑问进行讲解。

在拼音方面，教材充分考虑学生学习能力发展的规律和实际的学习需求，在不同的阶段采用了不同的注音方式。在课文内容选取方面，编写组会查阅大量文献典籍，综合考虑各方面条件，最后进行慎重选择和修改，对于能联系上作者的作品，一定与作者商讨并征求其同意；对于无法联系上作者的作品，会征求专家意见，再作修改。在选文修改方面，编写组均遵从不违背作品原意的原则，不损害作者的合法权益。在标点符号方面,引用标准均严格遵循中华人民共和国国家标准 GB/T 15834—2011《标点符号用法》。

让古诗在童声中飞扬

（摘自：北京日报，2 月 18 日，作者：韩轩）

《古诗童韵》是作曲家赵麟领衔创作团队创作、赵季平担任艺术顾问的古诗词歌曲专辑。赵麟等作曲家专门为孩子创作古诗词歌曲，并组建了"古诗童韵合唱团"，希望他们能在音乐中感受传统文化的滋养。让孩子通过声音聆听世界，是赵麟组建合唱团的初衷。最初，赵麟只是联合其他青年作曲家，挑选《蒹葭》《江南》《蝉》等中小学生熟悉的经典古诗词，为其谱曲，创作成专门适合孩子们演唱的歌曲。在内容上，赵麟希望孩子可以受到传统文化的滋养，便想到了古诗词歌曲。"但现有的古诗词歌曲不少是写给大人的，不适合孩子歌唱。"于是，这位作曲家父亲想为女儿做些什么，便策划了《古诗童韵》系列专辑。

规范书写，提升语文素养

（摘自：语言文字报，3 月 22 日）

汉字书写是语文教学素质教育的重要组成部分，在素质教育占据极其重要的位置。它既能磨炼意志、陶冶情操，又能培养学生的审美素质、思想素质、科学素质以及心理素质。随着信息化技术的冲击，再加之社会负面环境的影响，多数学生的汉字书写能力明显下降，并逐渐成为社会普遍现象，甚至连教师队伍的书写水平也呈整体下降趋势，对教育教学造成严重影响。高职语文教学后期的汉字书写对今后的基础教育质量起着关键性作用，同时也制约社会规范用字。因此，需要在高职语文教学素质教育中严格规范汉字书写，提高书写质量，让学校处处散发独有的艺术风韵和清新典雅的书法文化气质，彰显出"以字立人"的文化风骨。

语文学习乃教育的头等大事

（摘自：解放周末，3 月 29 日，作者：张汝伦）

语文学习也是培养审美能力和审美趣味的重要途径，它在这方面的作用甚至连艺术教育也不能替代。因为语言是最微妙复杂的，只有能领会语言之美的人，才能深刻地理解世界之美、事物之美。语文教学不仅仅是教学生识字作文，还要给学生以美学熏陶。语文教材的每一篇内容都应该具备美学品质。教师不仅仅要告诉学生文本的思想和语言形式，也要提醒学生注意文本的美学维度。语文学习不但要培养学生健全的心，还要培养学生醇和的情。因此，语文教育一定也是审美教育，在培养学生知性思维能力的同时，也培养学生丰富的感情。由此看来，语文学习乃教育的头等大事。

《幼儿普通话 365 句》新书发布 促进贫困地区"童语同音"

（摘自：人民网，8 月 24 日，作者：孙竞）

《幼儿普通话 365 句》新书发布会今天上午在第二十六届北京国际图书博览会上举行，是首部帮助贫困地区、特别是"三区三州"地区幼儿学说普通话的入门图书。该书共精选 365 个贴近幼儿生活的例子，寓意引导幼儿每天学说一句普通话。全书从六个方面创设情境，趣味性和实用性相结合。为了方便贫困地区幼儿学习，让普通话真正"说起来"，该书还配有专业示范音频，并提供手机 APP、电子绘本等多种学习资源和学习渠道。

教育部语言文字应用研究所副所长容宏表示，扶贫先扶智，扶智先通语。幼儿在上学前解决普通话沟通的障碍，将为义务教育的顺利完成打好基础。同时，"小手拉大手"让孩子影响家长，将为阻断贫困代际传递发挥重要作用。

寻找小学古诗词教学突破点

（摘自：中国教育报，4 月 10 日，作者：高华、邵艳红）

时下国家倡导加强传统文化教育，古诗词篇目在小学语文教材中有增多的趋势。但在现实中，大部分小学生不喜欢阅读古诗词，古诗词教学因此成了教学难点之一。语文教师必须寻根溯源，找到问题的症结，努力实现古诗词教学的突围。一切从实际出发或许是最好的解决办法。例如小学生对古诗词的内涵体悟能力有限，教师就没有必要对经典中的疑难词语大动干戈。至于到了中学阶段，在学生有能力、有时间、有兴趣的情况下，再对经典字句细嚼慢咽，则可以另当别论。而对于小学生古诗词诵读教学所选篇目，教师不妨奉行"拿来主义"。"拿来"的原则之一就是要有所选择：应选取思想、主旨积极健康，符合学生的情感认知，有助于学生成长的古诗词。

禁止教汉语拼音、识字……德城区 108 所幼儿园集体签承诺书！

（摘自：德州晚报，5 月 13 日，作者：俞荣）

近日，德城区 108 所幼儿园签署了承诺书，遵循儿童身心发展规律和特点，严禁"拔苗助长"式的超前教育和强化训练，防止和纠正幼儿园"小学化"现象。承诺书要求，严禁教学内容中存在小学课程内容，包括提前教授汉语拼音、识字、计算、英语等内容，布置小学内容家庭作业、组织小学内容有关考试测验等行为；严禁教育方式上存在"小学化"倾向，坚决纠正以课堂集体中授课为主要教学方式等。区教体局要求各幼儿园在招聘教师时注重教师的核心专业素养，对于不适应科学保教需要，习惯于"小学化"教学，不善于按照幼儿身心发展规律和特点组织开展游戏活动的教师，要通过开展岗位适应性规范培训，提高幼儿园教师科学保教能力。

今年语文高考试卷释放了哪些改革信号

（摘自：中国青年报，6月10日，作者：樊未晨）

"满满的正能量、浓浓的育人味""德智体美劳高考全体现，试卷带领孩子美起来动起来""高考试题让学生答卷有益"……这些是专家对今年高考语文试题的评价。"试卷要弘扬主旋律和正能量，但是选材还是要贴近学生的生活和实际。"华东师范大学教授巢宗祺说，本次语文试卷恰恰做到了这一点。全国卷中，材料涉及港珠澳大桥、"一带一路"、"嫦娥四号"等国家发展热点，也涉及世乒赛、冬奥会等体育热点；此外，命题材料还涵盖中国传统音乐、中国书画艺术等大量内容，甚至还出现了压力与肥胖、生物酶与饮酒等生活热点。专家指出，这种选材设计，贴近现实生活和学生，有助于引导考生在生活中发现语文、理解语文、应用语文，在应用语文中感受生活、理解生活、参与社会、服务社会。

8岁男孩质疑"羿射九日"，凸显语文学科的尴尬

（摘自：光明网，6月14日，作者：李勤余）

近日，福建省福州市的8岁男孩小冯提出一个问题：课文的前一段提到"江河里的水被蒸干了"，下一段就提到"他蹚过九十九条大河，来到东海边"，羿怎么蹚过大河的？我们都能感受到，新的一代已经不满足于单向的灌输式教育了。语文教学、语文学科的尴尬恰恰就在这里。一方面，语文课文要向学生传递某种"正确"的答案。另一方面，诸多语文课文经不起推敲，也是不争的事实。单说课文中的逻辑错误、知识错误，早已不是什么新鲜事。语文教材该怎么选、怎么编，这显然是太过宏大的问题，但有一点是可以肯定的，只要"语文是什么、语文应该教什么"还没有明确的答案，广大语文教师和教材编写者就始终处于云里雾里的状态。而那位提出质疑的孩子，不是第一个，也不会是最后一个。

我们每个人都是语文现代化的受益者

（摘自：光明日报，7 月 13 日，作者：苏培成）

语文现代化是国际性的语文运动。当一个国家进入现代化时期，它的语文生活要有相应的变革，这就是语文现代化。语文现代化是语文应用的现代化，不是语文本体的现代化。不同国家的语文生活有不同的特点，因此各国语文现代化的内容也不完全相同。新文化运动促进语文现代化发展。语文现代化改进我国语文生活。改革开放以来，面对国家发展的新形势，中国的语文现代化面临新任务：要努力提高全民的语文素质，要努力建设新语文，要密切关注科学技术的新发展，要创新要有所作为，要加强中国语文现代化人才培养。

中小学统编《语文》教材的四大变化

（摘自：北京日报，8 月 7 日，作者：周瑾言）

从今年秋季开学起，全国义务教育阶段中小学的"语文""历史""道德与法治"三个科目，将全部统一使用由教育部组织编写的教材。在三科当中，统编《语文》教材最受社会关注。打开小学一年级《语文》课本，首先看到的是"我上学了"的栏目，在"我上学了"之后先编排了一个识字单元，之后才是拼音教学。这是统编《语文》教材的重要变化，即编排顺序是先识字再学拼音。小学统编《语文》教材共编排了 129 篇古诗文，约占总篇目数的 30%，大量增加古诗文篇目。同时，教材"主治"不读书、少读书，抓住读书兴趣培养这个"牛鼻子"，大大增加了延伸阅读量，努力让语文课往课外阅读延伸，往学生的语文生活延伸。统编《语文》教材在强调阅读的同时，还强调语言表达能力。这也是相比以往《语文》教材的一大重要变化。

新版高中语文教材设"劳动光荣"单元，古诗文占全部选文近半

（摘自：澎湃新闻，8 月 27 日，作者：廖瑾）

教育部召开新闻发布会，介绍普通高中三科统编教材有关工作情况。普通高中《语文》全套教材共 5 册，其中必修教材分上、下 2 册，选择性必修教材分上、中、下 3 册。普通高中语文教材总主编、北京大学教授温儒敏介绍，此次编审的语文统编教材，在必修上册以"劳动光荣"为主题专设一个单元，选取讴歌劳动人民、劳动模范、劳动精神的课文，引导学生了解和继承中华民族热爱劳动的优良传统。教材还精选反映中华优秀传统文化的经典名篇，注重题材的多样性和体裁的覆盖面，共选入古代诗文 67 篇（首），占全部选文数（136 篇/首）的 49.3%，其中古诗词 33 首，古文 34 篇。此外，教材选取

反映革命传统和革命精神的作品，以及反映社会主义建设和改革开放时期的作品，激发学生热爱中国共产党、热爱祖国的情感。

浙江丽水文广局：提倡语文教师教学引入方言

（摘自：澎湃新闻，9 月 12 日，作者：钟煜豪）

近期，浙江丽水市政府网站公布了对市四届人大四次会议 G042 号建议的答复内容，称将开展调查研究，制定丽水方言传承计划，并提倡语文教师在教学时引入方言教学。

答复中指出，人大代表提出的《关于加强方言传承保护的建议》（案号：G042 号建议）收悉，一直以来，丽水市都非常注重方言的整理研究和传承弘扬工作，通过部署各地组织方言学研究人士和对方言热心关心者开展方言调查工作，然后用编书和录音等形式将丽水方言发音保存下来，并整理归档，符合非遗申报要求的，鼓励和支持列入各级非遗保护名录。坚持"推广普通话"和"保护丽水方言文化"工作两手抓。这份建议案基于丽水实际，提出了加强丽水方言的传承和保护，很有参考价值。

语文引入方言教学效果堪忧

（摘自：潇湘晨报，9 月 13 日，作者：肖竹）

近期，浙江丽水市政府称将开展调查研究，制定丽水方言传承计划，并提倡语文教师引入方言教学。当地官方认为，这份基于丽水实际，提出加强丽水方言的传承和保护、不让乡音变成乡愁的建议，很有参考价值。

但是对这一构想，不能盲目乐观。因为劳动力大规模流动，外来务工人员子女就近入学已成趋势。多数教师讲授的方言只能适用其中部分学生，所以自编教材没法统一。而且教材编写涉及训诂、音标等的精准应用，在学术上具有一定的难度。

实际上，想鼓励青少年学习、使用方言，可以通过组织社团活动，让学生在轻松愉悦的气氛中互飙方言，领略方言独特的语言魅力，加深对家乡风物的文化理解；还可以在寒暑假举办方言夏令营，让孩子们试着探讨不同方言缘何"异中有同"等问题。

语文教学引入方言，做个尝试又何妨？

（摘自：红网，9 月 15 日，作者：朱小峰）

毋庸置疑，方言是一种文化传承的有效载体，一种方言就是一个"活化石"，保留着一个区域的历史文化基因。传承方言，最重要的是让年轻一代，尤其是中小学生对于方言保持亲和力，说得好、听得懂，这是方言文化历史资源能够得到保护发展的关键。

在中小学生中开展方言保护活动，最好的平台无疑是课程教学。但在语文教学中引入方言，应该严格按照教学计划来执行，不能任性随意。

为了避免大面积在语文教学中引入方言可能造成的不良影响，地方政府可以先选取一两所方言基础较好的学校进行试点工作，积累经验。经过试点，如果发现发言的引入对于普通话的推行造成了一定的阻滞，那么就果断停止这种尝试；如果方言在语文课中的融入合理而有效，既和普通话的教学并行不悖，又能够让学生在一定程度上了解并掌握方言的使用方法，不妨再把试点工作进一步铺开。

学好中国语言文字 青少年们在行动

（摘自：央广网，10月1日）

日前，数十名全国知名语文教学专家齐聚教育重镇湖北省武汉市，向全国广大青少年发出集体倡议：说好中国母语才能讲好中国故事，学懂中国文字方知中国伟大，青少年们，请行动起来！"号召全国广大青少年从小学好祖国母语文化及文字知识，是落实党和国家对教育改革新要求的重要践行"。教育部基础教育课程教材专家工作委员会委员陆志平说，讲好中国故事，弘扬中华优秀传统文化需要我们薪火相传，通过众多语文专家学者与青少年面对面进行的新教材课堂教学演示，鲜明体现出武汉作为教育大市在重建教育文化，尤其是中国语言文字教育方面的战略举措。

阅读教学 正在发生的重大转变

（摘自：光明日报，10月16日，作者：王本华）

随着统编版教材的推广和使用，语文核心素养再度受到广泛关注。如何在语文教学中，让孩子爱上阅读、学会阅读、养成阅读习惯，成为专家和一线教师不断研究和摸索的重要课题。相关建议如下。一是强调核心素养的提升。听说读写中最重要的阅读教学需要特别关注思想、文化等方面的人文浸润，特别是在党和国家强调"立德树人"教育的大背景下，阅读教学中的"以文化人""以文育人"功能必须得到强化。二是重视培养解决真实情境中复杂问题的能力。三是引导学生从复杂的语言文字材料中寻找解决问题的方案。四是特别注意"整合"与"主体"这两个概念。阅读教学中要关注学生的主体学习地位，把过去常说的阅读与鉴赏、表达与交流、梳理与探究整合到一起，共同服务于核心能力的培养。

阅读教育的四重境界

（摘自：光明日报，10 月 16 日，作者：汲安庆）

写作有写作的境界，做学问有做学问的境界，语文阅读教育也有其特定的境界。第一重，守住语义体性。不仅要将言语表现的知识、技巧、智慧统一起来，在内容、形式统一的过程中突出言语形式，更要在具体的文本解读、阅读教育实践中遵循从形式到内容，再返回形式的解读路径。第二重，辨识文本类性。区分文章视域下的各种文类差别，针对的是语文阅读教育中文类意识模糊，将各种文类一锅煮的同质化教育现象。第三重，开掘文本篇性。深度揭秘文本篇性，实现阅读主体与作者言语智慧、言语生命的融合，与社会历史、现实生活的会通。第四重，彰显语文言语性。基于体性、类性、篇性之上的言语创造性，更加注重在工具性和人文性统一的过程中对主体言语生命的牧养。

中文分级阅读首个学术标准发布

（摘自：人民网，11 月 18 日）

近日，国内第一个中文分级阅读学术标准在第六届北京国际儿童阅读大会主会场上发布。本次发布的标准为小学阶段的分级阅读标准，强调标准基于学术研究之上的教育应用性，分为读物水平与读者水平两项内容，每一项都分为 1～16 级，每一级与小学的学段设置紧密对应。业内专家认为，本次发布的学术标准符合当前儿童的阅读现状，并通过一系列的教育应用方式为分级标准的普遍使用提供实施途径，满足学术服务社会的现实需求，将为中文阅读教育提供基于科学研究之下的精准指导。王蕾博士说，分级阅读根据儿童阅读水平为其匹配相对应的读物与阅读指导，其研究与推广核心理念就是用科学的分级阅读范式帮助每一个孩子学会阅读，最终持续终身阅读。

教育部答复《关于在全国中小学进行繁体字识读教育的提案》

（摘自：央广网，12 月 8 日，作者：冯烁）

近日，教育部在官网公开针对《关于在全国中小学进行繁体字识读教育的提案》的相关答复。关于简化汉字"因简害义""有损汉字的艺术美和规律性，不利于文化传承"的问题，教育部回应，自古以来，汉字由繁趋简的发展演变趋势十分显著。简化字伴随着汉字的产生而发展，已有三千多年的历史。中国文字学会会长黄德宽在此前的采访中曾表示，早在甲骨文和金文中，汉字就有了简体形式。简化了的汉字提高了书写效率，但并不折损其中的文化内涵。针对"中小学繁体字识读教育"一事，教育部表示，目前我国中小学经典阅读和书法教育中，涉及繁体字教育有关内容。

学校教学应依法使用规范汉字

（摘自：光明日报客户端，12 月 8 日，作者：柴如瑾）

针对政协十三届全国委员会《关于在全国中小学进行繁体字识读教育的提案》，教育部近日在官网公开相关答复。针对"中小学繁体字识读教育"问题，教育部表示，《国家通用语言文字法》明确规定，"学校及其他教育机构以普通话和规范汉字为基本的教育教学用语用字。法律另有规定的除外"。因此，学校教学应依法使用规范汉字。

但在中小学经典阅读和书法教育中，会涉及繁体字教育有关内容。当今语言生活中，繁体字仍将在发展文字艺术等方面发挥作用。教育部将在坚持国家文字政策的前提下，充分调研，开展繁体字相关研究，更好地为社会提供语言服务。

二、外语教育

我国外语教育发展迎来新起点

（摘自：中国社会科学报，1月4日，作者：潘玥斐、张译心）

"庆祝改革开放 40 周年暨中国外语教育发展高端论坛"日前在京举行。与会学者围绕改革开放 40 年来中国外语教育的发展经验及未来前景进行了深入讨论。改革开放 40 年，也是中国外语教育不断发展的 40 年。改革开放推动外语教育，外语教育助力改革开放。北京外国语大学党委书记王定华表示，成熟的外语教育体系对传播中华文化、促进我国与他国的交流互鉴具有重要意义。北京外国语大学中国外语与教育研究中心主任王文斌表示，改革开放 40 年，我国外语教育达到了前所未有的规模。当下我国外语教育改革正处于爬坡期，面临诸多复杂问题。如何提高外语人才培养的结构和质量，使外语教育改革既符合国家的发展需求，也符合未来学生成才成长的需要，是外语界应当深入思考的问题。

中国英语能力标准接轨国际考试

（摘自：人民日报，1月22日，作者：赵婀娜）

近日，教育部考试中心与英国文化教育协会联合发布雅思、普思考试与中国英语能力等级量表的对接研究结果，标志着中国英语语言能力标准与国际考试接轨。中国英语能力等级量表是首个面向中国学习者的英语能力标准，将中国学习者的英语能力从低到高划分为"基础、提高和熟练"3 个阶段，共 9 个等级。将雅思或普思分数同量表的具体能力要求对应起来，有多方面积极意义：中国的教育机构可以据此制定清晰的英语能力培养目标，并改进教材和教学方法；考生通过找到分数对应的量表等级能力描述语，可以分析自身的优势与不足，确定英语学习方向；学校招生或单位招聘时，能以此确定所需英语能力对应的英语分数标准，明确人才选拔要求。

雅思白皮书发布：中国考生阅读能力表现突出，"听说写"较弱

（摘自：澎湃新闻，1 月 23 日，作者：廖瑾）

英国文化教育协会发布《2018 中国大陆地区雅思考生学术表现白皮书》（以下简称《白皮书》）。《白皮书》表明，中国大陆地区雅思考生过去五年间（2012—2017）在各项英语技能上均有小幅提升，但口语能力相对较弱。从全球对比看，2017—2018 年间，中国大陆地区学术类和培训类雅思考生英语能力与全球平均水平仍有差距。其中，学术类雅思考生的阅读能力与全球平均水平持平，口语、听力和写作能力与全球平均水平均存在一定差距。而培训类雅思考生的各项英语能力都与全球平均水平存在差距，其中阅读能力的差距相对较小。整体而言，《白皮书》认为，中国大陆地区雅思考生的口语和写作能力较全球平均水平差，意味着考生需要重点改进"说"和"写"的学习方式。

告别"高分低能"，公共英语教学亟待转型

（摘自：文汇报，1 月 25 日，作者：蔡基刚）

改革开放 40 年，我国英语教育固然取得了长足的进步，但客观地说，也有一些不足。如果从是否充分满足国家和社会的科技经济发展需求的角度来看，我们做得还很不够。因为，除少数人到海外学习工作外，大批本土培养的科技工程人员无法用英语熟练地汲取国际前沿信息、与国际同行交流其各自领域的科研成果，也无法用外语有效开展研究。国内高校可尝试把公共英语从外语学院独立出来，成立校级语言教学研究中心。此外，各高校的外语学院要"并、转、停"，将剩下的英语系或外语系更名为"英文系"或"外文系"，更改系名将使英文专业和中文专业一样，成为有真正学科支撑的人文学科。最后，笔者呼吁尽快在教育部外语目录里恢复专门用途英语的学科地位。

雅思考试目的国内用途占比提高

（摘自：信息时报，1 月 29 日，作者：徐珊珊）

1 月 23 日，英国文化教育协会发布《2018 中国大陆地区雅思考生学术表现白皮书》（以下简称《白皮书》）。《白皮书》基于雅思全球庞大的考生数据，聚焦 2017—2018 年间中国内地、香港地区、澳门地区雅思考生的学术表现。《白皮书》指出，目前，19～22 岁的雅思考生依旧占主流，18 岁以下的雅思考生已经超过 23～25 岁的考生成为第二大年龄群体。值得一提的是，尽管 88.6% 的考生参加雅思考试的目的是出国留学，但以检测英文水平、国内入学、求职等国内用途为目的考生人数逐渐增加，比例达到 5.3%，首次超越申请移民及出国工作的群体占比。

推进外语教育研究理论化系统化

（摘自：中国社会科学网，3月4日，作者：吴楠）

外语教育不仅关乎我国国民的外语能力，而且对传播中华文化、促进我国与他国的交流、推进文明互鉴具有重要意义。为整体推进我国外语教育事业的发展，北京外国语大学国家语言能力发展研究中心主任王文斌提出，要根据我国的外语教育现实，加强顶层设计，总体协调，挖掘新材料、发现新问题、提出新观点，全面系统地研究我国的外语教育实际，构建外语教育学。王文斌提出，要从国家层面、理论层面、应用层面和具体实施层面构建外语教育学，不仅包含外语教育目标研究、外语教育政策制定、外语语种设置等宏观内容，还包括外语教材科学化等微观内容。

没出过国，学英语是"废物技能"？

（摘自："中国新闻网"微信公众号，3月19日，作者：任思雨）

18日，一场关于"学英语"的辩论登上了热搜第一位，起因是一位网友发表了这样一条微博："对绝大多数中国人来说，英语都是一件废物技能。浪费了我们无数人力财力，牺牲了孩子们宝贵的童年。为英语呐喊的人，无非是那些行业从业者，和一部分思想上自我矮化的奴隶。说什么外文资料，维基百科，解决这个问题只要搞一支专业翻译团队就搞定了，哪用得着全民傻乎乎的学英语？我觉得这才叫减负。"此话一出，立即引发争议。王思聪随后发了一条微博"回怼"。王思聪认为，尽管出国可以用翻译软件，但这些软件并不能翻译出文化。这名网友回应称，语言是文化的基础，语言西化思维就西化，追赶时期学习可以，取而代之的时候，就必须改变。这场原本还有探讨空间的争论最后演变成了一场"出没出过国"的人身攻击。

出没出过国，都需要学好英语

（摘自：澎湃新闻，3月20日，作者：陈禹潜）

一场关于"要不要学英语"的辩论登上了热搜。网友花千芳发微博称"英语是一种废物技能"，适用面很窄，全民学英语是极大的浪费。王思聪怒怼其没有出过国，称"尽管出国可以用翻译软件，但这些软件并不能翻译出文化。"花千芳则回应，"语言是文化的基础，语言西化思维就西化"。但我个人还是认为，完全否定英语的作用有失偏颇。纯粹从效用来评判英语的作用，本身就落入了功利的陷阱。我不认同花千芳"英语只是'部分所谓精英'需要的技能"的言论。中国大学生的比例不断提高，社会对人才供给的要求也越来越高。从未来趋势看，英语不再是大部分人都不需要用到的语言，而将成为越来越多人需要接触和使用的实用工具。

英语不是"废物技能" 学英语更不是自我矮化

（摘自：中国青年报，3 月 21 日，作者：林克）

学英语，是几代中国人年轻时"刻骨铭心"的共同记忆。或许，正因为很多人的英语学习之路显得有些被动和"功利"，他们视英语成绩为升学的敲门砖，以及求职简历上的关键项，所以才忽视了英语学习的积极目的和适用渠道。学英语的重要性，并不是相关行业从业者"吹"出来的。对于中国年轻人而言，英语学习是必要的，而且应该更清楚地明白一点：学英语，不是为了遵循社会游戏规则来"通关"，而是为了获得视野和思维的"进阶"。多学习一门语言，就多靠近一种文化。在强调尊重世界文明多样性的时代，这是年轻人理应内化吸收的常识。而把中国人学英语的必要性和所谓"爱国情绪"绑在一起，一味说学英语是"思想上自我矮化"，这种观点无疑是狭隘的。

万达宝贝王携手"21 世纪杯" 打造中国幼儿英语教育标准体系

（摘自：人民网，3 月 25 日）

3 月 24 日，钱塘江畔，中国日报社"21 世纪杯"全国英语演讲比赛总决赛暨颁奖盛典在杭州国际博览中心举行。在总决赛现场，万达宝贝王集团与中国日报社·21 世纪教育传媒签订战略合作协议，双方将在"21 世纪杯"全国英语演讲比赛、TESOL 中国大会以及 TESOL 中国师资培训等方面开展深度合作。在发布会上，中国日报社·21 世纪英语教育传媒总编辑兼总经理曾庆锴首先致辞。他表示，21 世纪英语教育传媒作为中国日报社融媒体矩阵的教育平台，主要承担了其教育使命与责任——培养更优秀、国际的跨文化人才，而万达宝贝王依托万达的品牌影响力，在早教领域打下了扎实的线上及线下基础，能够将孩子们的时间优质、高效和科学地利用起来。

顾曰国：单语家庭的孩子不宜过早学习第二语言

（摘自：人民网—教育频道，5 月 5 日，作者：郝孟佳）

近日，"第二届中文情境下的英语教学研讨会——信息技术与英语教学"在北京外国语大学举行。会议围绕语言政策与规划、课堂教学理论与实践、新时代教师角色、青少英语教学、在线学习和混合学习模式研究，以及教育新兴技术等不同议题进行了全面深入的探讨。

北京外国语大学网络教育学院荣誉院长顾曰国表示，很多家长都非常重视孩子的英语学习，但是中国家庭的孩子不宜过早学习英语，应该从孩子 5 岁或者 6 岁开始学习。他认为，在单语家庭中，幼儿最好只学习一门语言，除非家长可以为孩子提供固定的语言学习环境。否则，孩子尚未熟练掌握第一门语言，再被灌输不完整的第二语言语料，会导致两种语言都学不好。

剑桥英语对升学有多大作用？

（摘自：环球网，7 月 8 日，作者：邢晓婧、张雪婷、郭媛丹）

剑桥通用英语考试 6 月 26 日上午 10 时开放了 KET、PET 考试的报名通道。短短几分钟内，考试席位便被一抢而空，甚至一度导致"系统崩溃"，这在家长及考生间引起广泛议论。有国内媒体总结称，剑桥英语等类似英语考试目前在"小升初"中起到至关重要的作用。一些家长对《环球时报》记者反映，除了考试方以外，不排除一些培训班对各种考试、证书的炒作。中国教育科学研究院教育发展与改革研究所所长吴霓认为，"作为英语水平考试的一种形式，剑桥英语的每一级考试都呈现不同的英语水平能力，对孩子的英语阅读、理解有一定帮助。但家长不应该把剑桥英语考试作为升学等其他衡量的唯一标准，片面扩大其对孩子综合素质的影响。"

外教走上乡村中小学的屏幕

（摘自：中国青年报，7 月 19 日，作者：戴月婷）

根据金堂县教育局提供的《各学段英语教师初始学历情况分析》报告显示，76.9%的初中英语教师和 80.37%的小学英语教师初始学历均为专科及以下。这也正是让金堂县教育局下决心启动"外教+中教+学生"三方互动课堂机制的主要原因。目前由教育局承担所有教师口语培训的课程费用以及义务阶段学校的部分课程支出，2018 年为此投入约 237 万元。宜格思英语通过"外教+中教+学生"三方互动课堂机制，依托欧美全职外教资源，与当地教育局合作为中小学提供远程实时互动外教课程。目前，包括内蒙古、新疆在内的 19 个省（自治区）的部分地区引入了这一课程。

中国人为什么重视外语学习？

（摘自：人民网，11 月 7 日，作者：刘凡、郑潇潇、田晓丽）

作为一个长期坚持改革开放、致力为全球治理提供"中国方案"的大国，中国承担着重要的历史使命和国际责任。时至今日，我们早已进入外语"处处学""时时学"的移动互联学习时代。展望未来，借助教育大数据、人工智能、"互联网+"等新生事物之力，中国人学习外语的优势将会更加凸现。

重视外语学习的意义深远。第一，为民族振兴吸纳先进经验；第二，为全球治理储备新型国际化人才；第三，为中外文化交流牵线搭桥；第四，传播人类命运共同体的中国方案。这些既能让中国走向世界、融入世界，促进国际文化互学互鉴，也为全球治理培养大量专业型人才，为构建人类命运共同体贡献中国智慧。因此，中国的外语教育不能削弱，而要继续加强；中国的改革开放不能停滞，而要继续深化。

语言规划及辞典编纂

引　言

　　过去一年，国家语言文字事业不断创新，成果丰硕，为 2019 年的语言文字工作奠定了良好基础；《国家通用语言文字法》的全面贯彻，国家通用语言文字的推广，谱写了新时代语言文字事业发展的新篇章；教育部发布 2019 年工作要点"加强国家通用语言文字推广普及和语言资源科学保护"，目的在于提高国民语言能力，构建和谐健康的语言生活，为全面建成小康社会，建设与综合国力相适应的语言强国提供有力支撑；2019年 11 月 1 日，国家语委语言文字规范《汉语手指字母方案》和《中华通韵》正式实施；中国网络视听节目服务协会发布《网络短视频平台管理规范》及《网络短视频内容审核标准细则》，规定网络短视频平台实行节目内容先审后播制度；文化和旅游部发布公告，拟加强对说唱、脱口秀、相声等节目的审核监管；语用司巡视员娄晶带队拜访全国政协外事委员会副主任韩方明，就他提出的"关于禁止境内公共场合单独使用外文""关于在全国中小学进行繁体字识读教育"提案进行座谈交流。

　　在辞典编纂方面，一批反映十八大以来成就的热词入选《辞海》；汉藏双语版《现代汉语应用规范词典》编译出版工作在京启动；《现代汉语应用规范词典》《汉藏双语诉讼法辞典》《汉藏对照术语规范词典》等一批重要辞典陆续问世。

一、语言规划

全面贯彻《国家通用语言文字法》 大力推广和普及国家通用语言文字

（摘自：中国民族报，1月25日，作者：丁文楼）

语言是国家的重要文化资源。语言战略是国家战略的重要组成部分，体现在国家制定的一系列政策、法规中。语言战略把语言能力作为软实力的重要代表，以确保国家安全和发展目标的整体实施。2001年1月1日起，《国家通用语言文字法》颁布施行，伴随着改革开放的深入推进，其对于国家社会、政治、经济、文化、教育乃至对外交流等领域的战略意义日益彰显。

《国家语言文字事业"十三五"发展规划》提出："到2020年，在全国范围内基本普及国家通用语言文字。"因此，聚焦国家战略，向农村和民族地区攻坚，向社会应用推进，向现代治理转型，向国际领域拓展，推进社会主义文化强国建设，是新时期国家语言文字事业的战略目标和要求。

普及国家通用语言文字是保障新疆各族人民发展权的重要前提

（摘自：新华网，3月9日，作者：聂晓阳、施建国）

联合国人权理事会第40届会议在日内瓦举行期间，中国人权研究会理事、新疆大学政治与公共管理学院教授祖力亚提·司马义8日在"新疆人权事业发展进步"主题边会上表示，普及国家通用语言文字是保障新疆各族人民发展权的重要前提。祖力亚提在会议上介绍自己的研究成果时说，学习和使用国家通用语言是中国法律赋予每一个公民的神圣权利，推广普及国家通用语言文字是新疆各族人民现实生活的需要，是实现各民族团结平等的重要保障，也是各民族人民共同谋求发展、共创美好未来的必然选择。这位学者同时强调，普及国家通用语言并不是不保护少数民族语言，而是要建立国家通用语言和少数民族语言和谐并存、功能互补、共同发展的关系。

谱写国家通用语言文字推广普及新篇章

（摘自：光明日报，9 月 17 日，作者：田学军）

推广普及国家通用语言文字，是语言文字事业发展的核心任务。70 年来，党中央把握基本国情，领导和推动了国家通用语言文字推广普及工作的蓬勃发展。

进入新时代，语言文字战线着力解决国家通用语言文字推广普及中存在的发展不平衡、不充分等问题。持续提升学校的推普主阵地作用；深入研究国家通用语言文字的学习规律和教学规律；紧紧围绕坚决打赢脱贫攻坚战，充分发挥普通话提高劳动力基本素质的重要作用；加强组织领导和统筹规划，加大政策支持和条件保障力度。

《国家语言文字事业"十三五"发展规划》提出"到 2020 年，在全国范围内基本普及国家通用语言文字"的发展目标。确保这一目标如期实现，谱写新时代语言文字事业发展的新篇章。

国家语委主任田学军：普通话在全国普及率接近 80%

（摘自："语情局"微信公众号，9 月 18 日，作者：田学军）

推广普及国家通用语言文字，是语言文字事业发展的核心任务。筚路蓝缕七十载，风雨兼程谱华章。截至目前，普通话在全国范围内的普及率接近 80%，识字人口使用规范汉字的比例超过 95%，文盲率从新中国成立之初的 80%以上下降至 4%以下，各民族各地区交流交往的语言障碍基本消除。国家通用语言文字的推广普及，极大地促进了国家经济建设和教育、科技、文化等社会事业发展，为维护国家统一和民族团结、提高国民素质和社会文明程度发挥了不可替代的重要作用，为全面建成小康社会奠定了坚实的基础。

新时代推普要有新认识

（摘自：光明日报，9 月 21 日，作者：黄德宽）

推广全国通用的普通话，是提高全国人民科学文化水平的一项基本语言国策，也是全面建成小康社会的一项基本任务。新时代面临新形势，对推普工作提出了新要求，推普工作的认识也要随之不断更新。

从中华优秀传统文化的传承来看推普工作，普通话作为民族共同语源远流长，是中华文化历史发展的产物。从提升国家语言能力与全面建成小康社会来看推普工作，推广国家通用语言文字对国家语言能力建设有着决定性作用，提升国家语言能力则是推进国家现代化建设、全面建成小康社会的必然要求。从信息化时代生产和生活方式的巨变来看推普工作，国家语言能力是整个社会个人语言能力和水平的综合，只有不断提升国民语言能力，才能最终实现国家语言能力的跃升。

信息化时代，语言文字现代化与信息化时代同频共振，标准化、规范化是对语言文字工作的基本要求。从这个意义上来说，要实现建成小康社会一个人都不能掉队的目标，必须填平语言能力欠缺这个阻碍人们融入信息化时代的鸿沟。推普工作要充分利用信息化带来的便捷条件，改进方式，丰富内容，增强推普工作面向的精准性，通过更加艰辛的努力和创新性工作，不断提高普及国家通用语言文字的工作成效。

为脱贫贡献"语言之力"

（摘自：光明日报，9月21日，作者：李宇明）

语言统一是现代国家形成和发展的重要保障，普通话是中国语言统一的百年结晶。历经白话文运动、国语运动和1955年开始的推广普通话运动，普通话及其应用有了五个方面的巨大进展。

普通话的发展完善，为社会进步和国家减贫做出了巨大贡献。在我国，普通话储存着最多的知识信息，是普及教育、阻断贫困代际传递的重要文化力量。普通话是促进人员、信息、技术、资财流动的重要保证。语言运用已经与现代信息技术紧密结合。在中国，普通话伴有最高的现代信息技术条件，掌握普通话及相关信息技术，才能占领信息高地，不被信息边缘化。而信息边缘化是当今造成贫困的一个重要因素。推普有助于减贫扶贫，源自语言与教育、信息、互联网和人的能力机会的密切关系。

推普对象可以分为成人和儿童。成人推普最重要的是职业教育观念，要与脱贫致富的技能结合起来，与智能手机的语言技术结合起来。儿童推普是阻断贫困代际传递的根本举措，需与教育同步，需在基础教育的体制机制内进行。

推普助力脱贫是一项长期的任务。而且，与贫困做斗争是全人类共同关注的话题，中国的推普助力脱贫也可为全球减贫事业所借鉴，为人类的减贫事业贡献中国智慧。

新时代的推普方略

（摘自：光明日报，9月21日，作者：姚喜双）

新时代，如何切实贯彻落实习近平新时代中国特色社会主义思想，如何有效推广国家通用语言文字，要求我们能从新时代我国社会的主要矛盾出发，正视推广普及中存在的不平衡、不充分等问题。

不平衡问题的主要表现：一是普通话推广和规范汉字推广之间的不平衡。二是普通话推广"数量"与"质量"的不平衡。三是城市与农村、发达地区与老少边穷地区的不平衡。四是现实空间与虚拟空间的不平衡。五是国内与国际的不平衡。发展不充分主要体现为四大领域中国家通用语言文字推广普及的不充分。

进入新时代，推广普及国家通用语言文字要统筹国内国际两个大局，深刻认识我国社会主要矛盾发生新变化的这一基本国情，深刻认识我国所面临的世界百年未有之大变局这一基本世情，以服务国家发展需求为核心，向国家战略聚焦，向农村和民族地区攻坚，向社会应用推进，向现代治理转型，向国际领域拓展，大力推广普及国家通用语言文字，为建设与综合国力相适应的语言强国、实现"两个一百年"奋斗目标和中华民族伟大复兴的中国梦做出新的更大贡献。

普通话助力国家发展

（摘自：光明日报，9 月 21 日，作者：赵世举）

语言文字是人类最重要的交际工具和信息载体，是文化的核心要素和传播工具，也是国家治理的重要工具和领域，在国家发展中具有全民性、基础性和全局性的重要作用。社会需求是语言文字事业发展的根本动因。中央重视为语言文字事业发展掌舵。

70 年来，语言文字事业服务国家大局和社会需求，不断改革创新，不仅保障了我国语言文字的健康发展和广泛使用，而且在国家的全面建设和发展中发挥了重要作用；促进了文化教育普及和国民素质提升；促进了民族团结和国家统一；促进了文化发展及国际传播；促进了经济发展；促进了科技进步。

当今，我国进入中国特色社会主义新时代，世界出现百年未遇的大变局，人类正迈入大数据和人工智能驱动的"人机共生社会"，语言领域也在随之发生深刻变革。这些都对语言文字事业提出了新的更高要求，迫切需要语言文字领域抓住新机遇，担当新使命，全面建设和提升国家语言能力，积极对接国家总体发展战略和教育、文化、科技、经济、安全等相关领域的需求，把准切入口和着力点，提供优质语言服务。

漫灌到滴灌，推普要精准

（摘自：光明日报，9 月 21 日，作者：司罗红）

随着推普工作不断推进，普通话的普及率大幅提升，但仍存在推广普及不平衡、不充分的问题。因此，普通话的推广模式应由以往的大水漫灌式向精准滴灌式改进，推进推普工作精准化。

精准推普应与学习者的需求相适应，学习者的需求决定了学习的态度和目标，精准推普要充分考虑这种因素，以适应其需求。精准推普应与地区发展相适应，不同地域的推普任务侧重点应有不同。精准推普应与年龄相符合，儿童是推广普通话的重点对象，要抓住儿童语言习得关键期；针对中青年普通话学习者应采用集中培训学习，实现普通话培训与工作需求相结合的目的。精准推普应与科学技术相结合，精准推普要利用好网络传播速度快、资源丰富的特点形成针对网民的推普计划；同时，也应当科学引导网络中存在的不合法、不合规的语言现象。

精准推普应与汉语国际化相结合。精准推普应当考虑不同地区的汉语情况，制定接受度高、标准合理的中华民族共通语标准，减少差异与隔阂，同心协力推动普通话的全球传播。

西林：普通话教学助脱贫

（摘自：新华每日电讯，10月9日，作者：黄志安）

广西百色市西林县是典型的山区县，少数民族人口占全县90%以上，至今仍有部分群众无法用普通话进行沟通交流。从2018年起，西林县开展学前"学普行动"，大力推进普通话教学"一对一"送教上门。行动通过实物、图片、玩具、儿歌等形式引导幼儿掌握标准发音，鼓励孩子在课堂上、课后都要讲普通话。西林县组织"第一书记"、扶贫工作队、帮扶干部利用节假日、婚丧嫁娶、民俗活动等时机推广普及普通话，纠正发音。越来越多的群众学会普通话。一场场别开生面的"推普大课堂"，一次次气氛活跃的"推普脱贫培训班"，让群众逐步跨过"语言关"，更为后续发展打下了语言和技能基础。

广西罗城大力推广普通话——语言扶贫扶出的"魔力"

（摘自：中国教育报，11月19日，作者：欧金昌）

近十年，罗城坚持开展"推普进乡镇"活动，对所有行政村青壮年农民进行"人人通"推普脱贫培训，引导村民利用广播、电视、网络、手机等各种载体和平台自主学习普通话，同时还借助就业培训机构等社会力量，对不具备普通话沟通能力的外出务工人员、贫困群众进行培训，为深度贫困地区的劳动力提供精准就业服务。

罗城将推广国家通用语言工作辐射至全县各部门、各行业：党政机关带头说普通话、用规范汉字；学校将语言文字规范化要求纳入学校的培养目标和常规管理，渗透到各项教育教学活动全过程；服务行业倡导说普通话，并以此作为提升行业服务水平的重要指标。目前，罗城3~6岁学前儿童在园幼儿100%会说普通话，中小学生100%能正确运用音序法查字典，92%的专任教师普通话水平等级达标，95%的公务人员通过普通话水平测试，全县普通话的普及率从2016年的70%提高至现在的90%。

普通话异读词的审音原则

（摘自："今日语言学"微信公众号，2月20日，作者：刘祥柏、刘丹青）

2016年的新一轮普通话异读词审音确立了5条审音原则：以北京语音系统为审音依据；充分考虑北京语音的发展趋势，同时适当参考在官话及其他方言区中的通行程度；普通话使用者已广泛接受的原审音表读音维持不变；尽量减少没有别义作用或语体差异的异读；足以支持统读的个别条目暂时保留异读并提出推荐读音。这5条审音原则是普通话审音研究课题组在审慎研究和反复征求意见的基础上逐步建立和完善的，也是在过去历次普通话审音工作的基础之上继承发展而来的，有别于以往普通话审音的地方在于进行了较大规模的真实口语调查，对普通话使用者的异读现状进行多种形式的调查。

新版《审音表》公布后，我们如何读古诗文

（摘自："今日语言学"微信公众号，2月20日，作者：孟蓬生）

《审音表》作为国家规范适用于一切场合，自然也适用于古诗文；一些人口中的所谓"古音"实际上并不是真正的"古音"，而是前人称为"叶（xié）韵"的东西。即使是真正的"古音"，对于现代人也并不具有约束力；面向中小学生的工具书和教科书原则上不应该标注真正的"古音"和所谓的"古音"。在一些特殊场合，如古诗文吟诵活动和其他文艺形式中使用一些"古音"，如同京剧艺术中的"上口字"一样，应该得到尊重和宽容。

虽然一些人愿意在吟诵活动或其他一些艺术形式中按以上提到的"叶韵"等来读古代诗文。但需要指出的是，这些民间读古诗文时临时改读的音，从来没有取得大众和官方的认可，成为汉语的规范读音。

互联网时代，如何"说"好中国话

（摘自：上观新闻，2月20日，作者：施晨露、刘雪妍、王倩）

"注意！这些字的读音改了！"每每看似耸人听闻的标题在社交媒体热转，都会引发关注。究其原因一则涉及教学标准，二则出于对母语的珍重。互联网时代，语言前所未有地活跃。一方面给了普通大众展示语言智慧的平台，语言创新能力大大提升；另一方面，也有人忧虑，语言的粗鄙化成为一种趋势。落实到语音上，"典雅"的古音消失

了，读"白字"的群体"抱团"，慢慢错的也就成了对的。

互联网给了大众更平等交流的渠道，也让新词新语的产生更活跃。来自大众的智慧不等于"俗"和"鄙"，语言系统自身有其净化和淘汰规律，且看某些流行一时的网络热词不是很快销声匿迹？在话题背后，更值得追究的是，"说"好中国话，能不能成为中国人的自觉追求。

古诗读音迁就今人？须审慎"纠偏"

（摘自：光明网，2月21日，作者：邓海建）

几个古诗词用字的读音调整，为何叫人如此耿耿于怀？这个问题的背后，大概离不开两个语境：其一，大家认为可以修改拼音，但类似平仄押韵的古诗，恐怕还是尊重传统为好。其二，这些年传统文化的粉丝众多，古诗词复兴之风渐入臻境。复兴传统文化的前提是尊重和敬畏，既然古诗异读词有其存在的道理和逻辑，那么为了省事和方便而迁就今人的做法，显得有些轻佻和草率。

据称，目前网上流传的标准读音很多来自尚未正式发布的《普通话异读词审音表（修订稿）》。既然这个话题广受关注，倒不妨甄别民意、听懂民声，既不要在考试中让孩子在个别读音上钻牛角尖，更要在尊重传统文化的共识下审慎为古音"纠偏"。

赓续汉字音韵之美

（摘自：人民日报，2月25日，作者：桂从路）

语言作为沟通交流的工具，发音是约定俗成的，也是社会发展的产物。从春秋战国时期的"雅言"，到隋唐时期民族融合中塑造的"唐韵"，再到近代以北京语音为标准音形成的普通话，语音的流变从未停止。

诗词作为一种文学形态，对字词读音既讲押韵，更讲平仄，那些处于诗句关键位置的"诗眼"，更保留下日常语言中已经不常见的读音，让人从中感悟音韵之美、语言之美。从这个角度看，人们关注字词读音的修改，正是因为存有一份对传统文化的呵护之心。进而言之，我们不可能要求语言一成不变，但也应看到，在变动不居中，我们仍然需要找到接续传统的空间。

山东省城市语言文字工作评估实现全面达标

（摘自：语用司，2月19日）

山东省聊城市7个县（市、区）、枣庄市2个县（市、区）近日相继通过国家三类城市语言文字工作评估。至此，山东省 105 个三类城市全部通过城市语言文字工作评估验收，实现了"普通话初步普及，汉字的社会应用基本规范"的语言文字工作目标。

2001 年以来，山东省教育厅、省语委从实际出发，分类指导，分步实施，积极稳妥地推动评估工作。2005 年至 2014 年，青岛市、济南市通过国家一类城市语言文字工作评估；一类城市的周边城区、其余地级市的城区共计 20 个地区通过国家二类城市语言文字工作评估。2015 年至 2019 年初，二类城市的周边城区共计 105 个县（市、区）通过国家三类城市语言文字工作评估。全省城市语言文字工作评估全面完成，比国家规定的完成时限提前了两年。

教育部 2019 年工作要点

（摘自：教育部，2 月 22 日）

2019 年 2 月 22 日，教育部发布了 2019 年工作要点。其中，第三部分"提升人民群众教育获得感"的第 16 点"加强国家通用语言文字推广普及和语言资源科学保护"，包括两部分内容：第一，目标任务为"树立国家通用语言文字认同感，培育中华民族共同体意识。加大语言资源科学保护力度"。第二，工作措施为"实施国家通用语言文字普及攻坚工程，举办第 22 届全国推广普通话宣传周，继续开展县域普通话情况调查。加强学校语言文字工作达标建设，开展县域普通话基本普及验收工作。制修订国家通用语言文字规范标准，推动《国家通用语言文字法》修订工作，推动《信息技术产品中语言文字使用管理规定》发布实施。完成中国语言资源保护工程一期建设。推进中华思想文化术语传播工程。举办纪念甲骨文发现 120 周年系列活动。加强国家语言文字推广基地建设，举办中华经典诵写讲系列大赛。拓展双边语言政策交流互鉴。"

《网络低俗语言调查报告》规定先审后播 规范弹幕内容

（摘自：法制日报，2 月 26 日，作者：韩丹东、李恋洁）

人民网舆情监测室发布的《网络低俗语言调查报告》称，低俗的网络语言扰乱了交流的善意，让讨论的平台崩塌，对社会整体情绪产生负效应。对于 B 站（哔哩哔哩）等弹幕网站而言，其用户不乏青少年人群，而低俗的弹幕内容会对青少年的认知产生不良影响，因此，规范弹幕内容具深远意义。《网络短视频平台管理规范》规定，网络短视频平台实行节目内容先审后播制度。平台上播出的所有短视频内容均应经审核后方可播出，包括节目的标题、简介、弹幕、评论等内容。因为弹幕已经成为一些视频应用的主要社交方式，此次中国网络视听节目服务协会的两个文件将弹幕纳入先审后播的范围，将有利于弘扬主流价值观。

人大代表建议修订《国家通用语言文字法》，规范语言使用原则

（摘自：澎湃新闻，3月7日，作者：韩雨亭）

今年全国两会期间，全国人大代表、山西工商学院院长牛三平向大会提交《关于修订〈国家通用语言文字法〉的建议》（以下简称《建议》），希望国家修订《国家通用语言文字法》，以此规范用语。《建议》称，国家应强调国家通用语言文字的地位和使用原则；适当扩大国家通用语言文字法的调整范围，对语言文字不仅从应用形式，还要从表达内容上进一步提出规范性要求；包括明确各相关行业领域及从业人员使用国家通用语言文字的要求；明确汉语方言、繁体字异体字、少数民族语言文字、外国语言文字、国家通用盲文手语、网络空间语言文字的使用；厘清各级政府和部门的职责划分；进一步细化奖励和惩罚措施等。

全国政协委员于殿利建议：尽快修订《国家通用语言文字法》

（摘自：中国新闻出版广电网，3月11日，作者：王坤宁、郝天韵）

"《国家通用语言文字法》急需修订。"全国政协委员、商务印书馆总经理于殿利认为，随着改革开放的深入、经济社会的迅速发展，语言生活出现诸多新情况、新问题，为此，他建议全国人大、司法部将修订《国家通用语言文字法》列入2020年立法工作计划并尽快出台，使之更符合语言生活实际，更好地发挥国家通用语言文字在社会生产和生活以及国际交往中的作用。于殿利认为，修订《国家通用语言文字法》有五方面的原因。于殿利表示，要进一步强调国家通用语言文字的地位和使用原则；适当扩大《国家通用语言文字法》的调整范围，对语言文字不仅在应用形式，还要在表达内容上进一步提出规范性要求，从重点领域及其从业人员扩大到其他相关领域及其从业人员；进一步明确各相关行业领域及从业人员使用国家通用语言文字的要求；进一步明确汉语方言、繁体字异体字、少数民族语言文字、外国语言文字、国家通用盲文手语、网络语言文字的使用要求；进一步厘清各级政府和部门的职责划分；进一步细化奖励和惩罚措施等。

代表委员呼吁修订《国家通用语言文字法》

（摘自：澎湃新闻，3月12日，作者：王俊）

今年全国两会期间，多位全国人大代表、全国政协委员呼吁修订《国家通用语言文

字法》。全国人大代表、山西工商学院院长牛三平向大会提交《关于修订〈国家通用语言文字法〉的建议》（以下简称《建议》），希望国家修订《国家通用语言文字法》，以此规范用语。《建议》指出，伴随中国社会发展和信息化步伐加快，语言生活日益多元复杂，让《国家通用语言文字法》在贯彻落实过程中面临新挑战。因此，牛三平在上述《建议》中指出，需要通过修订明确《国家通用语言文字法》的执法主体、各部门职责分工和奖惩措施，提高法律的可操作性，"全国人大、司法部应将修订《国家通用语言文字法》列入 2020 年立法工作计划并尽快出台，使之更符合语言生活实际，在社会生活中更好地发挥国家通用语言文字的作用"。全国人大代表、湖南省教育厅厅长蒋昌忠，全国政协委员、商务印书馆总经理于殿利也都在今年全国两会期间发声，呼吁修订《国家通用语言文字法》。

修订《国家通用语言文字法》 对低俗网络词语应加强监管

（摘自：法制日报，3 月 13 日，作者：蒲晓磊）

河北省教育厅总督学韩爱丽委员近日接受《法制日报》记者采访时建议，修改《国家通用语言文字法》，对语言文字应用领域出现的一些新问题、新挑战作出回应。韩爱丽认为，人民群众学习使用语言文字多元化的需求需要得到满足，这些需要从法律层面进一步加强制度设计。韩爱丽注意到，语言文字工作战线在《国家通用语言文字法》的执行落实中经常面临难题。韩爱丽主张通过修改法律，促进并加强法律的贯彻落实。韩爱丽建议，将修订《国家通用语言文字法》列入 2020 年立法工作计划并尽快出台，使之更符合语言生活实际，在社会生活中更好地发挥国家通用语言文字的作用，促进各民族、各地区经济文化交流，满足国家经济社会发展和人民生产生活的迫切需要。

语言规范缘何必要

（摘自：光明日报，3 月 2 日，作者：刘松青）

语言是表达、沟通和传承记忆的主要工具，也是体现民族特性的重要元素。但是，人们经常会错误地使用某些词语，也会说一些不合语法规范的句子，甚至生造一些不伦不类的概念和表达。因而，我们不厌其烦地制定一些语言规范，以此来维护语言的纯洁性、准确性、完整性和表现力。语言规范之所以必要，主要有三方面理由。其一，语言在某种程度上会影响我们的思维和认知。其二，语言的不规范使用会影响我们的文化审美甚至道德判断。其三，语言是民族认同的堡垒，是文化传承的载体。

立法语言要兼顾专业与简明

（摘自：学习时报，4月10日，作者：王梦雪）

我国在立法语言方面并不缺少正式的、规范性的约束，起草立法文本的都是各领域包括语言学方面的专业人士和专家，而且每一份立法文本在正式公布之前都经过了包括起草人员、相关专家以及相关部门的广泛讨论。但目前，我国的立法语言仍然存在较多问题，集中体现在对规范的不可感知或不认同上。立法文本应以谁为目标受众进行起草，是法律职业者还是普通公众？诚然，面对文本理解的复杂性，立法语言要在专业与简明间达到一个完美状态是有很大难度的，但不能因此而否定立法语言简明化的价值，法谚"法律应当被一切人理解"所要传达的境界应该始终是立法者的追求，是法律文本应当不断接近的一种状态。

语用司拜访韩方明委员沟通提案办理工作

（摘自：语言文字应用管理司，6月3日）

为切实做好 2019 年两会建议提案办复工作，通过"走出去"创新建议提案办理方式，进一步听取代表委员对语言文字事业发展的意见建议，5月30日，语用司巡视员娄晶带队拜访全国政协外事委员会副主任韩方明，就他提出的"关于禁止境内公共场合单独使用外文""关于在全国中小学进行繁体字识读教育"提案进行座谈交流。娄晶对韩方明委员关心支持语言文字事业表示衷心感谢。韩方明委员对教育部语用司积极主动上门沟通推动提案落实的创新做法予以充分肯定。他指出，国家通用语言文字的规范使用应引起全社会重视，要推进语言文字立法，加大执法监督检查力度，规范公共服务领域等外文使用，增强国民文化自信。他表示，今后将继续关注支持语言文字工作，助力推进语言文字事业发展。

《汉语手指字母方案》和《中华通韵》两项语言文字规范正式实施

（摘自：教育部，11月1日）

2019 年 11 月 1 日，国家语委语言文字规范《汉语手指字母方案》和《中华通韵》正式实施。两项规范由国家语委语言文字规范标准审定委员会于 2019 年 3 月审定通过。其中，《汉语手指字母方案》由中国残疾人联合会、教育部、国家语言文字工作委员会共同发布实施。《中华通韵》由教育部、国家语言文字工作委员发布试行。

新实施的《汉语手指字母方案》保持了原方案简单、清楚、形象、通俗的基本设计原则，根据手指字母使用实践中发现的问题进行针对性修订。在内容体例、图示风格上与 2018 年发布实施的《国家通用手语常用词表》保持一致。

《中华通韵》由中华诗词学会组织研制，是新中国语言体系中的新韵书。规范以《国家通用语言文字法》《汉语拼音方案》《通用规范汉字表》等语言文字法律法规和规范标准为依据，以音韵学理论和诗词创作实践为基础。

二、辞 典 编 撰

《现代汉语应用规范词典》出版

（摘自：新华网，1 月 11 日，作者：史竟男）

《现代汉语应用规范词典》日前已由语文出版社出版。词典收录《通用规范汉字表》全部汉字 8105 个，收释现代汉语常用词语约 40000 条，提示易错的字词读音、写法、意义和用法等约 3000 处，辨析同义词或相关词语 2000 余条。作为一部中型语文词典，《现代汉语应用规范词典》以贯彻国家语言文字规范标准、推广普及国家通用语言文字、提升国民语言文字应用能力为宗旨，对多音字音义加以集中展现，对汉字笔画、部首、结构、组词进行全面呈现。专家表示，该词典注重实用性和规范性，贴近汉语学习和应用的实际需求，适合不同文化程度的读者，尤其是广大中小学师生使用。

《现代汉语规范应用词典》好在哪儿？

（摘自：语言文字报，3 月 13 日，作者：张世平）

2019 年 1 月，以"贯彻国家语言文字规范标准，推广普及国家通用语言文字"为宗旨的《现代汉语应用规范词典》由语文出版社出版。在词典发布会上，时任教育部语言文字应用研究所所长张世平谈了这部词典的突出特点：规范和应用。他表示，这部语言文字工具书在国家的规范标准、政策法规和社会使用之间搭建了一座非常好的桥梁。张世平表示："在应用方面，这部词典与社会实际需求相适应，特别在纠错方面很有帮助。我相信，这部词典对于公民开展语言教育、提升国民语言能力和国家语言实力都有积极的推动作用。"

一批反映十八大以来成就的热词入选《辞海》（第七版）彩图本

（摘自：文汇报，7 月 13 日，作者：许旸）

《辞海》（第七版）彩图本预计将于今年 9 月面世，献礼祖国七十华诞。其中，中国梦、5G、大数据等反映十八大以来成就的一批热词首次入选。新版《辞海》将同步推出网络版和纸质版，并设 PC 版、APP 版和微信版，满足读者不同场景便捷使用。新版《辞海》新增政治、经济、科技、文艺等方面的词目，包括"中国梦""5G""大数据""天使投资""量子通信"等。而在中国文学新增重要人物条目中，近几年去世的金庸、饶宗颐、余光中、陈忠实等名家也在其列。外国文学方面补充了近年过世的重要作家。第七版《辞海》新增彩图至 18000 余幅，并更新很多照片，重新绘制地图，同时保留了历版留存下来的手绘插图。

汉藏双语版《现代汉语应用规范词典》编译出版工作启动

（摘自：新华网，7 月 20 日，作者：史竞男）

为进一步提升藏区的教育水平，促进国家通用语言文字的推广普及，汉藏双语版《现代汉语应用规范词典》编译出版工作日前在京启动。记者从语文出版社 20 日在京组织召开的该词典编译出版研讨会上获悉，国家通用语言文字在民族地区的推广普及、少数民族地区双语教育的推进，特别是"三区三州"的推普脱贫攻坚到了关键时期，亟待语言文字领域提供新服务和新资源，加大支持力度。汉藏双语版《现代汉语应用规范词典》将在《现代汉语应用规范词典》基础上进行编译，预计在两至三年内完成。

西藏第二部"新词术语"规范词典出版发行

（摘自：新华网，10 月 15 日，作者：春拉）

由西藏自治区新词术语藏文翻译规范委员会审定的《汉藏对照术语规范词典》，日前正式由西藏人民出版社出版发行。"一带一路""中国梦""朋友圈""扫一扫"……据悉，这部词典收录了 1995 年以来西藏自治区藏语委办和新词术语藏文翻译规范委员会组织收集翻译、审定规范和推广发布的，以术语、短语、短句等为主的新词术语，内容涉及时政、经济、互联网、文化、法律、电力等各行业领域。这部词典的发行，还将对广大翻译工作者和读者统一使用规范的新词新语，促进藏语文科学发展具有重要参考价值。

《汉藏双语诉讼法辞典》正式发行

（摘自：新华网，12 月 18 日，作者：央秀达珍、张大川）

《汉藏双语诉讼法辞典》18 日在青海省西宁市正式面世，该辞典的发行填补了藏语诉讼法知识类图书的空白。人民法院出版社副总编辑林志农介绍，《汉藏双语诉讼法辞典》是一本汉藏双语法律专业书籍，此书包含刑事、民事、行政诉讼等领域的 4000 多个法律词条，释义权威、体系完备、翻译准确。

　　"《汉藏双语诉讼法辞典》对消除司法诉讼环节语言交流的障碍、加快藏汉双语法律人才的培养、推动涉藏州县的法治宣传教育、帮助藏区群众更好依法维权具有十分重要的作用。"青海省高级人民法院院长陈明国说。

汉语国际教育与中国语言文化传播

引　言

　　2019 年，我国国际影响力日益增强，文化软实力日益提升，汉语国际教育事业蓬勃发展。截至 12 月，共有 162 个国家（地区）设立了 550 所孔子学院和 1172 个中小学孔子课堂。其中新设 27 所孔子学院、66 个孔子课堂。海地、中非、乍得、朝鲜、多米尼克、东帝汶、马尔代夫、沙特阿拉伯等 8 个国家首次设立孔子学院。菲律宾亚典耀大孔子学院探索"互联网+汉语+中华文化"汉语国际教育新模式，通过网络学汉语正成为新时尚。南非首个"汉语+"职业技能培训与实践基地正式成立。中医特色孔子学院中方合作院校工作联盟揭牌。西班牙马德里、白俄罗斯明斯克等地举办"孔子学院日"活动，进一步增进了两国民众对中国语言文化的了解。

　　在国际上，汉语言文化热持续升温，国际文化交流与合作日益增多，中国语言文化传播相关信息层出不穷：俄罗斯将汉语纳入国家统一考试的外语科目中，沙特阿拉伯将汉语纳入所有教育阶段的课程之中，肯尼亚计划于 2020 年在小学开设中文课，阿塞拜疆驻华大使表示阿塞拜疆计划把汉语教育引入小学课程，汉语教育逐步进入多国国民教育体系；联合国"中文日"多形式展示中国语言文字之美；日本 NHK 电视台推出中文节目；阿联酋高薪聘请 200 名汉语教师；HSK 留学教育展首次在拉丁美洲举行；全球首家汉语国际教育研究院挂牌成立；海外学中文涌动"低龄潮"，双语幼儿园走进英国基层小区；南非政府设立"南非中文日"。此外，各项中国语言文化传播活动异彩纷呈，文化合作也日益深入。

一、孔子学院建设与发展

汉语国际教育新模式吸引菲律宾人

（摘自：中国新闻网，3月11日，作者：关向东）

菲律宾亚典耀大孔子学院 AR、VR"魅力汉语全球行—菲律宾"活动暨数字化国际汉语教育研讨会，10 日在马尼拉菲华商联总会拉开帷幕，探索"互联网+汉语+中华文化"汉语国际教育新模式，活动时尚新颖吸引了菲华各界人士。现场设置的 AR、VR 等活动体验台，为体验者真实再现年兽、财神等中国春节代表性元素，及"川剧变脸"等巴蜀特色文化。在研讨会上，菲华商联总会副理事长施梓云表示，中国文化是世界文化的瑰宝，传承和推广中国文化，发展菲律宾华文教育，是华人社会的伟大工程。

突尼斯首家孔子学院揭牌

（摘自：新华网，4月11日，作者：黄灵、马迪）

新华社突尼斯 4 月 10 日电，突尼斯第一家孔子学院——迦太基大学孔子学院 10 日在迦太基大学高等外语学院揭牌。迦太基大学孔子学院由大连外国语大学和迦太基大学合办，将向当地学生和民众提供汉语教学。突尼斯高等教育和科研部长萨利姆·哈勒布斯在仪式上说，孔子学院的设立对突中文化交流具有重要意义，可加强两国人民相互了解，是中国与非洲国家在"一带一路"倡议下加强双边合作与交流的重要体现。中国驻突尼斯大使汪文斌说，突尼斯第一家孔子学院的成立有助于两国促进文化和人文交流不断发展。

南非首个"汉语+"职业技能培训与实践基地在德班成立

（摘自：国家汉办网，4月22日）

当地时间 4 月 18 日，南非首个"汉语+"职业技能培训与实践基地——南非德班理工大学孔子学院职业技能实践基地暨长城技能培训中心在德班正式成立。中国驻德班总领事费明星、德班市副市长法齐娅·皮尔、德班理工大学副校长西布西索·莫约、派克斯学院首席执行官布伦达·贾文德、长城技能培训中心创始人王圣岚与德班理工大学孔子学院中方院长吴林共同为培训与实践基地揭牌。德班华人企业代表与参训人员共百余人出席了揭牌仪式。南非德班理工大学孔子学院职业技能实践基地暨长城技能培训中心是德班理工大学孔子学院继去年"一带一路"沿线国家汉语职业人才培养与创业孵化论坛后，再次将"汉语+"职业技能培训落到实处，以汉语为纽带，将当地华人企业和学员的就业创业相联系。

朝鲜首个汉语考试中心举行揭牌仪式

（摘自：人民日报，5月8日，作者：莽九晨）

5月7日，朝鲜首个汉语考试中心在平壤科技大学举行揭牌仪式。孔子学院总部副总干事赵国成在揭牌仪式上致辞，朝鲜平壤科技大学孔子学院 HSK 考点的运营必将架起一座两国语言文化交流新的桥梁，为朝鲜汉语学习者提供更好的学习平台，为中朝两国人民，特别是两国青年的彼此交流、相互学习，开创新的局面。朴相益表示，平壤科技大学将确保汉语水平考试考点的顺利运营，并将竭尽所能提升学校的中文教育水平，提高学生们的中文学习热情。平壤科技大学还将进一步加强与中国教育科研机构的友好交流与合作，以取得更大成果。朝鲜是全球第 137 个设立汉语考试考点/中心的国家，平壤科技大学汉语考试中心是全球第 1141 个考点。

全美孔子学院注册学员数累计达两百余万人次

（摘自：人民日报海外版，5月17日，作者：赵晓霞）

日前，主题为"走向全球化的未来"的第十二届全美中文大会在美国加利福尼亚州圣迭戈拉开帷幕，来自美国各地以及其他 8 个国家的 1300 多名汉语教师、教育官员以及行业专家参加大会。孔子学院总部副总干事、世界汉语教学学会副会长兼秘书长马箭飞在致辞中表示，全球教育理念让人们更加认识到中文教学的重要性。马箭飞表示，孔子学院总部将确保孔子学院尊重所在大学办学自主权，公开透明，合法合规，继续为各国民众提供一流的中文教学服务，继续为全球教育做出贡献。美国亚洲协会副会长安东尼·杰克逊在致辞中说，美国学生对外部世界尤其是亚洲仍然缺乏了解，必须大力加强美国的汉语教学，这也将有利于美国学生的成长。

马德里孔子学院举办 2019 年"孔子学院日"

（摘自：国家汉办网，10月3日，作者：张曦文）

当地时间 9 月 21 日，西班牙马德里孔子学院举办"孔子学院日"。马德里自治大学校长特使何塞·帕索、中国驻西班牙大使馆公使衔参赞姚飞、文化参赞刘雯秋等出席。此次活动内容丰富，形式多样，体验感十足，主要分为文化体验活动、礼宾仪式及开幕式、图书推介会、颁奖仪式及中国艺术表演五个环节。本次文化体验活动包括糖画、面塑、剪纸、中国书法及长嘴壶茶艺表演。"孔子学院日"受到西班牙民众的广泛关注，通过丰富多彩的文化体验活动，使他们有更多机会了解中国、中国瑰丽多彩的传统文化，在多元文化的碰撞中感受中国的魅力。

白俄罗斯热闹的中国文化节——记明斯克"孔子学院日"活动

（摘自：新华社公众号，10月6日，作者：魏忠杰、李佳）

10月5日，为了增强中白两国教育合作、发展白俄罗斯汉语教学、提高当地民众对中国文化的兴趣，白俄罗斯明斯克国立语言大学携手四所孔子学院和两个孔子课堂，特地在明斯克市中心自由广场举办"孔子学院日"活动。在广场的中心舞台，白俄罗斯全国各地学习中文的大中小学学生及中国文化爱好者轮番表演：或演唱中文歌曲，或表演中国民族舞蹈。年轻的武术爱好者表演了长拳及刀、枪、剑、棍等武术套路，年长者则打起了太极拳。他们在展示各自学习成果的同时，也表达了对中国文化的热爱。

孔子学院十五年：全球"汉语热"带来机遇与挑战

（摘自：新华网，12月10日，作者：谢樱、蔡潇潇）

162个国家（地区）、550所孔子学院、1172个中小学孔子课堂……从2004年开始创办的孔子学院，已为数千万各国学员提供中文学习和中国语言文化体验服务，成为世界了解中国的一个重要平台，受到各国人民的广泛欢迎和高度赞誉。

15年来，孔子学院坚持中外合作、因地制宜的办学模式，践行"有教无类""因材施教"的教育理念，为增进国际理解，促进世界多元文化交流互鉴发挥了重要作用。

随着各国经贸合作的加深，"汉语热"带来的影响已扩展到各个领域，孔子学院也进入了转型升级的全新阶段，国际中文教育迎来了新的发展机遇和挑战。

8个国家首次设立孔子学院

（摘自：人民日报海外版，12月13日，作者：赵晓霞）

从日前于湖南长沙举行的2019年国际中文教育大会获悉，根据控制增量、优化存量、稳定总量、提高质量的原则，按照中外双方相互尊重、友好协商、平等互利的办学模式，在外方主动要求和自愿申请的基础上，经认真评估和专家评审，2019年共新设27

所孔子学院、66 个孔子课堂。海地、中非、乍得、朝鲜、多米尼克、东帝汶、马尔代夫、沙特等 8 个国家首次设立孔子学院。

在大会期间，新设立孔子学院、孔子课堂、汉语中心正式签署合作协议。同时，"中医特色孔子学院中方合作院校工作联盟""辽宁省孔子学院合作大学联盟"，以及中国传媒大学"孔子学院传播研究中心"在大会期间揭牌。

中医特色孔子学院中方合作院校工作联盟成立

（摘自：中国中医药报，12 月 23 日，作者：京龙中）

近日，中医特色孔子学院中方合作院校工作联盟揭牌仪式在湖南省长沙市举行。教育部副部长田学军为联盟揭牌。中医特色孔子学院中方合作院校工作联盟由北京中医药大学发起倡议，得到黑龙江中医药大学、南京中医药大学、北京语言大学等 15 所国内高校的响应。联盟旨在促进中医特色孔子学院中方院校间交流办学经验、共享办学资源、增强办学支撑，通过增强校际协作、经验交流，实现资源共享、优势互补，推动全球中医特色孔子学院健康可持续发展，为促进中医药文化走向世界，增强中华文化的国际影响力做出更大贡献。

二、中国语言文化国际传播

肯尼亚 2020 年在小学开设中文课

（摘自：中国日报网，1 月 9 日，作者：崔美琴）

为了提高学生将来的就业竞争力，进一步加强与中国的经贸往来，肯尼亚政府决定自明年起在小学开设中文课程。据肯尼亚媒体 1 月 9 日报道，肯尼亚课程发展研究所（KICD）负责人朱利叶斯·贾万日前在接受媒体采访时表示，中文教学大纲的设计和适用范围已经确定下来，并将于 2020 年推出。四年级及以上的小学生将开始学习该课程。贾万解释说，这是因为中文在全球范围内的应用正在不断增长，肯尼亚与中国之间的政治和经济联系日益深化，中文课程的引入正当其时。"中国在世界经济版图中的地位越来越强大，如果肯尼亚人能够讲好中文，整个国家都将从中获益。"

马耳他中文学校在中国古典园林"静园"成立

（摘自：新华网，1 月 14 日，作者：袁韵）

为了给旅居马耳他的华侨华人后代创造良好的中文教育环境，由多方合作筹办的马耳他中文学校 13 日在马耳他知名景点——位于桑塔露琪亚市的中国古典园林"静园"正式成立。学校由马耳他华联会与马耳他大学孔子学院、桑塔露琪亚市联合筹办。桑塔露琪亚市副市长弗雷德里克·丘塔亚尔任中文学校荣誉校长。中国驻马耳他大使姜江在成立仪式上致辞时说，文化是一个民族的灵魂和根基，相信每个孩子能够通过学习中文提升文化自信，自觉地传承和弘扬优秀中华文化，在兼容并蓄的基础上成为中马两国沟通的桥梁、友好交往的小使者。

汉语纳入俄统考外语科目

（摘自：北京日报，1 月 31 日，作者：德维）

从今年起，汉语正式纳入俄罗斯国家统一考试的外语科目中。俄罗斯联邦教育科学监督局副局长穆扎耶夫在"今日俄罗斯"国际通讯社举行的圆桌会议上说，数百名俄罗斯中学生今年会参加国家统一的汉语科目考试。穆扎耶夫透露，目前俄罗斯约有 1.7 万名中学生在学习汉语，其中高年级学生约 3000 人。俄罗斯在将汉语纳入国家统一考试科目之前，教育主管部门已为此做了多年的准备工作。据报道，近年来学习汉语的俄罗斯人不断增多，仅 2017 年时已达 5.6 万人。

《射雕英雄传》英文版译者张菁：让西方读者过瘾痛快

（摘自：澎湃新闻，2 月 1 日，作者：徐明徽）

金庸经典武侠小说《射雕英雄传》英译本第二卷的译者张菁在接受采访时谈到，金庸先生作品中的历史背景、诗词术数、儒释道经典引用、武功名称打斗场景、武侠意境是比较难翻译的部分。为了照顾西方读者，译本在导言部分简单交代了宋、辽、金之间的战争与纠葛，对历史事件和中华文化特有的概念也做了文字注释，比如"靖康之变"（Jingkang-Incident），这样读者才能理解"郭靖""杨康"这两位主人公名字的深意。为方便读者认识角色，译本对人物介绍也做了分类，包括"主要人物""忠于大宋的子民""大宋叛徒""蒙古人""金国人"等。至于各式各样的武打场面，翻译招式的名字本身并不太难，难在要把武打场面翻译的流畅，一气呵成。

学汉语为生活增添色彩

（摘自：人民日报，2 月 13 日，作者：殷新宇）

俄罗斯教育界人士认为，汉语学习在俄罗斯日渐火热是俄中两国密切关系的缩影。随着"一带一路"建设不断推进，两国在各领域的合作交流不断深化，两国双边贸易额大幅增长，俄罗斯国内对汉语人才的需求急剧增加。在俄罗斯，汉语考试报名人数不断增加，学习汉语人数增长迅速且呈年轻化趋势，"中文翻译"进入圣彼得堡最高薪酬职位的前三位，培养汉语人才的俄罗斯大学数量显著增加。莫斯科国立国际关系学院教授阿列克谢·阿列克萨金表示："如今，越来越多的俄罗斯年轻人意识到，汉语与他们之间的联系正变得愈发紧密。学汉语为生活增添色彩。"

日本 NHK 电视台推出中文节目

（摘自：海外网，2 月 14 日，作者：王珊宁）

日本 NHK（日本广播协会）电视台相关人士表示，来日本的中国游客逐年增多，且考虑到中文是世界上使用最广泛的语言之一，因此决定推出一档中文节目，即《NHK 华语视界》。这档节目用中文进行播报，介绍时政、经济和社会文化等日本的最新动态。

该节目主持人之一镰仓千秋表示，中文播报是顺应时代的要求，NHK 担负着将日本信息用中文传递给中国的责任。"中文不是一个特别遥远的国家的语言。为了能在工作中用好中文，要从基础学起。勿忘初心，砥砺前行！"近些年，日本媒体也在不断报道"世界看向中国"的话题。越来越多的日本年轻人与中国结缘，因为喜欢中国文化、饮食或是想交往中国朋友等而开始学中文。

沙特所有学校都将开设汉语课

（摘自：环球网，2 月 25 日，作者：黄培昭、刘天乐）

沙特阿拉伯 2 月 23 日宣布将汉语纳入沙特王国所有教育阶段的课程之中，以使该国的教育更具多元性。沙特当前各个学校设置的外语课程十分有限，在大学前的教育阶段，沙特的外语课程只有英语。《阿拉伯人消息报》称，开设中文课也有助于实现沙特"2030 愿景"有关教育领域的目标。沙特通讯社称，沙特计划先培训汉语教师并准备相关教材，将汉语作为高中第二外语课程，预计未来的学习规模还将扩大。据报道，沙特王国教育部将准备派首批教师赴中国学习汉语，并掌握汉语教学方法。

针对即将开设汉语课程，部分沙特人担心，由于汉语难学，学生的压力可能因此增大。但大部分人认为，在未来的世界，汉语将和英语一样流行且重要，沙特人学汉语是出于时代的要求。

中文计划纳入沙特所有教育阶段课程 中东"汉语热"再升温

（摘自：人民日报海外版，3 月 8 日，作者：叶子）

沙特阿拉伯近日宣布，计划将汉语纳入该国所有教育阶段课程，使教育更具多元性。近年来，中文教育在全球热度不减，如今又将迎来一波来自中东的"汉语热"。在沙特国内，引进中文教育的消息引发了热烈讨论。据报道，沙特国内的教育机构热烈欢迎上述计划，沙特社会也普遍表示"赞同"和"期待"。2 月 27 日，沙特阿拉伯一家知名智库在首都利雅得举行中文教学专题研讨会。与会专家和学者表示，将中文教学引入沙特各级教育系统，将为沙特学生开辟新的教育视野，促进沙特的文化多样性，密切两国人民的交流互动，增进彼此友谊。

一个中国大爷使这首唐诗在国外爆火

（摘自："这里是美国"微信公众号，3 月 15 日，作者：方逸然）

唐代诗人张继的唐诗《枫桥夜泊》在加拿大火了，外媒还出现了各种翻译的版本。

事情源于一个多月前，一位中国大爷在加拿大蒙特利尔 Lionel-Groulx 地铁站等地铁，趁着等车的时间，用毛笔蘸水在站台地上写下了这首《枫桥夜泊》，围观的老外们被这首美丽的古诗和大爷的书法惊艳，纷纷给他录像，还有人把视频投给了当地媒体 MTL Blog，一下子就火了。不少热心的华人用英文翻译了这首《枫桥夜泊》，MTL Blog 为了让更多人领略这首古诗的美，特意找了一些翻译的版本。一些外国网友表示，之前读古诗看的英文翻译版，为了能体会诗词的美，先得好好学习中文和中国传统文化。

阿联酋急聘 200 名汉语教师

（摘自：环球时报，3 月 15 日，作者：黄培昭）

阿联酋教育部日前发布急聘汉语教师的公告，引起阿拉伯媒体关注，被解读为"更加紧密拥抱汉语""在汉语教育上迈出更加坚实的步伐"。据阿联酋教育部网站公布的招聘启事，教育部计划在全国 200 所公立中小学开设汉语课程，因此急需招聘 200 名"高素质汉语教师"。中国孔子学院总部/国家汉办根据双方合作协议，协助阿方在华招聘中国籍汉语教师，月薪 1.6 万迪拉姆（约合 3 万元人民币）。"阿拉伯新闻网"14 日评论说，"招贤榜的公布，标志着阿联酋的汉语教学迈出更加坚实的步伐，说明它意欲更加紧密拥抱汉语的诉求"。

意大利：将汉语纳入国民教育体系

（摘自：光明日报，3 月 21 日，作者：李宝贵、庄瑶瑶）

汉语纳入海外各国国民教育体系是汉语真正走向世界的标志之一，意大利作为将汉语纳入国民教育体系的先行者，受益于"推力"和"拉力"两端的不断调整与优化，在"全民汉语学习机制"的建设中取得了丰硕的成果。一种语言在其他国家的落地生根、健康发展，需要综合考虑"供给"与"需求"双方的发展实际和发展愿景。"推力"端的作用不可或缺，但要避免"用力过猛"引发接纳焦虑；"拉力"端的作用不可忽视，更要注意"量力而行"保证平稳纳入。只有增进"推力"，强化"拉力"，凝聚合力，才能为汉语纳入各国国民教育体系提供持久动力，保证海外汉语教学的健康可持续发展。

非洲校园掀起汉语学习热

（摘自：参考消息，3 月 25 日）

西媒称，如果你信步内罗毕肯雅塔大学的校园，恍惚间可能会觉得自己身处亚洲，而不是非洲，因为这座大学里设有肯尼亚四所孔子学院中的一所。据埃菲社 3 月 22 日报道，肯雅塔大学学生蕾切尔在被问及为何决定学习汉语时说，一开始，汉语是很难学的，但当开始学习后，困难就越来越少了。蕾切尔表示，相信学习汉语在未来能够提供就业机会。报道称，过去 20 年中，在中国与非洲大陆之间经济关系日益增长的同时，中国政府也在积极促进非洲年轻人对汉语和中国传统文化的认识。

HSK 留学教育展首次在拉丁美洲举行

（摘自：孔子学院总部，4 月 9 日）

当地时间 3 月 30 日，HSK 留学教育展在墨西哥国立自治大学（Universidad Nacional Autonoma De Mexico，UNAM）举行，这是该系列展览首次在拉美国家举行。该展览由孔子学院总部主办，墨西哥国立自治大学国立语言、语言学与翻译学院（Escuela Nacional de Lenguas，Lingüística y Traduccion，ENALLT）和墨西哥国立自治大学孔子学院联合承办，包括北京大学、清华大学、复旦大学等在内的 11 所中国顶尖高校联合参展，与有意向到中国学习深造的墨西哥学生和社会人士面对面交流。由 55 家企业组成的墨西哥中资企业协会也在现场提供就业咨询。

米兰国立大学孔子学院参加《意大利葡萄酒和葡萄品种词典》首发仪式

（摘自：孔子学院总部，4 月 11 日）

当地时间 4 月 8 日，意大利米兰国立大学孔子学院一行 7 人赴维罗纳参加第 53 届"VINITALY"国际葡萄酒展组委会举办的意汉《意大利葡萄酒和葡萄品种词典》首发仪式。《意大利葡萄酒和葡萄品种词典》由米兰国立大学孔子学院和意大利"大红虾"（Gambero Rosso）出版集团联合出版，是第一部介绍意大利葡萄酒和葡萄品种的中文词典。2018 年初，米兰国立大学孔子学院联合米兰国立大学词典编撰学、意汉翻译学、葡萄种植与葡萄酒酿造学等 10 余位专家，组成词典编辑委员会，历经几百个日夜，终使词典面世，这是中意双方学者跨学科、跨语言合作的典范，充分展现了团队合作、严谨务实的科学研究精神，为将来合作项目的开展奠定了良好的基础。

汉语被正式纳入俄罗斯高考 新版《该学汉语了》将成为教材

（摘自：光明网，4 月 12 日）

随着我国国际地位的提高，中国文化的影响力也日益上升。据俄罗斯卫星通讯社报道，2019 年俄罗斯首次将汉语科目考试纳入国家考试科目，为此还编写了一套全新的教材《该学汉语了》。教材的主编俄罗斯教师亚历山德拉·西佐娃透露，几年前当俄罗斯教育部门考虑将中文列入俄罗斯高考科目时,她和同事就决定为此编写一套全新的教材。由于我国的飞速变化使得一些网络语言逐渐成为一些新名词,为了跟上这种变化,也使得一些汉语热的地区改变自己的学习方式和教材。目前该版教材已经被俄罗斯教育部列入中小学推荐教材,这套教材的 5 到 10 年级课本和练习册都已推出,并且中学毕业年级的教材也很快会与学生见面。

全球域名报告发布中文域名继续领跑全球多语种域名

(摘自:光明日报,4 月 19 日)

4 月 18 日,第三届中文域名创新应用论坛在北京召开。论坛发布了最新的《全球域名发展统计报告》。报告显示,截至 2018 年底,全球域名总量已经达到 3.57 亿个,年度新增 1454 万个;我国域名保有量达 5030 万个,居世界第二。中文顶级域名后缀数量和中文域名注册数量都位列全球多语种域名第一位。对于我国用户而言,中文域名体现了三大认同。第一是语言认同,中国人说中文,用中文域名最方便使用和记忆。第二是身份认同,作为中国人希望网上用的名字还是现实中的名字。第三是文化认同,希望能够在网上传播和弘扬中华文化。未来中文域名的发展一定前景远大。

联合国举办活动纪念"中文日"十周年

(摘自:人民网—国际频道,4 月 19 日,作者:李晓宏)

联合国"中文日"开幕式 18 日在纽约联合国总部举行,联合国全球传播部副秘书长斯梅尔女士、中国常驻联合国副代表吴海涛大使、联合国经济和社会事务部副秘书长刘振民大使、联合国大会和会议管理部助理秘书长阿别良先生、联合国大会和会议管理部文件司司长爱丽扎尔德女士等负责人,以及当地华人华侨、中文学校学生、各界友好人士约 400 人参加了当天的活动。今年的"中文日"举办了"和平之光:江苏女书画家艺术展""联合国中文学习论坛""古国之歌"京剧讲座等活动,祝贺"中文日"十周年,传播中国语言文字的独特魅力,展示中华传统文化的博大精深。

第十个联合国中文日:苏士澍王林旭书画在联合国总部讲述中国故事

(摘自:"乡愁中国"微信公众号,4 月 19 日)

2010 年,为推动联合国系统内的文化多样性和六种正式语言(阿拉伯文、中文、英文、法文、俄文和西班牙文)的平等使用,联合国新闻部宣布启动联合国语言日,将"中文语言日"定在 4 月 20 日,也就是农历二十四节气之"谷雨",以此纪念"中华文化始祖"仓颉造字的贡献。2019 年 4 月 20 日是第十个联合国中文日，中国书画展一直是中文日的保留节目，今年也不例外。22 日至 26 日，"苏士澍 王林旭书画艺术展"在美国纽约联合国总部大厦举行。中国书法家协会主席苏士澍、国家民族画院院长王林旭将走上世界舞台，用中国书法和绘画向世界讲述中国故事。

联合国中文日倡导语言多样化 方言保护计划守护优秀文化

（摘自：消费日报网，4 月 19 日）

4 月 20 日是联合国中文日。2010 年，联合国新闻部（现全球传播部）宣布启动联合国语言日，旨在庆贺多种语言的使用和文化多样性。方言保护计划和联合国中文日恰恰有异曲同工之妙，从不同角度提升全民保护方言的意识和民族自信。2017 年讯飞输入法联合中国声谷发起一项特别的公益"方言保护计划"，通过"AI+公益"创新方言保护形式，用智能语音技术加速推动方言留存，为世界留下多彩乡音。4 月 23 日世界读书日来临之际，由讯飞输入法联合新华书店主办，讯飞听见、科大讯飞 AI 资源部共同协办的"方言保护计划公益联名店·粤语读书会"活动，用声音传递粤语之美；作为方言线下交流的盛会，寻找粤语发音人，助力方言保护计划。

VIPKID 旗下中文平台 Lingo Bus 亮相联合国中文日

（摘自：中国新闻网，4 月 22 日）

近日，第 10 届"联合国中文日"活动在美国纽约联合国总部举行。中国常驻联合国代表团、中国和纽约的各界艺术家共同出席这一盛会。其中，来自中国的在线中文平台 Lingo Bus 成为中文日活动的焦点，吸引了各国外交官和小朋友们的兴趣。Lingo Bus 展区秉持"传播汉语及中国故事之美"，传递"科技赋能教育"理念，设置了识文寻字、沉浸式阅读体验、全球故事三个体验环节，通过各种益智类小游戏，让他们感受中国传统文化精髓和哲学智慧的魅力。据悉，Lingo Bus 是 VIPKID 旗下在线少儿中文学习平台，于 2017 年 8 月成立，为 5～12 岁的全球小朋友提供在线中文教育。在不到两年的时间中，其全球学员已经超过 1 万名，覆盖全球 73 个国家和地区，已成为推动中文学习的新生力量。

美丽中国·携手世界——2019 年联合国中文日

（摘自：环球网，4 月 23 日）

"美丽中国·携手世界"——2019 年联合国中文日，将于 5 月 6 日至 10 日在维也纳联合国圆厅举行。来自"仓颉造字"故里的濮阳，带来了古色古香的濮阳华夏卫风乐团，他们用编钟、编磬、埙、瑟、箜篌等古乐器，演奏华夏乐章，有《八音和鸣》、琴歌《诗经·卫风·淇奥》等古乐。河南省杂技集团将表演深受大众欢迎的杂技节目《双人技巧·爱》和《蹬鼓》。这些来自濮阳充满古意的文化符号：编钟编磬、诗经卫风、民间非遗传承，都是首次走进联合国，向中华古老文明致敬。北京"荣宝斋"邀请七十位当代中国名家创作七十幅作品在联合国展出，荣宝斋木版水印非遗传承人，将现场表演中国书画印制的文化绝技。

汉语架起了泰中友谊的桥梁

（摘自：人民日报，5 月 2 日，作者：林芮）

4 月 30 日，第十八届"汉语桥"世界大学生中文比赛泰国赛区决赛在泰国首都曼谷举行。来自泰国各大院校的 146 名大学生展开角逐，通过主题演讲、知识问答、即兴演讲、才艺表演 4 个环节，展现出丰富的中国语言文化知识和精彩的中华才艺。"全能少女"杨金玉在接受本报记者采访时表示，"泰中一家亲，汉语架起了泰中友谊的桥梁。我希望以后能到中国读研究生，学成归国后当一名优秀的汉语老师。"中国驻泰国大使吕健在赛后致辞中表示，"我们要积极架设不同文明互学互鉴的桥梁。而语言，就是这样一座能够促进交流、深化合作、增进友谊的重要桥梁。"

意大利中学生汉语桥比赛体现意中文教学迅速发展

（摘自：国际在线，5 月 6 日，作者：殷欣）

当地时间 5 月 3 日，2019"汉语桥"世界中学生中文比赛意大利及圣马力诺赛区比赛在博洛尼亚市举行。来自 12 家孔子学院的 34 名选手展示的出色语言能力显示了近年来意大利中文教学水平得到显著提高。都灵大学孔子学院外方院长史芬娜教授是学习中文出身的汉学家，对比多年前学习中文的经历，她对现在意大利学生的中文口语表达能力大加赞赏。据了解，2016 年 10 月意大利教育部颁布了《意大利高中汉语文化教学标准大纲》，将汉语教师正式纳入意大利国民教育体系。据介绍，意大利民众学习中文的需求越来越大，中文已经成为米兰大学 9 种外语专业中学生人数排名第二的大语种。

美丽中国·携手世界——中国常驻维也纳联合国代表团举办中文日活动

（摘自：新华社，5 月 7 日，作者：赵菲菲）

5 月 6 日，由中国常驻维也纳联合国代表团举办的"美丽中国·携手世界"主题中文日在维也纳盛大开启。来自俄罗斯、朝鲜、法国、瑞士、阿尔及利亚、哥斯达黎加等30多个国家的外交官、维也纳大学孔子学院师生和奥地利友好人士等500余人参加了开幕式。

中文是联合国6种官方语言之一。2010年，联合国全球传播部宣布启动联合国语言日，以庆贺多种语言的使用和文化的多样性，并促进6种官方语言在联合国的平等使用。在这一倡议下，世界各地的联合国工作地点都将举办6次庆贺活动，以纪念每一种联合国工作语言。据悉，中文日活动将持续到5月10日。

川菜第一次上了英文词典，看看是哪道菜？

（摘自：文汇报，5月7日，作者：曾泰元）

近些年来，川菜异军突起，在海外知名度大增，掳获了许多饕客的胃。在最近一次的在线更新中，韦氏三版增收了川菜的"宫保"（kung pao），把它定义为"煸炒、有时也油炸，伴以辣酱配花生"（stir-fried or sometimes deep-fried and served in spicy hot sauce with peanuts），并简单地列举二例为证：宫保鸡丁（kung pao chicken）、宫保虾仁（kung pao shrimp）。不过让人有点意外的是，词典收录的不是成品的"宫保鸡丁"（kung pao chicken），而是烹调法的"宫保"（kung pao）。韦氏三版在词源指出，这个kung pao来自北京的汉语[Chinese（Beijing）]，现在的拼法是gong bao，字面的意思是"宫廷保卫者"（palace guardian）。其实川菜还有些菜式有固定的英译，在英语世界也广为流传，如麻婆豆腐（Mapo tofu）和回锅肉（twice-cooked pork）。

多方面推动华文教育供给改革

（摘自：中国社会科学报，5月7日，作者：赵雅青、周秀姜）

当前海外华文教育正谋求从过去重数量、重规模的外延式发展向"标准化、专业化、正规化"的内涵式、创新式建设转变。然而，截至目前，华文教育的供给规模、质量和效率都未及时跟进需求。因此，我们要着眼于华文教育的实际需求推进转变，引入供给改革。新时代的华文教育供给改革可以从以下方面推进：变革华文教育供给客体，走向"大华文教育"发展格局；变革华文教育供给内容，达到共性和个性需求的双向满足；变革华文教育供给机制，提高华文教育发展效益；变革华文教育供给方式，实现华文教育"虚实融合"双重供给；变革华文教育供给模式，多元供给助力华文教育转型升级。

菲中将加强教育文化交流

（摘自：环球时报，5月8日，作者：甄翔）

据《菲律宾每日问询者报》7日报道，菲律宾和中国将加大针对菲律宾教师进行的教育和文化交流，其中最重要的项目之一是加强对菲律宾教师的中国普通话培训。截至目前，已有近300名教师在菲律宾孔子学院接受过普通话培训。此后，他们将有机会赴中国交流访问。菲教育部长布里奥内斯透露，中方有意聘请约2000名菲律宾教师到中国教英语，不过有关细节仍需双方进一步沟通，因为菲国内同样需要英文老师，且菲方希望本国教师到中国工作能得到良好的待遇。除教师交流外，菲中两国的培训交流项目也有望为菲学生上中文选修课提供更多支持。布里奥内斯日前刚随同菲总统杜特尔特访华，其间菲中双方就加强两国文化教育交流达成共识。

第十八届"汉语桥"大学生中文比赛举行德国区决赛

（摘自：中国新闻网，5月12日，作者：彭大伟）

第十八届"汉语桥"大学生中文比赛德国区决赛11日在德国弗赖堡举行。最终，来自法兰克福大学音乐专业的苏大维（David Suarez Caspar）夺得本次比赛一等奖。苏大维在赛后向记者表示，面对即将结识来自不同大洲和国家的汉语爱好者，"他们是怎么学习中文，又是如何理解中国文化，这对我来说是最有趣的"。第十八届"汉语桥"大学生中文比赛德国区决赛顾问、中国驻德国大使吴恳夫人郭金秋参赞向记者表示："'汉语桥'是一个很好的桥梁，带动了学生和家长对中国的了解。"中国驻德国大使馆教育处公使衔参赞刘立新表示，德国的年轻一代通过学习汉语，与中国年轻人进行交流，这"寄托着两国友好关系发展的未来"。

语言建立紧密关系 马来西亚人学习华语热潮持续升温

（摘自：中国新闻网，6月4日）

据新加坡《联合早报》报道，越来越多马来西亚人意识到掌握华语的优势，开始学习华语。马来西亚一些家长为了确保孩子不会在学校或社会上落后于人，纷纷将孩子送往私人华语补习班。35岁的补习老师诺莱茵说，过去两年，华语班的需求量显著增加，"现在有庞大需求，我的学生，从幼儿园儿童到70岁都有。"她说："他们意识到学习华语作为第三语言的优势，即使只是基本水平。在一个多语言社会，若能说相同的语言，彼此就能建立更紧密的关系。"报读成人华语课程的祖莱哈说，她学习华语的目的，是提高自身的职场技能。马来西亚教育部的数据显示，非华裔学生学习华语人数的比例，从 2016 年的 16%，增至 2018 年的 18%。

汉语纳入俄罗斯高考——中俄语言文化互学互鉴的新篇章

（摘自：光明日报，6 月 13 日，作者：李宝贵、庄瑶瑶）

2019 年中俄迎来建交 70 周年，双方全面战略协作伙伴关系达到前所未有的新高度。当前，中俄两国关系已站在新的起点，语言是推动民心相通的关键因素，两国人民长久以来不断深入的语言互学，在推动双方互尊互信、巩固人民世代友好方面发挥了重要作用。俄罗斯联邦教育科学监督局副局长安佐尔·穆扎耶夫此前表示，2019 年将首次在国家统一考试中进行汉语科目的考试。俄罗斯国家统一考试是中学生毕业考试，相当于中国的高考。据报道，2019 年俄罗斯国家统一考试的主要考期为 5 月 27 日至 7 月 1 日，俄罗斯 43 个地区共有 289 人登记参加国家汉语科目考试。高考属于群体性考试，影响范围广、社会关注度高，汉语纳入俄罗斯高考，是俄罗斯汉语教学蓬勃发展的重要标志，为中俄两国语言和文化的互学互鉴开启了新篇章。

美媒：非洲年轻人热衷学习普通话

（摘自：环球时报，6 月 13 日，作者：阿努·阿德奥耶、伊德里斯·穆克塔尔）

在一间明亮的教室里，学生热情洋溢地演唱了中国国歌，之后是一首中国春节期间传唱的歌曲。但这并不是一所中国学校，而是距离中国 8000 公里之外肯尼亚首都内罗毕的一所学校。2020 年，会有更多的学生加入学习汉语的队伍之中，届时肯尼亚的所有学校将正式教授汉语和法语、阿拉伯语、德语。肯尼亚课程开发研究所首席执行官尤利乌斯说："中国在世界经济中的地位变得如此重要，如果肯尼亚人懂普通话，那么肯尼亚必将从中受益。"肯尼亚并不是教青少年学习普通话的唯一非洲国家。在南非，汉语自 2014 年以来就一直是学生的选修语言课程。2018 年 12 月，乌干达也在一些中学引入普通话课程。乌干达国家课程开发中心专家亨利说："我们想为乌干达年轻人提供在国外就业、受教育和经商的机会，这就是我们为他们提供学习汉语的机会的原因。"

中文教学走向英国基层小区 双语幼儿园成中英交流侧影

（摘自：中国侨网，6 月 13 日）

据欧洲《星岛日报》报道，英国首都伦敦东南远郊的佩茨伍德最近出现一所英中双语教学幼儿园。媒体分析，这显示在英国中文教学的影响已超越华人小区和市中心地段，开始走向英国的基层小区。报道称，国际对中文的需求不断增长，在一定层面促进了海外华人小区和中华文化与所在地的融合。伦敦布隆莱区的巴洛牧师是佩茨伍德英中双语幼儿园的主要合作者。他认为该幼儿园令当地的中文教育达到了一个新水平,让热衷中国文化和语言学习的当地人和华人小区,第一次有了让子女在学龄前学习双语的环境。这是中英经济和文化交流的一个侧影。随着中英合作交流增加,在英国的中国企业已经超过 500 家。中国职员的子女既需要接受当地的英文教育,也需要培养牢固的母语基础。随着中国国际影响力扩大,中文学习获得越来越多英国家庭的重视。

塔吉克斯坦掀起"汉语热"

（摘自：人民日报，6 月 14 日，作者：陈尚文）

近年来,越来越多塔吉克斯坦人报名参加汉语水平考试。2019 年上半年在塔吉克斯坦民族大学孔子学院考点参加汉语水平考试的考生就达 1917 人,创下新高。塔吉克斯坦民族大学孔子学院塔方院长法鲁赫认为,塔吉克斯坦"汉语热"得益于塔中两国关系的快速发展。当地人渴望了解中国,"掌握汉语能有更好的职业发展"日渐成为当地民众的共识。学汉语,让中塔人民的心更近。法鲁赫说,沿着古丝绸之路,中塔两国积累了深厚情谊,在共建"一带一路"的框架下,两国在人文领域的交流合作只会更深入、更广泛。目前,一批又一批说汉语、懂中国文化的学生正为中塔人文合做贡献自己的力量。

全球首家汉语国际教育研究院挂牌成立

（摘自：人民日报海外版，6 月 14 日，作者：刘紫雯）

日前,北京语言大学汉语国际教育研究院揭牌仪式在京举行,全球首家汉语国际教育研究院挂牌成立。该研究院的成立是适应汉语国际传播新要求的重大举措,将为相关领域提供国家级思想库,扩大汉语国际教育在世界学术话语体系中的影响力。北京语言大学校长刘利说,汉语国际教育事业的繁荣对汉语国际教育学科建设提出了新的需求,客观上推动了学科建设的创新。具体而言,一是汉语国际教育学科建设的视野不断拓宽。汉语教学的研究领域不再局限于传统的语言学与应用语言学研究。二是汉语国际教育学科建设的社会服务功能不断凸显。二是汉语国际教育的办学层次和学科层次不断提高。在国家"双一流建设"的背景下,汉语国际教育也在努力提升学科地位,力争建设成为一流学科。

汉语成为澳维州公立学校最热门的外语课

（摘自：人民网，6 月 18 日，作者：林鑫玮）

据《悉尼先驱晨报》报道,澳大利亚维多利亚州教育部发布的最新报告显示,由于该州小学汉语学习人数激增，汉语首次成为该州公立学校学生学习最多的语言。自 2011 年以来，维州公立学校学生学习汉语的人数增加了两倍多。目前，汉语学习者占维州所有语言学习者比例的 18.8%，2018 年有超过 8.2 万名学生在该州公立中小学和语言学校学习汉语。在所有学习汉语的学生中，小学生占绝大多数。

墨尔本研究生教育学院语言与文学专业讲师伊维特·斯劳特博士表示，近几年才开设外语课程的学校都选择了汉语语言教学。此外，近五年维州政府立法要求将语言学习纳入学校教育的八个关键学习领域中，这也使得汉语学习在维州的小学变得流行。

首届埃及中国当代小说青年翻译大赛启动

（摘自：人民网，6 月 19 日，作者：周辀）

首届埃及中国当代小说青年翻译大赛 18 日在开罗举办启动仪式，本次大赛旨在培养和挖掘优秀的汉阿翻译人才，提高中国当代优秀文学作品在埃及的关注度。

埃及国家翻译中心主任安瓦尔·穆吉斯介绍说，年龄在 25 至 45 周岁的埃及青年均可报名参加本次大赛，参赛选手须在指定日期前提交中文小说作品《世间已无陈金芳》的阿拉伯语译本。大赛评选出的第一名选手将获得 2000 美金的奖励，其所翻译的作品还将在埃及出版。

中国驻埃及大使馆文化参赞、开罗中国文化中心主任石岳文表示，近年来埃及有越来越多的人学习汉语，举办翻译大赛可以为埃及青年翻译家提供一个展示才能的平台，也将推动中埃两国文化事业交流迈上新台阶。

朝鲜首家汉语水平考试中心正式落户平壤

（摘自：新华网，6 月 20 日，作者：江亚平、程大雨）

今年 5 月上旬，朝鲜首家汉语水平考试中心正式落户平壤科技大学，中朝两国教育界官员和平壤科技大学师生见证了中心的揭牌。

新华社记者在平壤多所大学采访时感受到，朝鲜学生学习汉语的热情很高，其汉语水平令人刮目相看，不少人可以用汉语与记者进行无障碍交流。朝鲜青年中的"汉语热"，与中朝传统友好有关，更与两国不断扩大的教育交流密切相关。中朝互派留学生有着多年的历史，目前中国每年向朝鲜派遣 60 名左右的公派留学生，而在中国各大院校理工农医专业学习的中国政府奖学金项目的朝鲜留学生，常年保持在约 400 人的规模。此外，朝鲜每年还派出大约 200 名大学教师到中国进行为期半年到一年的进修学习。中方为支持朝鲜的汉语教学，也派遣了一些中国教师至平壤进行教学。中朝两国高校的学术交流活动也日趋活跃。

比利时中学生参加中国驻比利时大使馆开放日活动

（摘自：人民网，6 月 23 日，作者：任彦）

6 月 23 日，近百名比利时中学生和他们的家长及老师共 300 多人来到中国驻比利时大使馆，参加使馆举办的开放日活动。据中国驻比利时大使馆教育处参赞郑保国介绍，这些中学生来自比利时荷语区和法语区 9 所中学，将于 7 月前往中国参加 2019 年"汉语桥—中学生夏令营"，这是比利时组织的第十期夏令营。在为期两周的行程当中，他们将访问北京，游览故宫、长城等著名景点，并参观孔子学院总部；还将赴中国河南省学习中文，体验中国传统文化，入住当地民众家庭，感受中国人日常生活，与当地中学生开展联谊活动等。该夏令营是由国家汉办/孔子学院总部每年暑期举办的面向在读中学生的中国语言文化体验项目，旨在增进中外青少年学生的交流，加深各国中学生对中国语言文化的了解和亲身体验，从而激发其学习汉语的热情。

国内首部《论语》中英文音频书在京亮相

（摘自：人民网，6 月 24 日，作者：李依环、曹雯）

近日，由外文出版社出版的《论语》（中英双语·诵读版）新书首发式在北京举行，编者团队来自中国和英国两个国家，均为权威专家。来自法国、墨西哥等国的外国留学生代表与近百名小学生一起，用中英双语诵读《论语》经典名句，用一场别开生面的《论语》中外诵读会宣告国内首本汉英双语《论语》音频书正式面市。

作为融媒体时代出版界一次创新尝试，《论语》将传统出版与新兴媒体相融合，除了极具中国风的内文版式设计和插画，还配备了英汉双语音频，让古老的《论语》因为借助现代的技术手段焕发出新的生机。中国外文局副局长陆彩荣介绍，该书既适合海外读者学汉语，了解中国文化，更适合国内青少年读者，借自己熟知的文化来学习英语表达，学会用英语讲中国故事。

俄高考汉语成绩出炉：平均 62.5 分

（摘自：中国新闻网，6 月 24 日，作者：许婧）

2018—2019 学年，俄 11 年级毕业生首次有机会参加国家统一考试汉语科目考试。作为国家统一考试的选择性科目，同时可选的其他语言类科目有英语、德语、法语和西班牙语，汉语成为第五种可选语言。

据俄罗斯卫星网报道，俄罗斯联邦教育科学监督局局长克拉夫佐夫表示，汉语首次被列入俄罗斯国家统一考试科目，平均得分 62.5 分，成绩令人乐观。俄罗斯联邦教育测试研究所所长表示："汉语还未被列入大学入学考试必考科目，今年参加考试的学生很有可能是抱着试试的态度。成绩显示，参考学生的汉语功底不错。"

海外学中文涌动"低龄潮"

（摘自：人民日报海外版，7月5日，作者：赵晓霞）

北京语言大学语言资源高精尖创新中心主任李宇明曾撰文指出，据估计，海外汉语学习者的低龄化平均水平可能已达 50%，一些国家甚至达到或超过 60%，呈现快速发展的趋势。相关调研显示，截至 2017 年底，全球开设汉语课程的中小学校是高等教育机构的 8 倍。美、英、法、泰、韩等众多国家汉语教学从大学迅速向中小学延伸，K-12（从幼儿园到高中）成为汉语教学最重要的"增长极"。海外汉语学习者低龄化现象也进入学者的研究视野。在李宇明看来，海外汉语学习者低龄化原因是多方面的，如海外华人母语传承的带动、孔子课堂的推动、各国政府的重视等，但根本原因还是中国的发展。

"学汉语让我们拥有更美好未来"

（摘自：人民日报，7月6日，作者：任彦）

第十二届"汉语桥"世界中学生中文比赛比利时赛区决赛日前在比利时西弗兰德大学落下帷幕。来自比利时 7 所中学的 12 名选手参加了决赛，经过激烈角逐，法语布鲁塞尔自由大学孔子学院推荐的学生阿尔诺·德穆塞勒获得冠军。本次比赛由中国驻比利时大使馆主办，西弗兰德大学孔子学院承办，分为笔试、演讲和才艺展示三个环节。比赛既考查选手对中国国情、中国文化和汉语知识的基本了解，又搭台让选手们交流自己接触中国文化的经历。选手们还展示了书法、歌唱、现代舞、诗朗诵、武术等多种才艺。

从盲目跟风到注重实效——蒙古国"汉语热"持续升温

（摘自：新华网，7月10日，作者：阿斯钢、勿日汗、于嘉）

在有 320 多万人口的蒙古国，汉语已成为蒙古国年轻人就业的"加分项"，很多年轻人选择学习汉语的初衷不再是"奖学金优厚"等理由，而是引文掌握汉语更容易找到薪水丰厚的工作。当地年轻人学习汉语的热情持续升温，从以前的盲目跟风转变为如今的注重实效。据了解，目前蒙古国学外语的人里，学习汉语的人数仅次于英语和俄语，位列第三。而且，学汉语的人数上升势头很猛，预计将很快超过学习俄语的人数。在蒙古国名校国立 23 中学，开设了俄语、英语、韩语、汉语和德语课，在全校 3000 名学生中，有 1000 人选学汉语。

法国"阳光之城"中文热持续升温

（摘自：人民日报，7 月 12 日，作者：刘玲玲）

在法国南部城市蒙彼利埃，有 6 所中小学开设了中文国际班。最近，这些学校正使用一套专门教学法，将中文学习和丝绸之路的历史文化知识结合起来，辅以形式多样的游戏，深受学生喜爱。据悉，蒙彼利埃成都小学是当地较早开设中文课程的学校之一，从小学二年级开始每天都会有 45 分钟的中文课。得益于丰富多样的课程设计，学生们学习中文的热情高涨，成果斐然。蒙彼利埃是法国首个实现中文课程从小学到高中全覆盖的城市。在中文国际班学习的中小学生约有 400 人，还有不少其他学生将中文作为第二或第三外语。据统计，近年来，法国政府陆续在 10 个学区的 46 所中小学开设了中文国际班，在 17 种语言的国际班中位居第三。去年有 10 万多名法国学生学习中文。

东京汉语角举行第六百次活动 "让更多日本民众深入了解中国"

（摘自：人民日报，7 月 16 日，作者：刘军国）

自 2007 年 8 月 5 日起，每周日下午 2 时，东京西池袋公园内的汉语角活动都会如期举行。今年 7 月 14 日，汉语角举行第 600 次活动，众多日本的中文爱好者、在日华侨华人及中国留学生参加了活动。中国驻日本大使孔铉佑在致此次汉语角活动的贺信中表示，希望参加汉语角的朋友们用好这一民间交流平台，弘扬友好传统，增进两国民众相互理解和友好感情，为发展中日友好事业再立新功。日本前驻华大使宫本雄二表示，日中两国和平相处、睦邻友好，不仅符合两国人民的利益，而且有利于亚洲乃至世界的和平与繁荣。希望东京汉语角能一直办下去。据统计，汉语角开办 12 年来，累计有近 3 万人次参加过活动。

意大利汉学家鲍夏兰致力于让更多学生了解中国

（摘自：中央广电总台国际在线，8 月 4 日，作者：殷欣）

意大利博洛尼亚大学汉学教授鲍夏兰女士是中意两国建交后，最早赴华留学的意大利留学生之一。40 多年来，她一直致力于中国文化研究和汉语翻译，曾历时 10 年在意大利首次翻译出版了《李大钊选集》，并始终坚持在本国推动中国文化的传播。交谈中，鲍夏兰道出了她当年在大学选择主修中文专业的原因："我想选一件非常困难但会持续做一辈子的事情。研习中文，永远学无止境。中华文化博大精深，文学、诗歌、哲学、历史无所不包。"现在，鲍夏兰平均每隔两三年就会到中国，参加研讨会或者拜访老友。年近70岁的她见证了新中国日新月异的变化，她说，未来自己会继续把在中国的所见所感传递给更多的意大利人，继续退而不休地向人们讲述与中国有关的故事。

翻译俄版《中国通史》促进中俄学术交流

（摘自：中国社会科学网，8月5日，作者：肖玉秋）

俄罗斯版《中国通史》由2018年谢世的百岁汉学家齐赫文院士主编，集聚俄罗斯160余位中国历史研究专家，历时5年（2013—2017）倾力编撰而成，由俄罗斯科学出版社出版，是当今俄罗斯汉学的标志性成果。2019年4月，俄罗斯版《中国通史》汉译本翻译项目拉开序幕，预计2023年完成。俄罗斯科学院远东研究所政治研究与预测中心主任、俄罗斯版《中国通史》分卷主编安德烈·维诺格拉多夫表示"撰写这部中国通史的目的是为了向俄罗斯社会，首先是俄罗斯的知识阶层介绍中国的历史。这是由俄罗斯科学院主导的学术项目，作者都是中国历史研究专家，为总结俄罗斯的中国历史研究成就提供了可能，而不仅限于提供一个中国历史的普及读本。"

南非政府设立"南非中文日"

（摘自：中国新闻网，8月6日）

当地时间8月5日，南非政府宣布将每年的9月17日定为"南非中文日"。南非基础教育部部长安吉·莫采卡对汉语教学在南非所取得的成果予以肯定并指出，2015年南非政府决定将汉语作为选修语言纳入国民教育体系以来，汉语教学日益受到社会各界的欢迎。中国驻南非大使林松添表示，为促进中南文化交流与相互了解，中国也在积极引进南非语言教学。林松添指出，中国顶级的外国语高校——已有84种外国语语言教学的北京外国语大学，开设了祖鲁语教学，同时开设了茨瓦纳语、科萨语和索托语选修课，开始招录中国学生，并即将出版中国版的祖鲁语教材和词典。中文推广在南非已经走过了15年的历程。如今，南非是非洲大陆孔子学院和孔子课堂数量最多的国家，已合作建立了6所孔子学院和3个孔子课堂。

柬埔寨青年留学云南新趋势——从学汉语到学专业

（摘自：云南网，8月14日，作者：李晓芬、杨春梅）

"云南和东南亚国家距离近，而且云南气候好，留学生容易适应。"白静说，多年来，华文学院一直在招收东南亚国家留学生，现在已经形成了完整的教学培养体系。最近两年，该校的柬埔寨留学生人数趋于稳定。以前，柬埔寨留学生来中国以学习汉语为主，现在，到中国获取专业学位的人数明显增多。"现在学习汉语的渠道有很多，在中国高校，专业知识的学习更重要。"白静介绍，包括柬埔寨在内的东南亚国家，本身就重视汉语教育，加上现在孔子学院增多，留学生在自己的国家就能学好汉语，所以近几年来中国留学的东南亚国家留学生，更重视专业知识的学习。当然，学好汉语仍然是留学生在中国学习专业知识的基础。为了提高留学生的汉语水平，华文学院为留学生单独开设了汉语补习班。

"中文世界"儿童阅读文库发布首批新书 助力全世界儿童学习中文

（摘自：中国新闻网，8月23日，作者：应妮）

正在举行的 2019 北京国际图书博览会上，五洲传播出版社与美国圣智学习出版集团举行了"中文世界"儿童阅读文库新书发布会，首批 50 本新书面世。

"中文世界"儿童阅读文库是面向全世界儿童的中文分级读物，精选中国国内最优秀的原创内容，经过细致编辑加工，用地道的语言、有趣的故事、精美的插画，带领孩子学习中文。文库综合考虑词汇、语法、文本长度和内容难度等因素，共划分为 10 个级别，同时对应美国外语教学委员会的语言能力标准，循序渐进地培养其中文阅读能力。全文标注汉语拼音，书末还附有中英对照的词汇表。

五洲传播出版社社长陈陆军在致辞中表示，希望通过此次合作使中国的童书在全球的童书市场受到更多关注，全世界的孩子能欣赏到中国优秀的儿童图书，以更全面更客观的眼光看待中国、看待世界。

在首尔中国留学及就业展上感受"汉语热"

（摘自：新华网，8月25日，作者：田明）

24 日，在韩国首尔举行的 2019 年中国留学及就业展览会由孔子学院总部汉考国际主办，韩国彩虹孔子课堂承办，当天在首尔延世大学举行。清华大学、上海交通大学、中国政法大学等 20 余所中国高校以及中国银行、中国国航等中国企业参展。展会定于上午 10 时开放，但刚过 9 时，记者就看到不少韩国学生和家长来到现场。孔子学院总部汉考国际代表、技术总监李群锋介绍说，15 年前，全球第一所孔子学院落户韩国。如今，汉语教育在韩国已遍地开花。目前，在中国的韩国留学生已达 5 万人，韩国是中国最大的留学生来源国。2018 年，韩国汉语水平考试考生超过 14 万人，预计今年人数还会增加。希望本次展会能帮助韩国学生更好地了解中国和中国高等教育，促进中韩文化教育交流。

会说中文的求职者在荷兰变得更吃香

（摘自：中国侨网，8月26日，作者：李明阳）

近期，荷兰越来越多的雇主们想要招聘会说中文的员工。在经历一次剧烈下滑以后，过去的一年里荷兰对会说中文的员工需求量又再次上升。据外媒报道，招聘网站 Indeed 基于自己的数据所生成的报告显示，过去的 12 个月里，招聘网站 Indeed 对于会说中文的人才需求增长近 68%。招聘网站上需要会说中文的职位大部分都是销售和客服，中国旅游业的发展在其中扮演着很重要的角色。招聘网站 Indeed 认为，对会说中文的员工需求量的增加，跟投资和贸易代表团也有关系。"中国对荷兰的投资在全欧洲位居第三，最近两国之间的经济联系也在贸易代表团访问期间进一步加深。这些情况也都反映在了数据上。"招聘网站 Indeed 的荷比卢地区主席 Sander Poos 说。

伊朗国家通讯社中文网站开通上线

（摘自：国际在线，8月28日，作者：李慧中）

当地时间 8 月 26 日上午，伊朗伊斯兰共和国通讯社在德黑兰正式启动了其旗下的中文网站（http://cn.irna.ir），该社社长赛义德·哈什米、中国驻伊朗大使常华、伊朗文化与伊斯兰指导部外媒司司长希拉维等出席了中文网站开通仪式。哈什米社长在开通仪式上表示，"中伊两国在文化、社会、经济、科技等领域拥有巨大的合作潜力，两国媒体可以发挥自身优势，加强两国彼此之间的了解，促进两国在各个领域之间的合作。希望今天伊通社中文网的上线能成为两国加强媒体合作的新起点。"该社中文网负责人、德黑兰大学中文系教授、北京大学中文系博士好麦特先生认为，伊朗伊斯兰共和国通讯社中文网的开通，正是媒体追求这个梦想的结果。这只是一个开始，算是一个基础。

法国学生的"丝路中文课"

（摘自：人民日报海外版，8月31日，作者：刘玲玲）

在法国南部城市蒙彼利埃，有 6 所中小学开设了中文国际班。最近，这些学校正使用一套专门教学法，将中文学习和丝绸之路的历史文化知识结合起来，辅以形式多样的游戏，深受学生喜爱。"你们知道丝绸之路吗？"面对记者的提问，五年级的学生踊跃回答：喀什、敦煌、西安……这些古丝绸之路的重要节点，他们如数家珍。该校中文教师陶瑞峰介绍说，根据法国教育部制定的汉语教学大纲，选择中文作为第一外语的学生，在小学毕业时应掌握 255 个汉字的听、说、读、写。"丝路中文课"教学法将这 255 个汉字分成 26 个单元，选取古丝绸之路上 26 个著名城市与之对应，通过图片、音乐、视频等方式，寓教于乐，在讲述这些城市历史的同时，帮助学生学习中文。

第 12 届"汉语桥"世界中学生中文比赛巴西赛区举行决赛

（摘自：新华网，9 月 2 日，作者：赵焱、陈威华）

第 12 届"汉语桥"世界中学生中文比赛巴西赛区决赛 1 日在里约热内卢天主教大学孔子学院举行。来自里约州葡中双语学校的纳丹·奥利维拉（中文名刘梦霖）获得冠军，并将赴中国参加世界中学生"汉语桥"总决赛。刘梦霖告诉记者，虽然一开始学中文很难，但通过学习和老师们的辅导，现在觉得自己的选择很正确，"希望今后能够到中国去读书，了解更多中国文化"。

中国驻巴西大使馆文化参赞舒建平表示，巴西中文教学水平随着孔子学院数量的增加取得了长足进步，这与我们孔子学院老师的努力分不开，也与中巴两国的关系日益密切分不开，尤其是两国间经贸往来越来越多，让选手们学习中文的动力更强了。

俄罗斯圣彼得堡急聘汉语人才

（摘自：环球网，9 月 5 日，作者：柳玉鹏）

近年来，由于中国和俄罗斯在政治、经济等领域的合作达到了前所未有的水平，俄境内对汉语人才的需求大幅增长。据俄罗斯《生意人报》报道，俄罗斯最大的互联网招聘公司 HeadHunter 新闻处发布的数据显示，圣彼得堡劳动力市场招聘汉语岗位的数量在 4 年内增长了 3.5 倍。2019 年年初以来，圣彼得堡人才市场招聘汉语人才最多的是销售领域，其次是采购、科教及 IT 公司。招聘公司为汉语人才提供的平均工资为每月 5 万卢布（约合 5380 元人民币），而劳务市场的平均工资为 4.5 万卢布。

俄罗斯卫星通讯社 3 日称，最近 10 年，学习汉语的俄罗斯人数量增长了两倍，2017 年达到 5.6 万人。2019 年度首次对中学毕业生进行汉语水平全国统一考试。

各国诗人用不同的语言读诗，向诗圣杜甫致敬

（摘自：红星新闻，9 月 6 日，作者：陈谋）

9 月 6 日下午，"2019 第三届成都国际诗歌周'一带一路'丝路之歌杜甫草堂诗歌

朗诵会"和以"杜甫写作背景下的现实主义"为主题的诗歌论坛，在成都杜甫草堂博物馆的杜甫像前举办，全球各地的诗人们共赴这场诗歌之约，向诗圣杜甫致敬。

朗诵会上，著名诗人、翻译家树才朗诵了《汉字》、克罗地亚诗人马尔科·波加查尔朗诵《句法》，他们用不同的语言讲述了对文字的感悟和对生活的思考。这些诗歌作品用意象启发读者，让读者在阅读时得到更为深广的美学享受。而诗歌论坛中，诗人、翻译家树才，鲁奖诗人、博物旅行家李元胜，印度籍诗人、汉学家墨普德，美国籍诗人、翻译家徐贞敏上台为大家带来了精彩的讨论，让听众更加深入地了解了杜甫。

在荷兰，会说中文成为求职"绝招"

（摘自：新民晚报，9 月 15 日，作者：小辛）

如今越来越多的荷兰雇主想要招聘会说中文的员工。在需求量经历了一次下滑后，去年荷兰对于会说中文的员工需求量又再次上升。

荷兰招聘网站 Indeed 基于自身数据生成的报告显示，过去 12 个月，会说中文的人才需求增长近 68%。招聘网站上需要会说中文的职位大部分都是销售和客服。中国旅游业的发展在其中扮演着很重要的角色。Indeed 认为，对会说中文的员工需求量的增加，跟最近中国和荷兰之间的经济联系也在贸易代表团访问期间进一步加深有关系。

荷兰的中文教师们也表示，看到了不少学生学习中文的热情。其中大多数学生学习动机都是为了更好的职业前景，能说中文绝对是简历上的一个加分项。

俄国学者：汉语是国际交流语言，俄罗斯应完善教学体系

（摘自：中国侨网，9 月 20 日）

据俄罗斯卫星通讯社报道，日前，俄罗斯国立研究大学高等经济学院东方学学院院长阿列克谢·马斯洛夫表示，汉语是国际交流语言，俄罗斯应当彻底完善汉语教学体系。

马斯洛夫指出，俄罗斯人对汉语的兴趣正在快速增长，但专业化的教学机构太少。目前，俄罗斯只有不超过 10 所院校能提供高水平的汉语教学，完全不能满足民众的需要。此外，俄罗斯联邦开设的中国中心也没有考虑外国人的思维特点，学生不接受额外训练就无法成为翻译。

马斯洛夫建议，相关部门可以分三步解决问题。第一步，在长期试用后推广新方法；第二步，对大学和中学的教师进行再培训；第三步，创建在线平台，摸索在线教学的新方法，可以争取国家支持，与中方联手实施。

全球中文学习平台正式上线

（摘自：中国新闻网，10 月 25 日，作者：马海燕）

第三届中国北京国际语言文化博览会（以下简称语博会）24 日至 27 日在北京举行。全球中文学习平台 25 日亮相语博会，平台以提供免费学习资源为主，突出公益性质。教育部副部长田学军、北京市人民政府副秘书长韩耕、人民教育出版社社长黄强、科大讯飞股份有限公司董事长刘庆峰共同启动平台。200 多位中外嘉宾见证了全球中文学习平台（www.chinese-learning.cn）的正式上线。

平台汇聚各类中文学习资源，以更好地为广大中文学习者提供优质服务为宗旨，历时两年多完成。其中智能语音、智能写作和批改等关键技术研究成果在中小学语言能力评价、少数民族国家通用语言学习等方面得到应用。

俄克拉斯诺亚尔斯克中小学学习汉语人数增长 20 倍

（摘自：人民网—俄罗斯频道，10 月 14 日）

据俄罗斯卫星通讯社报道，俄罗斯克拉斯诺亚尔斯克市政府新闻处发布消息称，一年内该市中小学学习汉语的学生从 40 人增至 800 人，增长近 20 倍。与此同时，该市教授汉语的学校也从去年的 6 所增至了今年的 13 所。克拉斯诺亚尔斯克是俄罗斯最大的城市之一，同时也是中西伯利亚和东西伯利亚最大的文化、教育、经济和工业中心。据了解，1997 年全俄罗斯约有 5000 人学习汉语，2007 年这一数字为 1.7 万，2017 年则达到了 5.6 万。近 10 年内，俄罗斯学习汉语的人口数量增长了两倍。据统计，39% 的汉语学习者在大学学习，31% 在中小学，25% 在语言学习班，还有 5% 在中国孔子学院。2018 至 2019 学年，汉语首次被列入俄罗斯国家统一考试科目，成为可供考生选择的第五种外语。

“搭建语言之桥——俄罗斯语言政策专家访华项目”成功实施

（摘自：语信司，10 月 17 日）

9 月 21 日至 10 月 1 日，由教育部语言文字信息管理司主办、上海外国语大学中国外语战略研究中心承办的“搭建语言之桥——俄罗斯语言政策专家访华项目”成功实施。活动邀请了俄罗斯科学院通讯院士阿尔巴托夫、格罗夫科、俄罗斯科学院法律研究所达洛芙斯吉赫、圣彼得堡大学科尔帕奇科娃等 8 位俄罗斯语言政策领域的专家访华，先后在北京、上海开展了近 20 场形式多样的交流活动。活动主题涉及语言文字科学保护、语言资源建设与开发、外语教育、语言研究成果出版、词典编纂、语言测试、国际化城市的语言应用等。本次活动进一步增进了两国语言政策学界对彼此语言国情和语言文字工作的了解，并在人才培养、科研合作等方面达成一系列合作意向，受到两国专家的高度赞赏和一致好评。

新加坡总理鼓励民众多用汉语：全球人都在积极学习

（摘自：海外网，10 月 23 日，作者：张霓）

今年是新加坡"讲华语运动"40 周年，新加坡总理李显龙日前在参加该活动的周年庆典时表示，推广华语是一项坚持不懈的工程。在全球掀起"汉语热"的背景下，新加坡也不能失去自己的双语优势，为了抓住中国发展带来的机会，就必须掌握这种语言。22 日，李显龙在"讲华语运动"40 周年庆典上发表中文演讲。他援引新加坡教育部今年的数据指出，71%的新加坡华人家庭在家中主要讲英语，而在家中使用英语的马来西亚裔和印度裔家庭中比例也明显增加。"因此，讲华语运动必须与时俱进。我们需要加倍努力，鼓励新加坡人把华语融入日常生活中，也必须想方设法保持新加坡华语的活力和独特处。"李显龙说。

首届"斯里兰卡执法官员中文培训项目"开幕

（摘自：中央广电总台国际在线，10 月 28 日，作者：陈冠文）

28 日，首届"斯里兰卡执法官员中文培训项目"开幕仪式在北京外国语大学举行。培训项目旨在为斯里兰卡移民、警察、海关等部门主管对华事务的执法官员提供来华进修学习的机会，更好地了解中国。本次培训共计四周，除具有针对性的商务、警务汉语学习外，还会开设中国当代政治、经济、外交、教育、文化、军事、警务、中斯关系等方面的课程和讲座，并且将组织学员前往北京、天津等地的相关单位访问交流，提供与中国相关机构面对面交流的宝贵机会，进一步加强中斯双方的交流合作。

阿塞拜疆驻华大使：推动汉语教育纳入阿小学课程

（摘自：海外网，10 月 28 日，作者：毛莉、戴尚昀）

目前在阿塞拜疆的两所孔子学院取得了巨大成功，大约有 1500 名阿塞拜疆人参加孔子学院的各项活动。阿塞拜疆驻华大使杰纳利·阿克拉姆透露，阿塞拜疆计划把汉语教育引入小学课程，目前正在和教育部积极商讨相关事宜。对中国文化充满热情的阿克拉姆专门聘请了一位汉语老师，在繁忙的大使工作中每天都确保抽出一个小时学习汉语。阿克拉姆还对四川自贡的元宵灯会印象十分深刻,他希望把这样的活动也带回阿塞拜疆,中国春节与阿塞拜疆最重要的节日诺鲁孜节在时间上非常相近，他相信节日能拉近两国人民的距离。

新加坡为何坚持不懈推广华语 40 年？

（摘自：人民网，11 月 22 日，作者：杨牧、李清、徐祥丽）

新加坡位于马六甲海峡出入口，享有"花园城市"的美誉。走在新加坡街头，会看到很多张华人的面孔，有的人以此判断新加坡大部分人会说华语。其实不然。新加坡是由多个族群组成的国家，华人占比超过 70%，但国语是马来西亚语，华语是官方语言之一。

新加坡总理也积极呼吁并鼓励民众使用华文华语，并从文化认同的角度指出，学习华语可以帮助"更好地了解我们的根和文化"。有关学者接受人民网记者采访时认为，文化和文明的认同对社会和个人都是非常重要的，这样才能找到精神的根基和皈依。在北京大学中文系教授张颐武看来，鼓励学习华语在一定程度上，既表现出新加坡以文化凝聚社会、国家共识的现实需要，也体现出新加坡对中华文化的认同、认可。

埃及翻译家：图书才能呈现更加真实的中国

（摘自：新华网，11 月 28 日，作者：吴丹妮）

在埃及首都开罗的埃及国家翻译中心大楼内，中心主任安瓦尔·穆吉斯的办公桌上摆放着《中国思想发展史》《中国中小企业发展之路》《唐诗精选》等与中国有关的阿拉伯语图书。"这是近几年翻译中心最令我感到骄傲的工作成果之一。"安瓦尔的神情和语气充满欣慰与满足。

满足，不仅是因为这些图书在埃及以及其他阿拉伯国家有着很好的销量，更因为这些以及更多来自中国或与中国有关的图书是从中文直接翻译成阿文的。以往阿拉伯人所读中国图书的阿文版大多是从英语、法语、德语译本翻译而来。身为哲学教授的安瓦尔深知，通过第三方语言转译的著作会产生重要信息的流失和偏差。他举例说，《道德经》阿文版就是从德语和英语翻译而来，一些内容令人费解。在各方努力下，目前中心已有中阿直译的阿文版中国图书 30 余本，另有 6 本正在印刷，还有 10 本已签订翻译合同。

首届埃及中国当代小说青年翻译大赛颁奖仪式在开罗举行

（摘自：新华网，11 月 28 日，作者：李碧念、涂超华）

首届埃及中国当代小说青年翻译大赛颁奖仪式 28 日在埃及首都开罗中国文化中心

举行，4 名埃及参赛选手分获一、二、三等奖和鼓励奖。本次翻译大赛由开罗中国文化中心和埃及国家翻译中心合作主办、北京师范大学出版集团承办。评委会由埃及知名汉学家穆赫辛·法尔贾尼、开罗大学孔子学院埃方院长李哈布和北京外国语大学扎耶德阿拉伯语与伊斯兰研究中心主任薛庆国共同组成。

大赛所选书目系第七届鲁迅文学奖中篇小说获奖作品《世间已无陈金芳》。小说讲述了一个中国"北漂"女孩的奋斗、挣扎、追求以及梦想幻灭的故事。埃及国家翻译中心主任安瓦尔·穆吉斯说，举办类似中国文学作品翻译比赛旨在提升埃及翻译人员的兴趣和自信心，帮助埃及培养更多专业的翻译人员，增加中国书籍在埃及的出版数量，最终帮助阿拉伯读者更好地了解中国。

汉语正走进非洲

（摘自：光明日报，12 月 5 日，作者：李宝贵、庄瑶瑶）

2019 年孔子学院迎来了成立 15 周年的纪念。12 月 9 日，"国际中文教育大会"将在湖南长沙召开，此次大会以"新时代国际中文教育的创新与发展"为主题，融汇全球的智慧为世界中文教学开辟新的发展空间。汉语纳入非洲国民教育体系是汉语走向世界的重要标志，也是引导海外青少年认识中国、了解中国、亲近中国的有效路径。"少成若天性，习惯如自然。"北京语言大学教授李宇明指出，青少年最易在语言学习的过程中产生语言感情，进而产生语言认同，并由语言感情、语言认同进而产生文化兴趣、文化好感，甚至产生跨文化认同。非洲各国重视青少年中文教育对推动中文学习普及发展的基础性作用，陆续将汉语纳入国民教育体系，为中非世代友好持续培养生力军。

英国人每年花 17 亿请家教，中文课最贵

（摘自：环球网，12 月 9 日，作者：候涛）

英国父母每年花费 17 亿英镑（1 英镑约合人民币 9 元）为孩子聘请家教，一些家教课时费甚至高达 200 英镑。据英国《每日邮报》7 日报道，1/4 的英国学生在校外补课，每小时平均花费 34.22 英镑。家教课程中，最贵的科目是中文，平均每小时 53 英镑，其次是物理（47.5 英镑）和化学（45.8 英镑），最便宜的科目是历史（32 英镑）。

来自富裕家庭的儿童中有 1/3 以上的人曾得到额外的学术帮助，而低收入家庭的这一比例为 20%。活动人士呼吁政府为贫困家庭提供学费代金券，以营造"公平竞争环境"。在线平台"家教之家"发现，英国各地辅导费用也各不相同。

日本汉学家古川裕："汉语有资格成为下一个国际语言"

（摘自：光明日报，12 月 10 日，作者：柴如瑾）

"汉语能否像英语那样成为国际语言？"在曾经发表的同题报告中，古川裕给出的答案是"能"。他告诉记者："当今英语的崛起跟历史上英美两国各方面的强盛发达分不开，按这个逻辑来说，汉语当然有资格成为下一个国际语言。"

"世汉学会会员人数已超过 5000 人，遍布全球 79 个国家和地区。这些数字说明我们学会的力量是巨大的，可以对全球各地的汉语教育发挥积极作用。"作为世界汉语教学学会副会长，古川裕表示，"我们学会的任务是有的放矢地根据各个地区的状况了解各地的需求，按照不同需求提供适当的帮助。通过我们的汉语教学，努力培养汉语能力强且富有个性的人才，在不同的国家和不同的文化中间搭起汉语的桥梁。"

泰国出现汉语热，中文已成为泰国除英文外的第二大外语

（摘自：人民网，12 月 20 日）

2019 年 12 月 20 日，由华侨大学和社会科学文献出版社共同发布了 2019 年《华侨华人蓝皮书》。蓝皮书指出，泰国中文教育空前高涨。2006 年至今，孔子学院和孔子课堂遍地开花，汉语教学范围迅速扩大，学中文的人数成倍增长。2010 年，相比 5 年前，泰国有汉语课程的学校由 100 多所增加到 1600 多所，学生由 5 万人增加到 56 万人。目前，泰国总人口 6700 万，也就是不到 10 个人中就有一个人在学中文，中文已成为泰国除英文外的第二大外语。

语言学术活动

引　言

2019 年，国家语言文字事业发展不断激发新的活力。中国语言扶贫与人类减贫事业论坛在北京举行；语言与智能结合愈发紧密，跨学科研究推动语言学科与其他学科间的对话；民族语言保护与传承重视度不断提高，民族语言传承保护培训、调研与信息化工作持续推进；国际中文教育发展如火如荼，在交流研讨中中文教师切磋精进；语言文字事业助力国家政策实施与社会发展，推进脱贫攻坚与服务特殊群体。

在第 27 个国际减贫日和第 6 个国家扶贫日即将到来之际，中国语言扶贫与人类减贫事业论坛在北京举行，如何在推广通用语言的同时发展多样化语言、提高语言运用能力、助力脱贫攻坚成为与会者关注的话题。

语言与智能协同发展，彼此补益。8 月，语言与智能高峰论坛于北京召开，探寻语言智能的未来之路，共同探讨语言与智能领域的新发展和新技术；9 月，由国家语委科研机构中国语情与社会发展研究中心、武汉大学大数据分析与人工智能研究所主办的"语言学与人工智能跨学科论坛"在武汉大学开幕；10 月，以"语言智能与语言多样性"为主题的国际语言文化论坛在京举行；11 月，外国语言文学与人工智能融合发展国际研讨会在广州举行，推动外国语言文学与人工智能融合发展；12 月，第二届语言智能与社会发展论坛聚焦智能写作健康发展，以"智能写作的社会影响及其伦理、法律问题"为主题的第二届语言智能与社会发展论坛在京举行。

民族语言传承事业发展势头良好。7 月，语信司前往中央民族大学调研少数民族语言规范标准建设工作，为打造高端智库提供支持；8 月，全国少数民族语言文字信息处理学术研讨会于西宁举行；10 月，第六届黑龙江鄂伦春国际奥林匹克语言竞赛于鄂伦春举行，保护少数民族语言传承和发展，搭建交流平台。习总书记考察内蒙古时指出，要重视少数民族文化保护和传承，语言文字工作者们一直走在路上。

此外，国际中文教育大会在长沙开幕，朝鲜首个汉语考试中心举行揭牌仪式，第八届印尼汉语教学研讨会在泗水举行；语言扶贫论坛提高语言能力助力脱贫攻坚，2019 年全国语言文字工作会议暨推普脱贫攻坚中期推进会召开，2019 年"推普脱贫攻坚"全国大学生暑期社会实践活动出征仪式举办，"国培计划（2019）"语言文字规范标准培训班和推普脱贫工作紧密结合。

一、中国语言扶贫与人类减贫事业论坛

语言扶贫论坛举行 提高语言能力助力脱贫攻坚

（摘自：中国新闻网，10 月 15 日，作者：马海燕）

在第 27 个国际减贫日和第 6 个国家扶贫日即将到来之际，中国语言扶贫与人类减贫事业论坛 15 日在北京举行。如何在推广通用语言的同时发展多样化语言、提高语言运用能力、助力脱贫攻坚成为与会者关注的话题。教育部语言文字应用管理司司长徐晓萍表示，中国多数贫困地区实现推普广动员、广参与、广覆盖，贫困群众特别是青壮年劳动力不通普通话的人数不断减少，交流交往能力有所增强，职业技能明显提升。

北京语言大学教授李宇明表示，语言可以扶贫，源自语言与教育、与信息的密切关系。中国的语言减贫，在宏观层面是要推广普通话，同时促进地方语言（包括民族语言、汉语方言）增值；在个人和家庭层面，既要提升语种能力，又需重视语言技术的应用。武汉大学教授赫琳指出，要阻断贫困的代际延续，还要注重发展技能培训与语言教育相结合的职业教育，要防止信息化智能化带来的新贫困。

加大语言教育和学习将进一步促进中国减贫事业

（摘自：中央广播电视总台国际在线，10 月 15 日，作者：乔全欣）

10 月 15 日至 16 日，中国语言扶贫与人类减贫事业论坛在北京举办。与会人士表示，国家通用语言文字是打破地域区隔、传播信息和技术的工具，也是阻断贫困代际传递的重要基础。国家通用语言文字、少数民族语言文字、方言以及外语都是语言扶贫事业的有机组成部分，在不同的层次和领域发挥着重要作用。专家表示，中国采取以普通话为主要交际工具的多语制教育，使国家通用语言文字、少数民族语言文字、方言以及外语都成为语言扶贫事业的有机组成部分，在不同的层次和领域发挥着作用。多元语种教育已成为促进中国减贫事业的重要途径和方法。

推普脱贫培训年覆盖百万人次

（摘自：光明日报客户端，10月16日，作者：柴如瑾）

记者10月16日从中国语言扶贫与人类减贫事业论坛上获悉，教育部、国务院扶贫办、国家语委面向贫困人口中不通普通话的农牧民、干部、教师、义务教育阶段学生和学前幼儿等群体，组织开展普通话专项培训，每年覆盖100万人次以上。从全国来看，虽然普通话的普及率接近80%，但在民族地区、边远地区和一些农村贫困地区，普通话的普及率只有40%。广西民族大学党委书记卞成林教授用语言经济学测算发现，"普通话普及率达到60%—63%，语言对减贫有非常大的助力作用。"

发挥语言扶贫在消除贫困中的基础作用

（摘自：光明日报客户端，10月17日，作者：李斌）

由于和扫盲、推广普通话、普及义务教育有所交叉，在扶贫工作中消除贫困地区的人们与外界交往的语言障碍一直没有得到重视。10月15日至16日，我国首次以消除贫困地区的人们与外界交往的语言障碍为主题的论坛——中国语言扶贫与人类减贫事业论坛在北京举行。通过政府和学术界的共同努力，消除贫困地区的人们与外界交往的语言障碍，在扶贫攻坚战中的重要角色与作用日益清晰，被视为助力减贫的基础性力量。在具体实施过程中，这一工作需要重点提高贫困地区汉语普通话和书面语的读写能力、语言信息技术能力，特别是手机等移动设备的信息操作能力。此外，还要考虑到方言和少数民族语言和通用语之间的关系，尽可能培养双语甚至多语能力。

中国语言扶贫实践路径和经验体系建立 为世界减贫事业贡献中国智慧

（摘自：人民日报海外版，10月18日，作者：赵晓霞）

新中国成立以来，采取了各种措施开展扶贫减贫工作，语言减贫发挥了重要作用。数据显示，《推普脱贫攻坚行动计划（2018—2020年）》发布以来，教育部、国务院扶贫办、国家语委面向贫困人口中不通普通话的农牧民、干部、教师、义务教育阶段学生和学前幼儿等群体，组织开展普通话专项培训，每年覆盖100万人次以上。同时，分别针对农牧民、学前幼儿普通话学习的入门级用书《普通话1000句》和《幼儿普通话365句》编写出版；《普通话1000句》微课程在"语言扶贫APP"上线，满足用户多元学习需求……这一系列举措的推行标志着中国语言文字工作与国家扶贫攻坚战略实现全面对接。

二、语言与智能学术会议

"未雨绸缪：语言与下一代人工智能博鳌论坛"召开

（摘自：中国教育报，1月16日，作者：李小伟）

近日，"未雨绸缪：语言与下一代人工智能博鳌论坛"在博鳌亚洲会议中心举行。此次论坛由江苏高校语言能力协同创新中心、江苏师范大学国家语委语言能力高等研究院等共同主办，来自中国科学院、中国工程院、中国社会科学院、清华大学、北京大学等国内30余家高校和科研院所的70余名人工智能、计算机科学、语言学、神经科学等领域的专家学者，就当前人工智能存在的问题，下一代人工智能的发展方向，以及语言与语言脑机制研究在人工智能研究中的重要作用等问题进行了深入的交流、讨论。

第十七届全国少数民族语言文字信息处理学术研讨会举行

（摘自：西双版纳报，8月13日，作者：玉哈、玉康龙）

9日至11日，第十七届全国少数民族语言文字信息处理学术研讨会在青海省西宁市举行。此次研讨会由中国中文信息学会和中国中文信息学会民族语言文字信息专业委员会主办，青海师范大学承办。研讨会旨在促进国内各民族语言文字信息处理技术的学术研究，加强同行间的学术交流与合作。此次共有《基于transformer神经网络的汉蒙机构名翻译研究》等7篇论文获优秀论文奖。据悉，全国少数民族语言文字信息处理学术会议从1981年开始每两年举办一次。经过30多年的发展历程，该会议已成为国内少数民族语言文字信息处理领域权威性最高和规模最大的学术会议，致力于中国境内各类少数民族语言文字信息处理的研究，为研讨和传播少数民族信息处理最新的学术及技术成果提供了相互交流的平台。

专家热议语言智能未来发展

（摘自：人民网—科技频道，8月28日，作者：赵竹青）

第四届语言与智能高峰论坛于24日在北京举办，来自全国学术界、企业界从事语言与智能相关研究的专家学者以及科研人员等，就语言与智能领域的新发展和新技术展开热议。论坛由中国计算机学会与中国中文信息学会联合主办，北京理工大学黄河燕教授、华为诺亚方舟实验室语音语义首席科学家刘群、新加坡国立大学李海洲教授、京东人工智能研究院常务副院长何晓冬等发表观点。此外，本届高峰论坛还设立了青年科学家与企业论坛，北京大学教授万小军、清华大学长聘副教授刘知远、微软亚洲研究院主管研究员段楠等优秀青年学者和企业专家共同探讨了"自然语言生成研究进展""知识计算与语言理解""基于多模态的自然语言处理"等话题。本届论坛还设立了圆桌对话环节，来自企业的科研人员与高校、学术界的专家学者就语言与智能领域的技术创新和商业应用前景展开讨论。

"语言学与人工智能跨学科论坛"在武汉大学开幕

（摘自："中国语情"微信公众号，9月18日）

9月17日，由国家语委科研机构中国语情与社会发展研究中心、武汉大学大数据分析与人工智能研究所主办的"语言学与人工智能跨学科论坛"在武汉大学开幕。来自北京大学、清华大学、复旦大学、国防科学技术大学、教育部语用所、华为、科大讯飞等高校、科研院所及科技公司的30多位专家学者莅临，他们大多为语言学、计算机科学、人工智能、认知科学、伦理学等领域的著名专家学者。开幕式由中国语情与社会发展研究中心主任赵世举、武汉大学大数据分析与人工智能研究所所长姬东鸿联合主持。吴平副校长代表武汉大学向本次论坛的开幕表示热烈祝贺。北京大学陆俭明教授和哈尔滨工业大学李生教授作为专家代表致辞。

"语言智能与语言多样性"国际语言文化论坛在京举办

（摘自：中国社会科学网，10月28日，作者：董潇逸、柳雨、郑亚奇、张雨楠）

"语言智能与语言多样性"国际语言文化论坛在京举办，中国语言产业研究院执行院长、首都师范大学文学院李艳教授邀请武汉大学中国语情与社会发展研究中心主任赵世举教授共同主持主旨报告环节。

加拿大蒙特利尔大学安娜·伊内斯·安萨尔多教授讨论了文化语言交流以及老龄化的问题，阐述了语言能力和大脑、语言能力和老年痴呆症的关系。澳门大学人文学院代院长徐杰教授阐述了主要语种的数量和具体语言水平的关系问题，提倡完善语言配套、语言规划。

专家对话环节，湖南大学外国语学院认知科学特聘教授、东英吉利大学政治、哲学、语言与传播学院名誉教授克里斯·辛哈，匈牙利大使馆文化教育专员 Adam Daniel Breuer-Zehevi 博士，武汉大学中国语情与社会发展研究中心主任赵世举教授，中国语言战略研究中心荣誉主任、南京大学文学院徐大明教授，科大讯飞股份有限公司教育事业群副总裁，广东讯飞启明科技发展有限公司总经理汪张龙以及赵霞院长等六位专家先后围绕论坛主题"语言智能与语言多样性"阐述了自己的主要观点。

推动外国语言文学与人工智能融合发展

（摘自：中国社会科学网，11 月 6 日，作者：李永杰）

11 月 2 日，外国语言文学与人工智能融合发展国际研讨会在广州举行，这是我国学界对外国语言文学学科如何应对人工智能带来的机遇与挑战、如何与其融合发展这一课题的重要探索。

在人工智能时代，与人工智能共融发展是外国语言文学学科当下面临的重大课题。人工智能不仅同语言学和科学技术密切相关，而且同外国语言文学研究领域，包括文学和文化都密切相关。广东外语外贸大学外语研究与语言服务协同创新中心主任葛诗利表示，人工智能与外国语言文学学科内的所有领域都建立了紧密的关联，此次会议旨在搭建外国语言文学与人工智能的跨学科研究平台，推动语言技术和人文研究与人工智能的深度融合，为人工智能造福人类提供新的研究视角。

首都师范大学承办"语言智能与语言多样性"国际语言文化论坛

（摘自：首都师范大学网，11 月 14 日，作者：李艳）

第三届中国北京国际语言文化博览会主论坛——"语言智能与语言多样性"国际语言文化论坛中，英国国家学术院院士、社会语言学家、英国约克大学语言学系保罗·柯斯威尔教授围绕移民和语言问题介绍了欧洲和中国的语言多样性。科大讯飞股份有限公司董事长刘庆峰介绍了科大讯飞将人工智能应用于语言领域的新进展。论坛随后举行了"全球中文学习平台"上线发布仪式，教育部语言文字信息管理司司长田立新主持。加拿大蒙特利尔大学安娜·伊内斯·安萨尔多教授讨论了语言与老龄化问题。澳门大学人文学院代院长徐杰教授阐述了语种数量和语言水平的关系问题。

开展了专家对话环节，六位专家先后围绕论坛主题阐述了自己的观点，论坛并根据研究领域、专业特点将六位专家分为三组并围绕各组问题进行了深度探讨。

第二届语言智能与社会发展论坛聚焦智能写作健康发展

（摘自：光明日报客户端，12 月 18 日，作者：邓晖）

以"智能写作的社会影响及其伦理、法律问题"为主题的第二届语言智能与社会发展论坛近日在京举行。论坛由北京语言大学语言资源高精尖创新中心和中国中文信息学会社会媒体处理专委会联合主办，北京语言大学语言智能研究院协办。教育部科技司司长雷朝滋，北京语言大学党委书记倪海东，北京语言大学党委常委、副校长张旺熹，北京语言大学语言资源高精尖创新中心主任李宇明及语言学界、机器翻译界、新闻传播界和企业界近 200 名嘉宾出席论坛。本次论坛还形成了"语言智能与社会发展论坛之 2019 宣言"——《推进智能写作健康发展宣言》。宣言确认了"以积极态度拥抱智能写作""彰显社会属性和价值""互联互通深度人机结合""遵循人类语言生活的公序良俗""协同发展，彼此补益"等五项原则，呼吁语言智能的健康发展。

三、其他学术活动

国防科技大学举行第三届语言文化与军事国际学术研讨会

（摘自：中国军网，1月7日，作者：胡小棠、王忠奎、刘明、罗哲怡）

1月4日至5日，"第三届语言文化与军事国际学术研讨会"在国防科技大学文理学院举行。与会代表一致肯定国防语言战略的重要性，认为必须建立国防语言能力培训机制、加快国防话语体系建设、促进国防语言能力建设的军民融合，进一步提升国家和军队在国防和军事领域的跨文化交流能力，以提高国家和军队的"软实力"，为维护国家安全、地区稳定和世界和平发挥更大更好的作用。本次研讨会以"语言·文化·军事"为主题。22位来自地方和军队高校的专家学者和外军留学生做主题发言，并围绕"语言政策与规划""语言与传播""文化与安全""翻译与冲突""军事外语教育"等议题展开了讨论。

2019 年全国语言文字工作会议暨推普脱贫攻坚中期推进会召开

（摘自：教育部，4月3日）

4月3日，2019年全国语言文字工作会议暨推普脱贫攻坚中期推进会在云南昆明召开。会议总结2018年语言文字工作，谋划2019年工作思路举措，部署推普脱贫攻坚等各项重点任务。国务院扶贫办、中国移动通信集团有限公司、科大讯飞股份有限公司、教育部职成司，上海、山东、云南、甘肃、广西罗城仫佬族自治县相关负责人及青壮年农牧民代表在会上作交流发言。会上，教育部、国务院扶贫办、国家语委、中国移动通信集团有限公司、科大讯飞股份有限公司共同签署"推普脱贫攻坚"战略合作框架，《普通话1000句》、《幼儿普通话365句》、"中华经典资源库"、"中小学语文示范诵读库"音频播放器赠送仪式同步举行。

"新时代国家语言文字事业的新使命与发展方略研究"开题会在武汉大学举行

（摘自：语信司，4月11日）

日前，由武汉大学文学院教授、中国语情与社会发展研究中心主任赵世举主持的教育部哲学社会科学研究重大课题攻关项目"新时代国家语言文字事业的新使命与发展方略研究"开题会在武汉大学举行。教育部语言文字应用管理司、语言文字信息管理司司长田立新，武汉大学党委副书记沈壮海，武汉大学人文社会科学研究院副院长张发林，武汉大学文学院副院长于亭等相关单位部门负责人，及北京外国语大学教授文秋芳、教育部语用所研究员靳光瑾、厦门大学教授苏新春等特邀专家出席会议，各子项目负责人和主要成员参加会议。课题总负责人赵世举教授就课题的总体框架、研究思路、研究方法、重点难点、主要创新之处、预期成果等作全面汇报，各子课题负责人进一步阐述各自研究计划。

中国语情与社会发展研究中心召开学术委员会会议暨发展咨询会

（摘自：语信司，4 月 11 日）

日前，中国语情与社会发展研究中心（以下简称中心）学术委员会会议暨发展咨询会在武汉大学文学院举行。教育部语言文字应用管理司、语言文字信息管理司司长田立新,武汉大学人文社会科学研究院副院长张发林,特邀专家北京外国语大学教授文秋芳、教育部语用所研究员靳光瑾、北京师范大学/郑州大学教授李运富、首都师范大学教授李艳，以及中心学术委员会委员出席会议。会议由中心副主任赫琳教授主持。中心主任赵世举教授就中心近年来在语情监测发布、重大现实语言问题研究、资政服务、社会引导、人才培养等方面开展的工作做了全面汇报。田立新在讲话中指出，在国家语委各科研机构中，语情中心各项工作开展得扎实，建设有特色、有发展、有建树，起到了良好的示范作用，在服务国家、服务社会方面做出了贡献。

国家语委海外华语研究中心三期建设启动实施

（摘自：语信司，4 月 18 日）

4 月 13 日，教育部语言文字应用管理司、语言文字信息管理司司长田立新与暨南大学党委书记林如鹏签署共建协议，国家语委海外华语研究中心三期建设启动实施。田立新强调了海外华语研究中心在支持语言文字事业发展中的重要作用，肯定了海外华语研究中心发挥的独特学术优势，希望中心以海外华语研究为核心，牢固树立国家意识和问题意识，积极关注语言生活中的重要问题，及时提出思路方案，努力服务国家需求；进一步加强机制建设，凝练研究方向，提升研究能力，积极向智库型研究机构拓展；发挥好学术委员会的指导作用，加强海外华语资源平台的整合功能，争取产出更多标志性成果。

第八届中国语言学研究方法与方法论问题学术讨论会召开

（摘自：中国社会科学报，5 月 7 日，作者：余光武）

4 月 26 至 28 日，由《中国社会科学》编辑部和江苏师范大学语言科学与艺术学院联合举办的第八届中国语言学研究方法与方法论问题学术讨论会在江苏徐州召开。围绕"新时代中国语言学的创新之路"这一总议题，江苏师范大学语言科学与艺术学院院长杨亦鸣、武汉大学赵世举教授、中国社会科学院李蓝研究员、清华大学黄德宽教授等就"语言学+"视野下的跨学科研究、人工智能时代的语言学研究、从文字演进看思想史、全球化进程中的中国语言学等几个方面展开深入交流和热烈讨论。此次会议为语言学者提供了一个良好的沟通和交流平台，推动了语言学科与其他学科之间的对话，共同探讨了新时代中国语言学的创新发展之路。

2019 年地方语委干部语言文字工作能力提升培训班在武汉大学举办

（摘自：语用司，5 月 14 日）

5 月 6—10 日，2019 年地方语委干部语言文字工作能力提升培训班成功举办。教育部语言文字信息管理司副司长刘宏强调，地方语委干部要加强三种能力建设：一是把握政策的能力，保持政策敏感性；二是组织创新的能力，找到"语言文字+"的结合点；三是借助外力的能力，深度融合，借力发展。在培训中，武汉大学、上海教科院、首都师范大学、教育部语用所等单位相关负责人和专家学者为学员们讲授国家发展中的现实语言问题、语言学与人工智能、语言智能与未来生活、语言管理及管理思想等课程。河北省、四川省语委办负责同志介绍了本省在推普脱贫攻坚等相关工作方面的典型做法和经验。

浙江民间方言研究工作坊在金华举办

（摘自：浙江师范大学新闻网，5 月 14 日，作者：曾霁馨）

5 月 12 日，浙江师范大学中国方言研究院举办第三次工作坊，探讨浙江民间方言研究工作。研究院院长曹志耘教授、副院长王洪钟教授与 20 多位民间方言研究者出席了本次工作坊。曹志耘教授指出，民间方言研究者坚守本土是将方言学术研究与社会大众进行沟通的"桥梁"。在交流环节，与会人员对以下三方面的内容进行了集中研讨：一是浙江方言的字典、词典和图典"三典计划"；二是方言标音方法；三是方言文化保护传承。王洪钟教授表示，中国方言研究院将继续努力为我省民间方言研究者搭建平台，也希望大家积极支持方言研究院的方言调查研究工作，为浙江方言文化的保护与传承共同努力。

2019 年第一期语言文字规范标准培训班在江西举办

（摘自：中国语言文字网，5 月 16 日）

5 月 9 日至 10 日，由教育部语言文字信息管理司等主办，江西省语言文字培训测试中心承办的 2019 年江西语言文字规范标准培训班在南昌市成功举办，共选拔了 200 名学员。教育部语言文字应用研究所副所长魏晖指出语言文字规范标准培训班的必要性与目的，并介绍了近年来培训工作中聚焦推普脱贫等方向的做法。江西省教育厅副巡视员张爱萍强调，语言文字规范标准是语言文字法律法规、方针政策的集中体现，也是语言文字工作的基础。培训研究员们就"推普与脱贫攻坚""汉语拼音正词法基本规则"等问题进行讲解，并与学员进行了互动交流，解答了语言文字规范标准应用中的疑难问题。

国家语委科研机构"汉字文明传承传播与教育研究中心"签约共建

（摘自：语信司，5 月 20 日）

5 月 10 日，教育部语言文字信息管理司、河南省教育厅、郑州大学共建国家语委科研机构"汉字文明传承传播与教育研究中心"正式签约。教育部语言文字应用管理司、语言文字信息管理司司长田立新指出，在郑州大学建设"汉字文明传承传播与教育研究中心"，能够发挥河南省的汉字资源优势，服务国家文化发展战略，并希望中心在原有基础上进一步优化、提升。河南省教育厅副厅长王学进指出，省教育厅将大力支持"汉字文明传承传播与教育研究中心"的建设发展，为中心的发展积极创造条件。郑州大学校长刘炯天表示，学校将以国家级学术平台的标准严格要求，积极解决国家语言文化建设中的重大问题，主动对接国家语言文字事业发展需求。

2019 全国首届"互联网+"汉字书写教育改进研讨会在京召开

（摘自：光明网—信息联播，5 月 27 日，作者：刘正伟）

25 日上午，由中国关心下一代委员会健体中心和北京新鸿儒教材教法研究所、书写中国共同主办的"2019 全国'互联网+'汉字书写教育改进研讨会"在北京师范大学举行。开幕式上，与会领导与专家共同启动了书写中国"百城千校规范汉字书写校园行"活动。研讨会通过专家报告与学术沙龙相结合的研讨形式，从政策、理论、行动三个层面深入研讨新时代"互联网+"汉字书写教育改进的目标任务与实现路径，为我国教育战线应对汉字书写危机、推进写字教学改进、提升汉字书写教育效能、传承发展汉字文化、繁荣和发展汉字书写教育事业提供了理论支持与实践参考。

大洋洲中文教师大会在新西兰举行

（摘自：新华网，6月15日，作者：卢怀谦、陈正安）

第三届大洋洲中文教师大会15日在新西兰奥克兰大学举行，百余名来自澳大利亚、新西兰和部分南太平洋岛国的汉语老师一起讨论汉语教学的经验和方法，为进一步推动大洋洲汉语教学建言献策。本次大会讨论的议题涉及汉语文字教学、汉语口语教学、汉语语言和文化教学以及汉语教学评估等多个方面。中国驻奥克兰总领馆副总领事肖业文在发言中说，近年来中国与大洋洲国家之间的交流不断深入，双方在教育、科技和文化领域的合作成果显著。这些都离不开长期在汉语教学领域辛勤工作的老师们的努力。他希望中文教师们能够充分利用大会的平台，切磋海外中文教育的经验，从而为中国与新西兰、中国与大洋洲地区的人文交流与合作做出更大贡献。

华东师大等联合发布首个《中国言语语言康复联盟专家共识》

（摘自：科学网，6月16日，作者：赵航、戴琪、黄辛）

6月15日，首届中国言语语言康复高等教育论坛在华东师范大学举行，中国言语语言康复联盟在此次大会宣告成立。

大会现场宣读了全国首个《中国言语语言康复联盟专家共识》（以下简称《共识》），《共识》在华东师大的倡议下，由上海交通大学附属第一医院、复旦大学等45家单位相关专家进行充分商讨后联合发布，主要就中国言语语言康复行业的人才培养和从业能力要求等重大议题，一致达成以下意见：一是成立中国言语语言康复联盟；二是联盟单位合作建设中国言语语言康复核心课程体系；三是积极开展言语语言康复师新职业申报工作。

《共识》在借鉴国际先进经验的基础上，充分结合我国国情，获得与会代表的广泛赞誉。

语信司、语用司举办"语言与国家"系列讲座第十七讲

（摘自：语信司，6月21日）

6月14日，语信司、语用司联合举办"语言与国家"系列讲座第十七讲，邀请中央民族大学蒙曼教授作《唐诗中的人文精神》专题讲座。蒙曼教授介绍了"《诗》，可以兴，可以观，可以群，可以怨。迩之事父，远之事君，多识于鸟兽草木之名"的美学价

值、社会教育功能和知识提升作用，并从李白、杜甫、王维三位代表性诗人的作品入手，深入阐释了唐诗"元气淋漓""情义深厚"的两大人文精神。她认为这两大精神构成了"唐诗主情"的鲜明风格，奠定了唐诗在中国诗歌史上的巅峰地位。

蒙曼教授结合古代历史和当代生活，运用生动活泼的语言对唐诗进行深入解读，帮助大家更加深入地了解中华优秀传统文化，有助于全体干部进一步增强综合素质、提升文化自信。

国家语言文字推广基地建设工作咨询会在京召开

（摘自：语信司，6月21日）

6月17日，国家语言文字推广基地建设工作咨询会在京召开。与会同志围绕秘书处制定的《国家语言文字推广基地评审认定实施细则（征求意见稿）》和推广基地标识、标牌设计方案展开热烈讨论，从制定宏观的基地建设规划、基地建设方向、评审认定工作流程、基地运作方式和方向等方面对基地建设、评审认定等工作提出了建设性意见建议。

教育部语用所所长刘朋建提出，第一批国家语言文字推广基地应坚持高起点、高质量、树品牌、发挥示范作用的原则。秘书处将在充分吸收专家意见建议的基础上进一步完善、细化有关制度，协助语用司做好基地建设工作。教育部语用司副司长王晖总结强调，国家语言文字推广基地建设是一项创新性语言文字工作机制。在政策层面，基地定位要高、起步要稳，重在建设和发挥典型示范作用；在操作层面，工作要做实做细，注重可持续发展，要求抓紧落实，形成成果，有序推进基地建设工作。

2019年全国语言文字工作幼儿园骨干园长培训班顺利举办

（摘自：语用司，6月24日）

6月12—18日，2019年全国语言文字工作幼儿园骨干园长培训班顺利举办，此次培训由教育部语言文字应用管理司和人事司主办，徐州幼儿师范高等专科学校承办。来自全国各省（市、区）的101名幼儿园骨干园长参加本次培训，来自教育部语用所、江苏省教育厅、东北师范大学等单位的专家学者和知名儿童文学作家为学员们授课，内容主要涉及国家语言文字政策、语言文字规范标准解读、学前教育发展政策解读、幼儿语言关键经验学习指导等。培训期间，学员们围绕各地幼儿园具体开展语言文字工作的实践案例进行分组讨论交流，实地观摩了徐州市第二星光实验幼儿园的语言特色主题活动，还在培训结束前进行了汇报展演。

2019 年全国语言文字工作中小学骨干校长培训班顺利举办

（摘自：语用司，6 月 24 日）

6 月 10—16 日，2019 年全国语言文字工作中小学骨干校长培训班在东北大学秦皇岛分校举办，此次培训由教育部语言文字应用管理司和人事司主办，东北大学秦皇岛分校承办，河北省语委协办。来自全国各省（市、区）的 101 名中小学骨干校长参加培训，来自教育部语用所、西南大学、中国社会科学院等单位的专家学者为学员授课，内容主要涉及语言文字工作的历史沿革、依法处理好普通话与方言的关系、我国语言文字的国情与政策、汉字教学与传统文化、经典诵读与中华优秀文化传承等。培训期间，学员们还围绕《中华经典诵读工程实施方案》和 2019 年中华经典诵写讲大赛相关问题进行了分组讨论交流，并实地参观调研了山海关古城小学和长城博物馆。

语信司赴国家科技名词委调研科技名词译写等规范标准工作

（摘自：语信司，7 月 4 日）

为做好"不忘初心，牢记使命"主题教育的调查研究，7 月 1 日，针对信息化条件下语言文字规范标准建设中面临的问题，特别是在科技名词译写和规范等方面的需求和难点问题，语信司由刘宏副司长带队，赴国家科技名词委事务中心调研。语信司调研组与事务中心同志深入研讨了传统中医、农学、兵学等领域科技名词译写及理论研究，新疆、西藏等地区少数民族语译写的规范化，科技名词常用词表的研制，中小学教材科技名词审定以及科技名词的宣传、培训等工作。

2019 年"推普脱贫攻坚"全国大学生暑期社会实践活动出征仪式举办

（摘自：语用司，7 月 8 日）

7 月 5 日，2019 年"推普脱贫攻坚"全国大学生暑期社会实践活动出征仪式在北京林业大学举行。教育部语言文字应用管理司副司长王晖、共青团中央青年发展部副部长刘钢、北京林业大学副校长骆有庆出席，教育部语用司、北京市语协等单位相关同志，北京理工大学、北方工业大学、北京林业大学、中国传媒大学、华北电力大学、中国矿业大学（北京）等高校实践代表队代表参加。王晖表示，希望实践团队在广阔的中西部地区以知促行、以行求知，深入开展推普脱贫攻坚活动，提高当地群众特别是学前儿童、青壮年农牧民的普通话水平，打通扶智通语的"最后一公里"。

语信司赴中国残联调研手语盲文规范化标准化工作

（摘自：语信司，7 月 9 日）

为做好"不忘初心、牢记使命"主题教育的调查研究，6 月 25 日，在前期调研相关科研单位的基础上，针对信息化条件下语言文字规范标准建设中面临的问题，特别是在服务残疾人等特殊人群语言需求方面存在的短板和难点问题，语信司由刘宏副司长带队，赴中国残联教育就业部进行专项调研。语信司调研组与中国残联教育就业部同志深入研讨了手语盲文相关规范标准的制定发布、国家手语和盲文研究中心建设、手语盲文的科学研究及资源库建设、法律法规有关手语盲文的表述、人才培养，以及国家通用手语和通用盲文的宣传培训等工作。

外语中文译写规范部际联席会议专家委员会召开第七次审议会

（摘自：语用司，7 月 11 日）

7 月 10 日，外语中文译写规范部际联席会议专家委员会召开第七次审议会，这也是第二届专家委员会首次召开审议会，审议秘书处提交的第八批拟向社会推荐使用的外语词中文译名。秘书处汇报了第八批 24 组拟推荐的外语词中文译名研制过程。此次拟推荐的外语词中文译名主要是经济和科技领域中新近出现、使用频次较高、具有社会应用潜力的词语。与会专家认为，第八批译名筛选工作慎重得当，调查方法细致周全，前期征求意见充分，吸收的预审意见较合理，特别是征求财政部、卫计委、证监会等主管部门的意见，有利于译名的科学规范和推广应用。经审议，与会专家同意其中 23 组译名向社会发布，推荐使用。

语用司语信司调研组赴孔子学院总部、国家开放大学调研全球中文学习平台建设等工作

（摘自：语信司，7 月 16 日）

近日，语用司语信司调研组赴孔子学院总部、国家开放大学，围绕深入开展"不忘初心，牢记使命"主题教育，针对新时代人民群众日益增长的语言学习需求等问题，研究协同推进全球中文学习平台建设、加强中文学习资源统筹共建等工作开展深入调研。语用司语信司联合党支部书记田立新介绍了全球中文学习平台建设背景和进展情况。孔子学院总部负责同志认为，孔子学院各项工作与国家语委密切相关，孔子学院的内涵式发展，需要得到国家语委进一步的支持。国家开放大学负责同志表示，开放大学作为以现代信息技术为支撑的新型大学，将打造精品在线课程作为目标，目前在微课程、慕课、

数字教材、虚拟现实课程资源等方面已有了很雄厚的基础。

语信司赴中央民族大学调研少数民族语言规范标准建设工作

（摘自：语信司，7月16日）

为深入开展"不忘初心，牢记使命"主题教育的调查研究，7月5日，针对信息化条件下语言文字规范标准建设中面临的问题，特别是少数民族语言规范标准及应用等方面的难点问题，语信司由刘宏副司长带队，赴中央民族大学国家语言资源监测与研究少数民族语言中心调研。语信司调研组与事务中心同志深入研讨了少数民族语言信息化建设中的标准制定、评测及中心建设等工作。刘宏表示，中心工作扎实，特色鲜明，成果丰硕，提出了很多有价值的意见和建议。他希望中心继续适应形势发展的需要，依托自身优势，进一步做好少数民族语言信息化相关工作，提升服务能力，向打造高端智库努力，为国家语委提供资政服务和智力支持。他表示，调研组将认真梳理总结调研成果，使之在统筹推进国家语言文字规范标准各项工作中真正发挥作用。

语用司语信司赴人民教育出版社调研

（摘自：语用司、语信司，7月17日）

7月15日，教育部语用司语信司联合党支部书记田立新带队赴人民教育出版社，围绕深入开展"不忘初心，牢记使命"主题教育，针对"推普脱贫攻坚"、中华优秀语言文化推广、协同推进全球中文学习平台建设等工作开展调研。人民教育出版社党委书记、社长黄强，总编辑郭戈、副总编辑郑旺全以及小语室、中语室、汉语室、辞书室、电音社有关负责同志参加座谈，详细介绍了人教社在"推普脱贫攻坚"、中华经典资源库建设、语言文字规范标准实施、少数民族汉语教育、对外汉语教育、澳门普通话教材建设、编写出版有关教材图书及其他出版物等方面工作进展。

第二届国际中国学学术研讨会在泰成功举办

（摘自：人民网，7月22日，作者：孙广勇）

为进一步开拓中国学学术研究视野，推动中国学学术研究朝着现代化、标准化的方向发展，7月19日，第二届国际中国学学术研讨会在泰国举办。孔子学院总部驻泰王国代表处事务代表王会昌先生、美国纽约州立大学视光学院副校长兼孔子学院美方院长高贵博士、南洋理工大学新加坡华文教研中心院长符传丰博士以及来自中国、美国、新加坡、老挝、巴西等国的近 50 位专家学者共同出席了本次研讨会。会上，高贵做了题为"语言的人文价值"的报告，符传丰做了题为"第二语言教学与文化传承"的报告。在下午的分会场报告中，与会代表围绕"汉语国际教学研究""中国文学研究""中国及海外华人的社会、文化、经济发展研究"等议题进行了深入的探讨。

国家语委优秀中青年学者研修班圆满结束

（摘自：中国语情与社会发展研究中心，7 月 22 日，作者：邓雅）

由教育部语信司主办、中国语情与社会发展研究中心承办的国家语委第五期语言文字应用研究优秀中青年学者研修班于 2019 年 7 月 15 日至 19 日在武汉大学成功举办，从全国选拔的来自五十余所高校和科研院所的 60 余位中青年学者参加了研修。来自教育部、教育部语用所、中国社会科学院、武汉大学、暨南大学、北京外国语大学、首都师范大学、英国伦敦理启蒙大学等高校和科研院所的十五位专家为研修班学员授课，内容涉及语言文字政策法规、语言文字事业发展、语言文字标准化、语言文字研究理念与方法、语言文字信息化及智能化、民族语文政策、语言资源保护、汉语国际传播、语言扶贫以及资政建言等诸多方面。

语信司赴社科院民族所调研少数民族语言文字规范标准建设工作

（摘自：语信司，7 月 23 日）

7 月 18 日，围绕深入开展"不忘初心，牢记使命"主题教育，结合信息化条件下少数民族语言文字规范标准及应用工作中的难点问题，语信司由刘宏副司长带队赴中国社会科学院民族学与人类学研究所进行调研。语信司调研组与民族所负责同志和专家学者深入研讨了少数民族语言文字的规范化、标准化、信息化建设等工作。专家学者们还就开展语文国情调查、推普与母语保护、人名地名规范音译规则、少数民族语言的人才培养与科学研究、语言生态建设等问题提出了具体意见和建议。

语用司语信司联合党支部开展《国家通用语言文字法》修订工作专项调研

（摘自：语用司，7 月 23 日）

7 月 18 日上午，为深入开展"不忘初心、牢记使命"主题教育活动，教育部语用司语信司联合党支部部分党员赴全国人大教科文卫委员会开展《国家通用语言文字法》修订工作专项调研。语用司巡视员娄晶、语用司政法处负责人、《国家通用语言文字法》修订课题组成员参加调研。全国人大教科文卫委员会教育室主任方光伟及有关同志出席了调研座谈会。会上，语用司政法处负责人汇报了《国家通用语言文字法》贯彻实施以来取得的成绩、存在问题、修法的必要性和迫切性、修订内容及其特点。方光伟就下一步工作努力方向给予了积极指导和意见建议。娄晶对全国人大教科文卫委员会多年来给予语言文字工作的支持与指导表示感谢，结合方光伟主任的意见，对《国家通用语言文字法》下一步修订工作提出明确要求。

第五期全国民族语文应用研究中青年学者研修班在京举办

（摘自：语信司，7月23日）

7月15日至19日，由国家民委教育科技司、教育部语言文字信息管理司共同组织的第五期全国民族语文应用研究中青年学者研修班在北京华文学院举办。研修班以习近平新时代中国特色社会主义思想为指导，突出筑牢中华民族共同体意识这条主线，主要围绕习近平关于民族工作重要论述、我国民族语文政策及新时代民族语文工作、国家语言文字工作、民族语文应用研究、民族语文信息化、学习时代楷模等主题进行培训。此外，研修班还组织参观了国家博物馆，赴北京语言大学中国民族语文应用研究中心开展现场教学交流等。此次研修班面向基层倾斜，通过推荐和遴选，共有67名学员参加培训。

第十一次青海省民族语文翻译学术论坛举办专题讲座

（摘自：柴达木日报，8月1日，作者：浩尔娃）

7月31日，第十一次青海省民族语文翻译学术论坛举办专题讲座。中国民族语文翻译局藏文室主任达哇才让和中国民族语文翻译局蒙古文室主任哈森分别围绕藏族传统翻译的十大特点、党和国家重要文献文件蒙古文翻译做了专题讲座。讲座逻辑性强，条理清晰，内容充实，案例丰富，重点突出。哈森接受采访时说：“翻译《习近平谈治国理政》第二卷是很重要的政治任务，作为少数民族翻译人员，我们觉得无上光荣。翻译中也曾遇到过一些难题，特别是古诗文的翻译，首先我们要知道出处，明白引用以后的语义，其次需要有一定的文学修养和古文功底，才能对古诗文做出准确的翻译，而这一方面是我们需要攻克的难点。”

第二届中印语言教育交流合作研讨会在京举行

（摘自：人民网，8月12日，作者：黄晓蔓、马靓辉）

8月11日上午，第二届中印语言教育交流合作研讨会在北京孔子学院总部举行。本次会议主题是"中印语言的创新发展",重点研讨经济全球化、文化多样化大变局下中印双方开展语言教育交流合作的新思路和新方法。孔子学院总部副总干事马箭飞在致辞中感谢长期致力于中印两国文化交流和人民友好的工作人员。他提到,国之交在于民相亲,民相亲在于心相印。促进友谊,沟通心灵的最好方法莫过于学习对方的语言,了解欣赏对方的文化艺术。孔子学院总部愿按照习近平主席提出的相互尊重、友好协商、平等互利的孔子学院校训,积极推动中印两国语言和人文合作交流迈上新台阶。会议签署了曼格拉姆大学汉语教学中心协议。来自中印的语言教育机构负责人,语言文化专家学者以及师生代表进行了专题研讨及互动交流。

第五届周有光语言文字学学术研讨会在孔学堂开幕

(摘自:贵州都市报,8月15日,作者:赵毫、张杰)

8月14日,从世界看中国——"一带一路"语言文字应用研究高端论坛暨第五届周有光语言文字学学术研讨会在贵阳孔学堂开幕。来自全国的40余位专家学者,将围绕语言文字学理论及应用展开为期两天的交流研讨。据介绍,与会专家将围绕周有光语言文字学研究、语言文字学研究及其现代化、从世界看中国——"一带一路"语言文字应用研究和其他语言文字学问题展开研讨。开幕式还举行了"周有光语言研究丛书"首发式。该套丛书收录了中国著名语言学家、"汉语拼音之父"周有光先生在语言学方面的研究历程、研究成果及其语言学思想。会议现场,浙江大学周有光语言文字学研究中心还向贵阳孔学堂赠送"周有光语言研究丛书"两种,同时还举行了浙江大学周有光语言文字学研究中心特聘研究员聘任仪式。

第二届全国互联网+汉字书写教育大会在京成功举办

(摘自:国际在线,8月29日,作者:殷亮)

18日,第二届全国互联网+汉字书写教育大会在北京成功举办。本次大会由书写中国主办,关工委健体中心规范汉字书写办公室主任张法,书写中国首席教学教研专家张竹,教育部语言文字研究所原所长、国家语委语言文字认证中心主任,中小学规范汉语词典总负责人张世平,书写中国秘书长高盛莅临大会并发表主旨演讲。来自全国22个地区的教育局领导、校长、老师及合作伙伴参会。书写中国打造了国内第一套基于互联网+人工智能技术的"四位一体"的中小学汉字规范书写教学系统。这套教学系统以青年书法教育家、书写中国发起人张法老师历时16年研发的4S练字教学法为核心,为公立中小学校提供汉字书写教学的全面解决方案,让写字教学变得轻松简单,让孩子们写一手好字不再是难事。

"国培计划（2019）"语言文字规范标准培训班纪实

（摘自：中国语言文字网，9 月 11 日）

"国培计划（2019）"语言文字规范标准培训班在北京举办。培训班由教育部语言文字信息管理司、教育部语言文字应用研究所主办，来自中西部 23 个省（区、市）的 201 名中小学教师及教研员参加了培训。

教育部语言文字应用研究所副所长魏晖在讲话中指出，举办语言文字规范标准培训班是贯彻落实党和国家语言文字方针政策和宣传贯彻语言文字规范标准、提高规范使用国家通用语言文字意识和能力、助力推普脱贫攻坚的需要，具有重要意义。本次培训班有两个特点：第一，和推普脱贫工作紧密结合；第二，来自"三区三州"的学员，学习认真刻苦。

第三届中国北京国际语言文化博览会新闻发布会举行

（摘自：中国语文现代化网，9 月 12 日，作者：中国语文现代化学会）

9 月 11 日下午，第三届中国北京国际语言文化博览会新闻发布会在中国职工之家举行，新闻发布会由北京市教委语言文字工作处处长王栋主持。

第三届语博会将于 2019 年 10 月 24—27 日在北京举办，展场设于中国国际展览中心 8 号馆，同期举办以"语言智能与语言多样性"为主题的国际语言文化论坛，以及第三届"一带一路"语言文化高峰论坛、第三届中国语言康复论坛、第五届中国语言产业论坛暨第四届语言服务高峰论坛、京津冀中小学校长语言文化论坛。语博会的举办，将助力于促进语言文化的国际交流，传播弘扬中华文化，繁荣发展语言产业和语言事业。期待社会各界聚合强大力量，共襄语博会盛举，开拓语言文化繁荣发展之机。

同讲普通话 共抒爱国情——第 22 届全国推广普通话宣传周开幕

（摘自：光明日报，9 月 17 日，作者：柴如瑾）

9 月 16 日，我国著名朗诵艺术家殷之光在第 22 届全国推广普通话宣传周开幕式暨庆祝中华人民共和国成立 70 周年经典诵读展示活动现场进行了诗歌朗诵——《我骄傲，我是中国人》。

从 1998 年国务院批准设立"全国推广普通话宣传周"至今，推普周已经走过了 22 个春秋。今年的主题为"普通话诵七十华诞，规范字书爱国情怀"。本届推普周期间，全国各地、各行业将结合推普脱贫攻坚及中华优秀传统文化传承，开展普通话演讲比赛、推普脱贫乡村行、语言文字+职业技能培训、第五季"中国诗词大会"地方选拔、诵写讲名家进校园等活动，大力宣传国家语言文字法律法规、方针政策和规范标准，传播优秀语言文化。

"字载中华——中华精品字库工程成果展"在京成功举办

（摘自：语信司，9 月 19 日）

由中国文学艺术界联合会、国家语言文字工作委员会指导，中国国家博物馆、中国书法家协会、方正集团主办的"字载中华——中华精品字库工程成果展"近期在中国国家博物馆成功举办。"中华精品字库工程"是"中华优秀传统文化传承发展工程"支持项目，将精选 100 款中国历代书法名家作品，开发成计算机字库，满足社会大众和互联网媒体日益增长的多样化汉字字体需求。作为一项适应社会实际需要的重大文化工程，该工程是书法艺术与信息技术、汉字应用的高度融合，是推动中华优秀传统文化传承发展的重要举措，对于进一步增强社会各界对书法艺术的热爱，提升语言文字工作的服务水平，传承中华文化基因、汲取中国智慧、弘扬中国精神、传播中国价值，将发挥积极作用。

第 22 届全国推普周闭幕式在贵州黔东南举办

（摘自："语言文字报"微信公众号，9 月 23 日）

第 22 届全国推广普通话宣传周闭幕式在贵州省黔东南苗族侗族自治州凯里市隆重举行。全国推广普通话宣传周领导小组副组长、教育部副部长、国家语委主任田学军，贵州省人民政府副省长、省语委主任魏国楠出席会议并讲话。中央宣传部等全国推普周领导小组成员单位，教育部相关司局和直属单位，贵州省教育厅、省推普周领导小组成员单位和黔东南州各区县等相关负责同志参加闭幕式。

第六届中国语言资源国际学术研讨会圆满闭幕

（摘自："语宝"微信公众号，9 月 24 日）

9 月 24 日上午，由北京语言大学、浙江师范大学主办，中国语言资源保护研究中心、浙江师范大学人文学院、中国方言研究院承办的第六届中国语言资源国际学术研讨会在浙江金华闭幕。教育部语言文字信息管理司司长田立新，浙江省教育厅语言文字管理处处长朱鸿飞，中国语言资源保护研究中心主任、中国方言研究院院长曹志耘出席闭幕式并发言，来自中国、美国、日本、新加坡、越南等国家和地区的 110 余位专家学者以及浙江师范大学师生代表等参加了闭幕式。闭幕式由浙江师范大学副校长钟依均主持。

南非建成非洲首个数字语言资源中心

（摘自：科技部，9 月 27 日）

据南非科学创新部消息，非洲首个数字语言资源中心（SADiLaR）于 8 月 7 日在西北大学正式启用。数字语言资源中心依据 2012 年南非议会通过的《官方语言使用法》设立，其职责和使命是创建南非本土语言数字资源和软件管理平台，推进 11 种官方语言保护和发展权利平等，促进本土语言保护与研究，完善非洲本土知识体系，加强基础研究，挖掘语言传统，延续历史文脉。数字语言资源中心是一个开放式、多方共建共享的资源管理和科研平台。该中心是南非科学创新部根据"基础研究路线图（SARIR）"支持设立的第八个大型基础研究设施。据统计，截至目前已经有超过 1000 名语言学、文学、历史学、新闻学等学科的研究人员和学生参与了该中心建设，并在建设过程中取得了学术研究成果。

语信司赴上海调研国家语委科研机构建设

（摘自：语信司，10 月 8 日）

9 月 17 日，语信司赴设在上海的两个国家语委科研机构进行调研。在中国外语战略研究中心，上海外国语大学相关负责同志介绍了学校多语种+及国别区域研究的有关情况，感谢国家语委对中心的支持。语信司相关负责同志表示，教育部作为第一批参加"不忘初心、牢记使命"主题教育的单位，"教育报国守初心，立德树人担使命"，语言文字工作大有可为。在国家语言文字政策研究中心，上海市教科院负责同志介绍了教科院的基本情况以及在教育决策咨询研究方面的特色和成果，表示将进一步为中心建设发展创造更好的条件。语信司相关负责同志希望政策研究中心继续发挥自身特色，依托教科院在决策咨询研究方面的优势，更好融入"建设一流智库"的总体布局，在体制机制方面做出探索和创新。

中国文字学会第十届学术年会在郑州大学举办

（摘自：中国新闻网，10 月 12 日，作者：隋纳新、赵心晔）

中国文字学会第十届学术年会 12 日在郑州大学举办。中国文字学会会长黄德宽回顾了新中国成立七十年来中国文字学的发展进步。他表示，中国文字学堪称传统学术实现现代转型的典范，这一转型主要取决于新中国成立以来的汉字研究。七十年来，汉字研究在继承传统的基础上，立足于我国经济社会发展和文化进步的新要求，对于甲骨文等大量古文字资料的新发现取得了显著的成就，逐步发展成为独具特色的现代学科。教育部语信司规划协调处处长王奇介绍，今年恰逢甲骨文发现 120 周年，教育部和国家语委联合中宣部、国家文物局、河南省政府等，将于十月下旬共同举办纪念甲骨文发现 120 周年系列活动。

2019 听力语言论坛——听觉口语法专项论坛在京成功举办

（摘自："自然之声"网站，10 月 15 日）

12 日，由中国残疾人联合会主办的"携手家庭 共促融合"2019 年"一带一路"框架下残疾人主题事务听力语言论坛——听觉口语法专项论坛在北京国际会议中心成功举办。来自国内外的听力语言康复专家、学者、一线康复教师、听力师、机构管理人员和听障儿童家长 200 余人参加了论坛交流。发言主题涉及听觉口语认证培训、康复教学、听能管理、家庭康复及家长心理健康、融合教育等多个板块，既有对听觉口语法认证发展及推广成果、经验的梳理与总结，也包含对听力语言康复工作当下及未来发展所需知识、方法、技术的尝试与验证，反映出该领域从理念到实操不同层面的最新发展成果。

《字释》系列丛书在昆发布

（摘自：中国新闻网，10 月 16 日，作者：杨永智）

《字释》新书发布会暨专家分享会 16 日在云南昆明举行，作者郭鑫铨与嘉宾畅谈自己的创作目的和历程，并探讨如何正确看待、深入研究汉字。此次发布的《字释》丛书共三本：《字释·汉字新论》《字释·人文百字》《字释·部首简释》。《字释·汉字新论》介绍了学术界重新评价汉字的动态和成果，澄清了历来对汉字的误解与误判，全方位解说汉字；《字释·人文百字》选取人们习见的 112 个汉字加以解说，112 个常用字，涉及社会生活的基本方面，诸如天地自然、祖宗鬼神、婚姻嫁娶等；《字释·部首简释》则选取 148 个常用部首，以及各部的常用字加以解释，介绍汉字的形体演变、结构规律，讲清引申义与本义之间的联系。

首届语言表演教育发展论坛 12 月在南京开幕

（摘自：龙虎网，10 月 18 日）

近日获悉，首届语言表演教育发展论坛（简称 DFLP 论坛）将于 2019 年 12 月 10

日在古城南京盛大开幕。语言表演教育发展论坛是一个民办教育行业针对语言表演方向进行发展、交流与合作的高峰论坛，是全国从事艺术教育的艺术院校、机构、团体，以及从事艺术教育个人的交流盛会。论坛以语言表演艺术教育的发展为主要研究对象。本届论坛通过团结和组织全国有志从事少儿语言艺术教育研究的教育工作者，研究语言表演艺术教育的理论和实际问题，促进语言艺术教育的改革和发展，遵循"百花齐放、百家争鸣"的方针，促进中国民办机构的良性合理发展，最终响应国家政策，推动国家教育资源的社会教育公平化。

国家通用盲文推广研讨会在潍坊学院举办

（摘自：鲁网—潍坊，10月23日，作者：杨清山）

10月20日至23日，由中国盲协主办、潍坊学院承办的国家通用盲文推广研讨会在泛海大酒店举行。中国残联理事、中国盲协主席李庆忠，潍坊学院副校长赵光强，北京联合大学钟经华教授等出席开幕式。赵光强在致辞中指出，举办此次研讨会是落实习近平总书记"全面建成小康社会，残疾人一个也不能少"重要指示精神的具体举措，对维护全国1731万视力残疾人语言文字权益,提高他们的文化教育和社会融入水平具有十分重要的意义。李庆忠在讲话中强调，国家通用盲文推广"研究是引领，教学是重点，出版是关键"，此次研讨会同时汇集了三个领域的专家，希望与会人员充分利用这一契机，展开深入的分享交流，集思广益，力争研有所获，学有所用，共同做好国家通用盲文推广工作。

第三届北京语言博览会开幕

（摘自：光明日报客户端，10月25日，作者：柴如瑾）

第三届中国北京国际语言文化博览会（简称语博会）于10月24—27日在中国国际展览中心举办，以"语言让世界更和谐，文明更精彩"为主题。25日上午，教育部副部长、国家语委主任田学军，部分国家驻华使节出席开幕式并巡展。

本届语博会展区分为成就展、语言文化展和企业展，整体规模较前两届有大幅增加。新中国成立70周年语言文字事业成就展从提升治理能力、服务国家战略、增进民生福祉、弘扬中华文化、讲好中国故事等五个部分，系统展示70年来中国语言文字事业取得的成就。语言文化展特设京津冀学校语言文化展区和粤港澳大湾区语言文化展区并首次设置以广西为代表的少数民族地区语言文化展。企业展区汇集四十余家企业和语言文化机构，展示语言科技、文化传播等方面的最新成果。

本届语博会同时举办语言智能与语言多样性国际语言文化论坛，中国语言产业论坛暨语言服务高峰论坛、中国语言康复论坛、"一带一路"语言文化高峰论坛和京津冀中小学校长语言文化论坛等。

"纪念甲骨文发现 120 周年国际学术研讨会"在河南安阳召开

（摘自：人民日报海外版，10 月 28 日，作者：齐欣、段易成）

2019 年 10 月 18 日，"纪念甲骨文发现 120 周年国际学术研讨会"在河南安阳召开。研讨会聚集了 200 多名中外学者，回顾甲骨文发现历程，并就甲骨文字考释、甲骨文与殷商史研究、甲骨学研究等进行学术研讨。目前，经过辨识的甲骨文字，大约有 4300 枚；取得共识确认的，有 1300 个。但是，每新辨识出一个字，都变得更加不容易。由安阳师范学院完成的"殷契文渊——甲骨文大数据平台"也在会上正式发布。据安阳师范学院校长黑建敏介绍，平台收集 4000 个甲骨字、29749 部文献、246 部著录。第一期发布了 46 部著录，另外 200 部将逐步上线。大数据平台面向全球的甲骨学研究者、爱好者免费开放，搜索引擎的输入法支持部首输入和手写输入。由部首组字或画出甲骨字都充分考虑了使用者的不同需求，便于查询和使用。

第七届《中国语文》青年学者论坛在陕西师范大学举行

（摘自："今日语言学"微信公众号，11 月 1 日，作者：黄瑞玲）

2019 年 10 月 26 日至 27 日，第七届《中国语文》青年学者论坛在陕西师范大学举行。本次论坛由中国社会科学院语言研究所《中国语文》编辑部和陕西师范大学文学院联合主办，陕西师范大学文学院、语言资源开发研究中心承办，来自全国多所高校和科研机构的 20 多位专家学者受邀出席会议。

会议中，特邀专家和青年学者们就汉语音韵、方言、语法、词汇、古文字、儿童语言获得等议题做了报告。其中青年学者的报告包括本人报告、专家点评、学者提问三个环节，针对论文的研究理论、研究方法、材料运用以及文章构思、行文规范等问题进行了深入的探讨。

《汉语手指字母方案》和《中华通韵》两项国家语委语言文字规范正式实施

（摘自：教育部，11 月 1 日）

2019 年 11 月 1 日，国家语委语言文字规范《汉语手指字母方案》和《中华通韵》

正式实施。两项规范由国家语委语言文字规范标准审定委员会于 2019 年 3 月审定通过。其中，《汉语手指字母方案》由中国残疾人联合会、教育部、国家语言文字工作委员会共同发布实施。《中华通韵》由教育部、国家语言文字工作委员发布试行。

新实施的《汉语手指字母方案》保持了原方案简单、清楚、形象、通俗的基本设计原则，根据手指字母使用实践中发现的问题进行针对性修订。在内容体例、图示风格上与 2018 年发布实施的《国家通用手语常用词表》保持一致。

《中华通韵》由中华诗词学会组织研制，是新中国语言体系中的新韵书。规范以《国家通用语言文字法》《汉语拼音方案》《通用规范汉字表》等语言文字法律法规和规范标准为依据，以音韵学理论和诗词创作实践为基础。

首届"中国公共政策翻译论坛"在京举办

（摘自：中国新闻网，11 月 7 日，作者：黄彦雁）

首届"中国公共政策翻译论坛"11 月 7 日在北京开幕。论坛主办方为北京第二外国语学院中国公共政策翻译研究院，论坛旨在紧密对接国家战略和首都需求，及时、准确对外翻译党的十八大以来国家改革发展和北京市落实"四个中心"功能定位过程中经济调控、社会管理、民生福利等各领域公共政策，填补公共政策权威翻译和对外传播领域空白。

本届论坛是研究院首次举办的国际学术交流活动。论坛上，研究院结合最近完成的《十八大以来中国公共政策翻译研究报告》，对全国公共政策翻译现状做出梳理，指出大国公共政策对外译介的质量和数量直接决定国际形象，公共政策翻译要将国家治理操作层面政策展示给世界，增进各国政策层面的相互理解，创建"各美其美、美美与共"的人类命运共同体。

第九届全国幼儿园语言教学研讨会在长沙举行

（摘自：人民网，11 月 27 日）

第九届全国幼儿园语言教学研讨会暨第二届早期阅读发展与教育高峰论坛于 11 月 24 日至 26 日在长沙举行。华东师范大学教育学部教授周兢表示，希望在儿童阅读起步的时候，能用优质的童书打开孩子们探索世界的视野，帮助其成长为具有中国心和世界眼的现代阅读者。据悉，本次会议由中国学前教育研究会课程与教学专业委员会主办，湖南省学前教育协会承办，爱阅公益基金会协办。会议上还发布了"爱阅早期儿童阅读书目"，并展示了阅芽计划在城市和乡村的研究成果。

印尼首都雅加达"中学校长论坛"研讨汉语教学

（摘自：中国新闻网，11 月 29 日，作者：林永传）

29 日，以"开放创新，合作共赢，助推汉语课程建设"为主题的印尼首届"大雅加达地区中学校长论坛"在阿拉扎大学举行。

与会代表一致认为，在全球化时代除了母语，对于学生来说至少掌握一门外语是必要的；在中学阶段，学校提供机会让学生学习一门在日益全球化的经济中可以帮助他们获得成功的语言是学校的责任和义务；鉴于中印尼两国在各领域的交流全面深化，学习中文有助于学生更好地进行职业规划和做好人生规划。与会代表同意以论坛形式相互分享、借鉴各校中文课程建设的成功经验，希望阿拉扎大学孔子学院和印尼文教部语言教师及教育行政人员培训与发展中心在中文课程建设上提供指导或协助。

宁波首个西班牙语言文化中心落户宁大科技学院

（摘自：浙江新闻，11 月 30 日）

11 月 30 日，宁波大学科学技术学院举行建院 20 周年纪念大会暨慈溪新校区落成典礼，当天，宁波市首个西班牙语言文化中心落户科院，为宁波与西班牙之间的交流合作提供企业对接以及西班牙语应用型人才培养等服务。当天还举行了教育国际化论坛，科技学院与西班牙巴利阿里群岛大学签署合作备忘录。

在会场入口处的一台机器人接待志愿者引起众多嘉宾关注。这台机器人是当天的嘉宾——慈星股份有限公司带来的"小伙伴"，同时也是慈星智能产业学院的新教具。在科技学院搬迁慈溪前后不到 4 个月的时间里，慈溪当地的三家民企——公牛集团、慈星股份、新海集团接连在科技学院成立产业学院，累计捐资 7000 万，引起各级媒体关注。

第八届印尼汉语教学研讨会在泗水举行

（摘自：中国新闻网，11 月 30 日，作者：徐梦玲、林永传）

11 月 30 日，第八届印尼汉语教学研讨会在泗水国立大学举行，来自印尼各地 50 余位中外汉语教师代表及泗水国立大学中文系全体师生约 400 人参加会议。泗水国立大学语言与艺术学院第一副院长陈丽娅博士、玛琅国立大学孔子学院中方院长廖桂蓉和阿拉扎大学孔子学院中方院长肖祥忠等出席会议。

此次研讨会既有来自中印两国专家的主旨报告，也有来自一线教师的经验分享。中国华中科技大学程邦雄教授和湖南师范大学廖光蓉教授分别做了题为"华文教育中的汉字教学"和"汉语句子成分位移超常及其典型性与规范化"的主旨报告。近 50 位一线汉语教师分别就"汉语教学理论与教学法""汉语课堂教学方法""教材与测试"三个主题分享了他们与汉语及汉语教学相关研究成果和经验总结。与会教师纷纷表示受益匪浅，希望印尼汉语教学研讨会成为印尼汉语教学交流的一个重要平台。

中国外交话语研究院在河南郑州揭牌

（摘自：郑州日报，11月30日，作者：李丽君）

11月30日上午，河南省委外办和郑州大学共建的河南省高等学校人文社会科学重点研究基地——"中国外交话语研究院"揭牌，今后将为国家和我省提供外交智库。据介绍，该研究院依托于郑州大学主持的国家社科基金重大项目"中国特色大国外交的话语构建、翻译和传播研究"，下设五个研究方向研究所：话语政策、修辞与传播、话语翻译、话语权与国家形象构建、跨文化交际和语料库等，致力于研究和解决中国外交话语的构建、翻译与传播等方面的重大理论和现实问题。

该研究院还将兼顾服务于地方发展，是河南省外交话语体系构建、讲好河南故事、提升河南形象的一个智库，兼人才培养和社会服务。

中国医药国际化语言服务高端论坛在粤举行

（摘自：光明网，12月2日）

2019年11月23日，由中国中医药研究促进会与广东外语外贸大学共同主办的"中国医药国际化语言服务高端论坛"在广东外语外贸大学举行。来自中医药领域政、产、学、研各界一百多名专家学者及代表参加了此次会议，深入探讨中国医药国际化与语言服务的机遇、挑战和对策。本次论坛设有四个分论坛，代表们分别对中医药国际化与国家战略、中医药专业领域语言服务、大健康行业语言服务、医药翻译与人才培养等四个方面进行了深入探讨。

2019年度国家语委科研立项工作顺利完成

（摘自：语信司，12月6日）

2019年度国家语委科研立项工作深入贯彻落实党的十九大和全国教育大会精神，推动实施《国家语言文字事业"十三五"发展规划》和《国家语委"十三五"科研规划》，在"大语言文字工作"思路的指导下，以服务国家事业发展需求为核心，进一步提高语言文字科研工作的站位和覆盖面，为国家语言文字事业改革发展提供有力保障。

通过专家评审并公示，2019年共设立63项科研项目，其中重大项目4项，重点项目 14 项，一般项目 6 项，一带一路专项 8 项，信息化专项 8 项，后期资助项目 7 项，中青班项目 13 项，民族班项目 3 项。

国际中文教育大会在长沙开幕

（摘自：人民网，12 月 10 日，作者：匡滢）

2019 年国际中文教育大会 9 日在长沙开幕，来自 160 多个国家 1000 余名中外代表参会，中共中央政治局委员、国务院副总理孙春兰出席会议并发表主旨演讲。据悉，本次大会以"新时代国际中文教育的创新和发展"为主题，包括孔子学院所在大学校长、各国大学中文院系主任、政府语言教学部门负责人，以及世界汉语教学学会理事和中外企业代表等 1000 余人参会。大会期间设立了 32 个工作坊和 1 个专题论坛，内容涉及国际中文教育政策、师资及教学资源建设、教学标准与考试、教育品牌项目、中文教育机构的发展与合作等关键领域。